Biosphäre 9

Sachsen

Cornelsen

Biosphäre
Band 9 Gymnasium Sachsen

Herausgeber: Dr. Axel Goldberg, Leipzig

Autorinnen und Autoren:
Dr. Axel Goldberg, Leipzig; Yvonne Hübner, Borna; Daniela Jatzwauk, Ralbitz-Rosenthal

Teile dieses Buches sind anderen Ausgaben der Lehrwerksreihe Biosphäre entnommen.

Autorinnen und Autoren dieser Ausgaben:
Astrid Agster; Stefan Auerbach; Dr. Werner Bils; Anke Brennecke; Jens Bussen; Frank Deutschmann; Anne-Kathrin Dierschke; Robert Felch; Beate Fleischer; Simone Grimm; Dr. Jorge Groß; Franziska Hach; Angelika Huber; Dr. Horst Janz; Dr. Wolfhard Koth-Hohmann; Katja Kühl; Prof. Dr. Hansjörg Küster; Raimund Leibold; Dr. Karl-Wilhelm Leienbach; André Linnert; Prof. Dr. Anke Meisert; Martin Post; Gabriele Rupp; Dr. Ulrike Schiek; Annegret Schlegel; Daniela Schmidt; Dr. Stephanie Schrank; Dr. Annette Schuck; Hans-Jürgen Staudenmaier; Andre Stein; Dr. Matthias Stoll; Michael Szabados; Grytha Wiechmann; Dr. Hans-Joachim Winkhardt

Redaktion: Aljoscha Metz

Designberatung: Katharina Wolff-Steininger

Layoutkonzept, Umschlaggestaltung, Layout: SOFAROBOTNIK GbR, Augsburg & München

Technische Umsetzung: straive

Grafik: Angelika Kramer, Stuttgart; Karin Mall, Berlin; Tom Menzel, Klingberg; newVISION! GmbH, Bernhard A. Peter, Pattensen

Begleitmaterialien zu Biosphäre Band 9 Gymnasium Sachsen

Lösungen zum Schülerbuch	978-3-06-420276-4
Unterrichtsmanager Plus mit E-Book und Begleitmaterialien	978-3-06-420294-8
Schulbuch als E-Book	978-3-06-420270-2
Arbeitsheft zum Schulbuch	978-3-06-420282-5

www.cornelsen.de

1. Auflage, 1. Druck 2022

Alle Drucke dieser Auflage sind inhaltlich unverändert und können im Unterricht nebeneinander verwendet werden.

© 2022 Cornelsen Verlag GmbH, Berlin

Druck und Bindung: Mohn Media Mohndruck, Gütersloh

ISBN 978-3-06-420264-1

INHALTSVERZEICHNIS

Die Erschließungsfelder zeigen übergeordnete Prinzipien der Biologie auf, die auf alle Lebewesen zutreffen. Sie helfen somit dabei, die grundsätzlichen Eigenschaften von Lebewesen miteinander zu vergleichen und in Beziehung zu setzen. Die Prinzipien sind auf alle biologischen Phänomene übertragbar.

Vielfalt

Das Leben auf der Erde ist sehr vielfältig. Durch Übereinstimmungen in ihren Merkmalen können alle Lebewesen in Gruppen wie Familien, Gattungen oder Arten eingeteilt werden.

Struktur und Funktion

Alle Bestandteile von Lebewesen erfüllen bestimmte Aufgaben. Mit ihrem Bau sind sie an die Aufgaben angepasst.

Ebene

Komplexe Strukturen sind aus kleineren und einfacheren Strukturen aufgebaut.

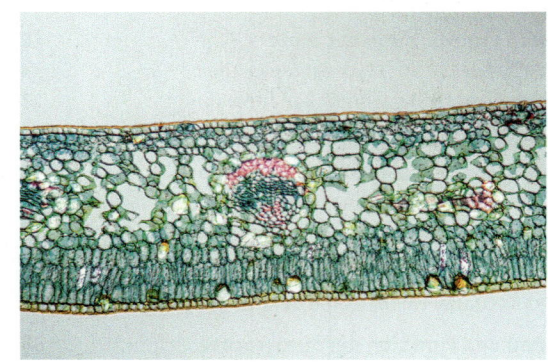

Angepasstheit

Lebewesen sind mit ihren Merkmalen an ihre Umwelt angepasst. Dadurch können sie in sehr unterschiedlichen Lebensräumen überleben.

Fortpflanzung

Lebewesen erzeugen durch geschlechtliche oder ungeschlechtliche Fortpflanzung artgleiche Nachkommen.

Wechselwirkung

Lebewesen stehen in vielfältigen Wechselwirkungen mit ihrer Umwelt und mit anderen Lebewesen. In Lebewesen und Ökosystemen führen Ursachen zu Wirkungen, die ihrerseits wiederrum Rückwirkungen verursachen und so weiter.

Information

Lebewesen sind zur Aufnahme, Verarbeitung und Abgabe von Informationen fähig. Durch Informationsaustausch können sie sich untereinander verständigen.

Regulation

Viele Zustände und Vorgänge im Körper eines Lebewesens werden geregelt. Dadurch werden Bedingungen im Körper stabil gehalten.

Stoff und Energie

Lebewesen nehmen Stoffe aus der Umwelt auf, wandeln sie um und geben Stoffe an die Umwelt ab. Der Stoffwechsel ist immer mit der Aufnahme, Umwandlung und Abgabe von Energie verbunden.

Phänomene der Pflanzenwelt

In diesem Kapitel beschäftigst du dich mit

- ► der Vielfalt im Pflanzenreich. Du lernst die Gruppen der Landpflanzen kennen und erfährst, in welchen Merkmalen sie sich unterscheiden.

- ► der Anatomie der Samenpflanzen. Du lernst die Gruppe der Samenpflanzen besser kennen. Hierbei erkundest du den Bau und die Funktion der Blüte, Wurzel, Sprossachse und Laubblätter. Du erfährt, wie Pflanzen Wasser und Mineralstoffe über die Wurzel aufnehmen und in der Pflanze verteilen. Außerdem lernst du, wie Samenpflanzen anhand verschiedener Merkmale geordnet werden können.

- ► den Energie- und Stoffkreisläufen in Pflanzen. Hier lernst du, wie Pflanzen mithilfe des Sonnenlichts in ihren Laubblättern Glukose herstellen. Du erfährst, wozu Pflanzen die Glukose benötigen und wie sie Energie aus ihr gewinnen. Hierbei wirst du erkennen, dass Pflanzen und Tiere aufeinander angewiesen sind.

01 Vielfalt im Pflanzenreich:

A Frauenhaarmoos, **B** Adlerfarn, **C** Europäische Lärche, **D** Blütenvielfalt

Vielfalt im Pflanzenreich

Das Reich der Pflanzen ist äußerst vielfältig. Anhand verschiedener Merkmale lassen sich Pflanzen ordnen. Welche Merkmale sind das und welche Pflanzengruppen gibt es?

PFLANZENGRUPPEN · Im Verlauf von Jahrmillionen hat sich auf der Erde eine enorme Pflanzenvielfalt entwickelt. Die Landpflanzen lassen sich in verschiedene Pflanzengruppen einordnen. Allen Pflanzen ist gemeinsam, dass sie den grünen Blattfarbstoff Chlorophyll enthalten und Nährstoffe aufbauen, indem sie Fotosynthese betreiben. Wichtige Unterscheidungsmerkmale sind der Aufbau der Pflanze und die Art der Fortpflanzung.

MOOSE · Die Gruppe der Moose unterteilt man in Laubmoose, Lebermoose und Hornmoose. Moose sind an feuchte Standorte angepasst. Sie wachsen oft in flächigen Moospolstern auf feuchten Böden, Steinen und Baumstämmen. Laubmoose, wie Sternmoos und Haarmoos, sind zierliche Pflanzen mit dünnen Stämmchen und zarten Laubblättchen. Moose haben keine echten Wurzeln, sondern dünne Fäden am unteren Ende des Stämmchens, die *Rhizoide*

genannt werden. Sie dienen nur der Verankerung, nicht aber der Wasseraufnahme. Stattdessen nehmen Moose Wasser und Mineralstoffe über ihre Oberfläche auf. Am oberen Ende des Stämmchens wächst eine Sporenkapsel, in der *Sporen* reifen. Die Sporen dienen der Fortpflanzung. Fallen sie auf den feuchten Boden, entwickelt sich aus einer Spore eine neue Moospflanze. Dazu ist Wasser notwendig.

GEFÄSSPFLANZEN · Viele Pflanzen sind komplexer aufgebaut als die Moose. Sie besitzen die *Grundorgane* Wurzel, Sprossachse und Laubblatt. Alle Organe sind von spezialisierten Leitgeweben, den *Leitbündeln*, durchzogen. Wurzeln dienen der Verankerung und der Aufnahme von Wasser und darin gelösten Mineralstoffen aus dem Boden. Über die Leitbündel wird das Wasser durch die Sprossachse in die oberirdischen Pflanzenteile geleitet. Ebenso werden Nährstoffe, die in den Laubblättern gebildet werden, über die Leitbündel in der Pflanze verteilt. Pflanzen mit diesem Aufbau heißen **Gefäßpflanzen.** Dazu gehören die Farne und die Samenpflanzen. Sie unterscheiden sich in ihrer Art der Fortpflanzung.

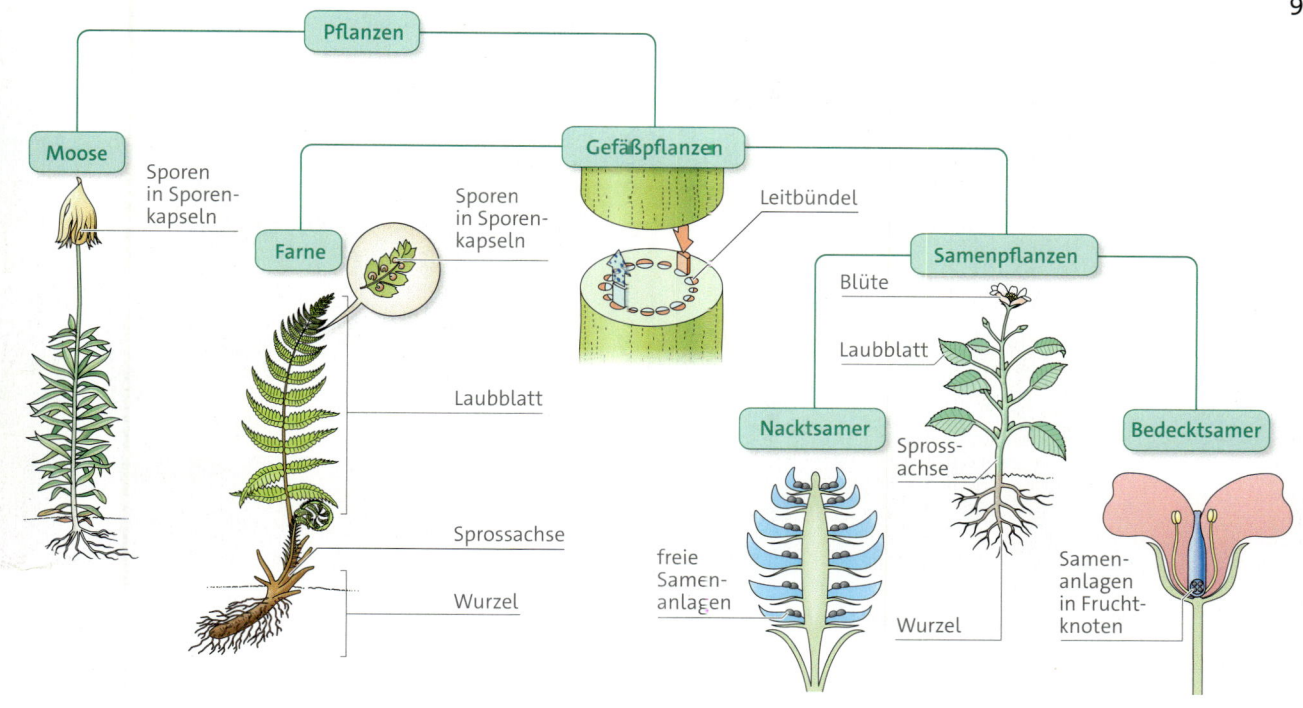

02 Pflanzengruppen und ihre Unterscheidungsmerkmale

FARNE · Farne wie Frauenfarn, Adlerfarn und Wurmfarn, wachsen vor allem in schattigen, feuchten Wäldern. Sie haben Wurzeln, eine Sprossachse und Laubblätter, die von Leitbündeln durchzogen sind. Die Fortpflanzung erfolgt, wie bei den Moosen, durch Sporen. Diese reifen in Sporenkapseln an den Blattunterseiten. Aus einer Spore entwickelt sich eine neue Farnpflanze. Auch Farne sind zur Fortpflanzung auf Wasser angewiesen.

SAMENPFLANZEN · Die Samenpflanzen bilden die höchstentwickelte Gruppe im Pflanzenreich. Sie kommen in fast allen Klimazonen der Erde vor und können mit ihren vielfältigen Angepasstheiten sowohl feuchte als auch trockene Standorte besiedeln. Wie die Farne besitzen Samenpflanzen von Leitbündeln durchzogenen Wurzeln, Sprossachsen und Laubblätter. Zudem bilden sie Blüten aus, die aus der Umwandlung bestimmter Laubblätter entstehen. Diese dienen der geschlechtlichen Fortpflanzung. In den Blüten liegen Samenanlagen mit Eizellen. Nach der Bestäubung werden die Samenanlagen von den männlichen Geschlechtszellen

des Pollens befruchtet. Aus der befruchteten Eizelle bildet sich der Pflanzenembryo. Samenpflanzen bilden *Samen* aus, in denen der Embryo bis zur Keimung von einem Nährgewebe versorgt und von der Samenschale geschützt wird. Die Befruchtung ist bei ihnen, im Gegensatz zu den Moosen und Farnen, vom Wasser unabhängig.

Man unterteilt die Samenpflanzen in Nacktsamer und Bedecktsamer. Bei den **Nacktsamern** sind die Samenanlagen in der Blüte nicht in einem Fruchtknoten eingeschlossen, sondern liegen frei auf den Fruchtblättern der oft zapfenförmigen Blüten. Alle Nacktsamer sind Holzgewächse. Dazu gehören unter anderem die Nadelbäume wie Fichten, Kiefern und Douglasien. Etwa zwei Drittel aller Pflanzenarten gehören zu den **Bedecktsamern.** Bei ihnen sind die Samenanlagen in den Blüten von einem Fruchtknoten umschlossen. Während der Reifung des Samens entwickelt sich der Fruchtknoten zur Frucht. Die Blüten sind oft auffällig in Form und Farbe. Daher werden die Bedecktsamer auch als Blütenpflanzen bezeichnet.

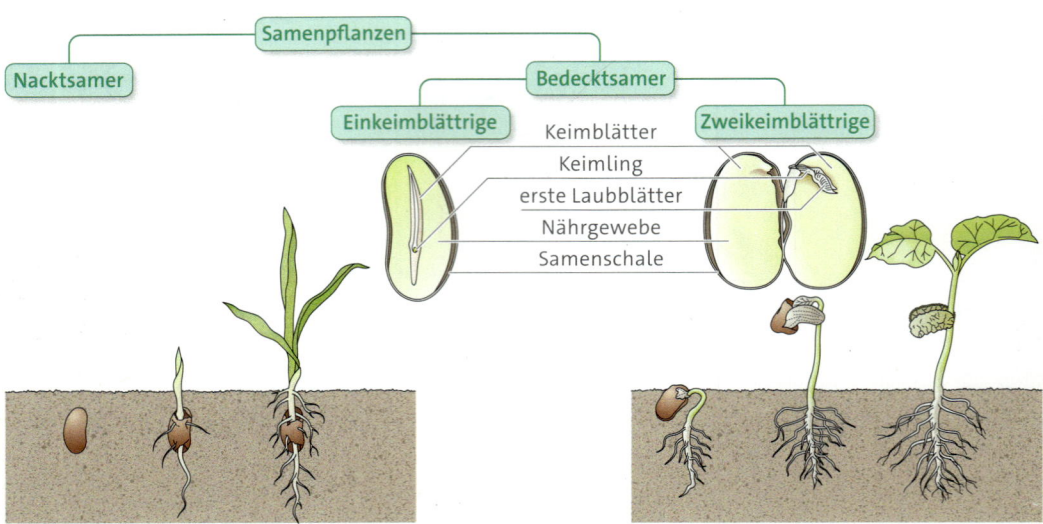

03 Die zwei Gruppen der Samenpflanzen: Einkeimblättrige und Zweikeimblättrige

BEDECKTSAMER · Die Bedecktsamer werden in zwei Gruppen unterteilt. Die Einteilung geht auf den Bau des Embryos im Samen zurück. Einige Samen zerfallen in zwei Hälften, wenn man die Samenschale entfernt. Diese zwei Hälften sind die *Keimblätter.* Zwischen den Keimblättern liegt der *Pflanzenkeimling.* Die Keimblätter bilden zusammen mit dem Keimling den Embryo. Besteht der Embryo aus zwei Keimblättern, gehört die Pflanze zur Gruppe der **Zweikeimblättrigen**. In die beiden Keimblätter wird das Nährgewebe des Samens eingelagert, daher sind sie sehr groß. Nach der Keimung verwelken die Keimblätter und fallen nach einiger Zeit ab. Über drei Viertel der Bedecktsamer zählt zu den Zweikeimblättrigen. Dazu gehören die meisten Laubbäume wie Buchen, Eichen und Eschen sowie zahlreiche andere Pflanzen wie Rosen- und Nelkengewächse.

Bei anderen Pflanzen enthält der Embryo nur ein Keimblatt. Diese Pflanzen bezeichnet man als **Einkeimblättrige.** Das Keimblatt im Samen ist schmaler, da das Nährgewebe außerhalb eingelagert wird. Zu der Gruppe der Einkeimblättrigen zählen die Süßgräser wie Weizen, Hafer, Rispengras, Schilf und Zuckerrohr. Auch Liliengewächse wie Tulpe und Maiglöckchen sowie Orchideen sind einkeimblättrig.

Die Einkeimblättrigen und Zweikeimblättrigen unterscheiden sich in vielen Merkmalen. Pflanzenarten können so meist eindeutig zugeordnet werden. Äußerlich sichtbar sind vor allem Unterschiede bei den Laubblättern. Bei den Einkeimblättrigen verlaufen die Blattadern in der Regel parallel, bei den Zweikeimblättrigen hingegen netzartig. Weitere Unterscheidungsmerkmale findet man im Bau der Wurzeln, Sprossachsen und Blüten.

04 Netzartige Blattadern der Zweikeimblättrigen

05 Parallele Blattadern der Einkeimblättrigen

Material A ▸ Pflanzengruppen

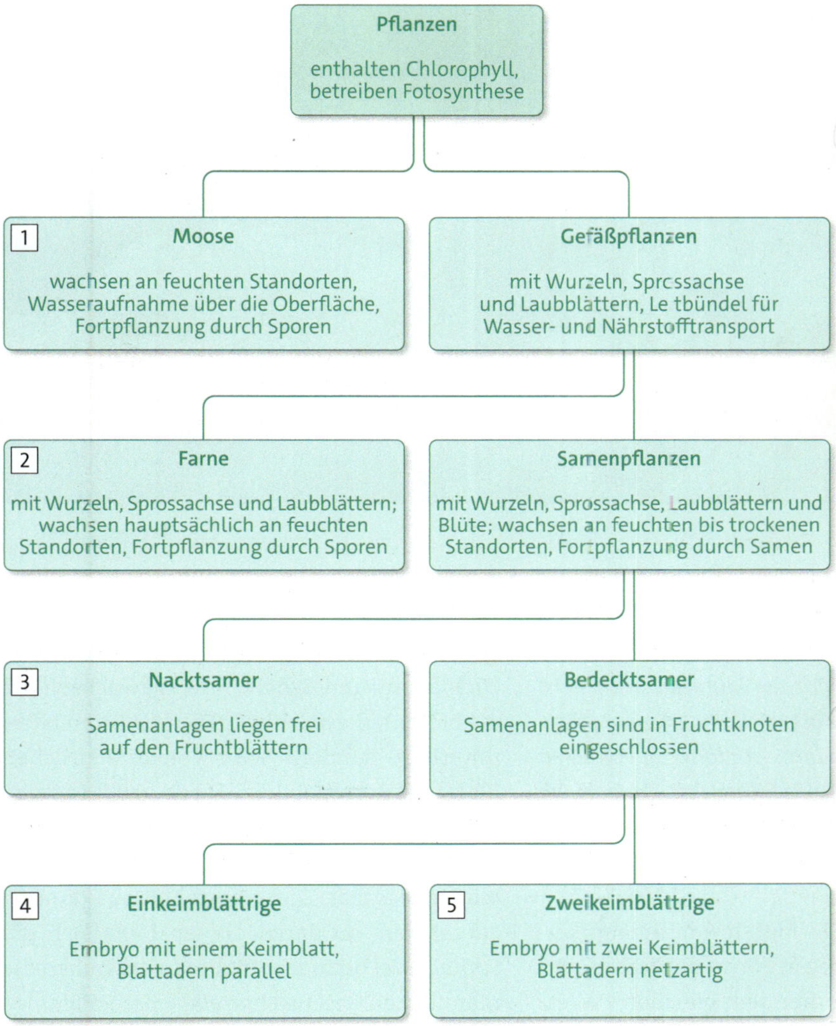

```
                    Pflanzen
              enthalten Chlorophyll,
              betreiben Fotosynthese
```

1 Moose
wachsen an feuchten Standorten,
Wasseraufnahme über die Oberfläche,
Fortpflanzung durch Sporen

Gefäßpflanzen
mit Wurzeln, Sprossachse
und Laubblättern, Leitbündel für
Wasser- und Nährstofftransport

2 Farne
mit Wurzeln, Sprossachse und Laubblättern;
wachsen hauptsächlich an feuchten
Standorten, Fortpflanzung durch Sporen

Samenpflanzen
mit Wurzeln, Sprossachse, Laubblättern und
Blüte; wachsen an feuchten bis trockenen
Standorten, Fortpflanzung durch Samen

3 Nacktsamer
Samenanlagen liegen frei
auf den Fruchtblättern

Bedecktsamer
Samenanlagen sind in Fruchtknoten
eingeschlossen

4 Einkeimblättrige
Embryo mit einem Keimblatt,
Blattadern parallel

5 Zweikeimblättrige
Embryo mit zwei Keimblättern,
Blattadern netzartig

Maiglöckchen

Hirschzunge

Gewöhnlicher Gundermann

Sparriger Runzelpeter

Gemeine Fichte

Das Pflanzenreich kann man mithilfe eines Bestimmungsschlüssels ordnen. Anhand verschiedener Merkmale lassen sich Pflanzen den Pflanzengruppen zuordnen.

A1 Ordne die abgebildeten Pflanzen den Nummern in der Grafik zu!

A2 Begründe deine Zuordnung anhand der Pflanzenmerkmale!

A3 Erläutere den Unterschied zwischen Nacktsamer und Bedecktsamer!

A4 Begründe die Zuordnung von Samenpflanzen zu den Gefäßpflanzen!

A5 Stelle Vermutungen an zur Entwicklung der Pflanzen im Laufe der Erdgeschichte!

01 Vielfalt der
Blüten:
A Kirsche,
B Wiesenschaum-
kraut (Blütenstand),
C Vogelmiere,
D Sommerflieder
(Blütenstand)

Bau und Funktion der Blüte

Im Frühjahr beginnt die Blütezeit. Nun sieht
man die enorme Blütenvielfalt der Samenpflan-
zen. Der Kirschbaum ist dann mit weißen
Blüten bedeckt. Weiße Blüten findet man auch
bei anderen Pflanzen. Was haben alle Blüten
gemeinsam und was unterscheidet sie?

02 Blühender
Kirschbaum

03 Krokusse mit
Perigonen

BAU DER BLÜTE · Die Blüten von Samenpflanzen sind vielgestaltig in Form und Farbe. Dennoch dienen sie immer dem gleichen Zweck:
der geschlechtlichen Fortpflanzung. Auch ihr
Grundaufbau ist einheitlich. Blüten bestehen
aus Kelchblättern, Kronblättern, Staubblättern
und Fruchtblättern. Nur in der Anzahl und dem
Aussehen der Blütenteile unterscheiden sich
die Blüten verschiedener Pflanzenarten.
Den auffälligsten Teil der Kirschblüte bilden die
fünf weißen **Kronblätter.** Sie dienen dem Schutz
der inneren Blütenteile und der Anlockung von
Insekten. Die fünf verwachsenen **Kelchblätter**
schützen die noch geschlossenen Blütenknospen
vor äußeren Einflüssen. Die Kelch- und Kronblätter bilden zusammen die Blütenhülle. Bei
vielen einkeimblättrigen Pflanzen, wie den

Orchideen- und Schwertliliengewächsen, ist
die Blütenhülle nicht in Kelch- und Kronblätter
unterteilt, sondern wird von einheitlichen
Blütenblättern gebildet. Diese gleichförmige
Blütenhülle wird als **Perigon** bezeichnet.
Im Inneren der Kirschblüte sind bis zu 30 **Staub-**
blätter sichtbar. Diese bestehen aus dünnen
Staubfäden, an deren oberen Ende sich die
Staubbeutel befinden. In diesen entstehen die
männlichen Geschlechtszellen, der Pollen.
Im Zentrum der Kirschblüte ragt der *Stempel*
empor. Bei der Kirschblüte besteht er aus fünf
verwachsenen **Fruchtblättern.** Der Stempel ist
am Blütenboden verdickt und bildet dort den
Fruchtknoten. Der Fruchtknoten enthält die Samenanlagen mit den weiblichen Eizellen. Vom
Fruchtknoten aus ragt ein schlanker Teil her-
vor, der *Griffel.* Sein Ende, eine kleine verbrei-
terte Fläche, bildet die *Narbe.* Die Narbe ist der
Teil der Blüte, der mit Pollen bestäubt wird.
Bei vielen Pflanzen sitzen die Blüten nicht
einzeln, sondern dich nebeneinander an der
Pflanze. Sie bilden, wie bei Wiesenschaum-
kraut und Sommerflieder, einen **Blütenstand.**

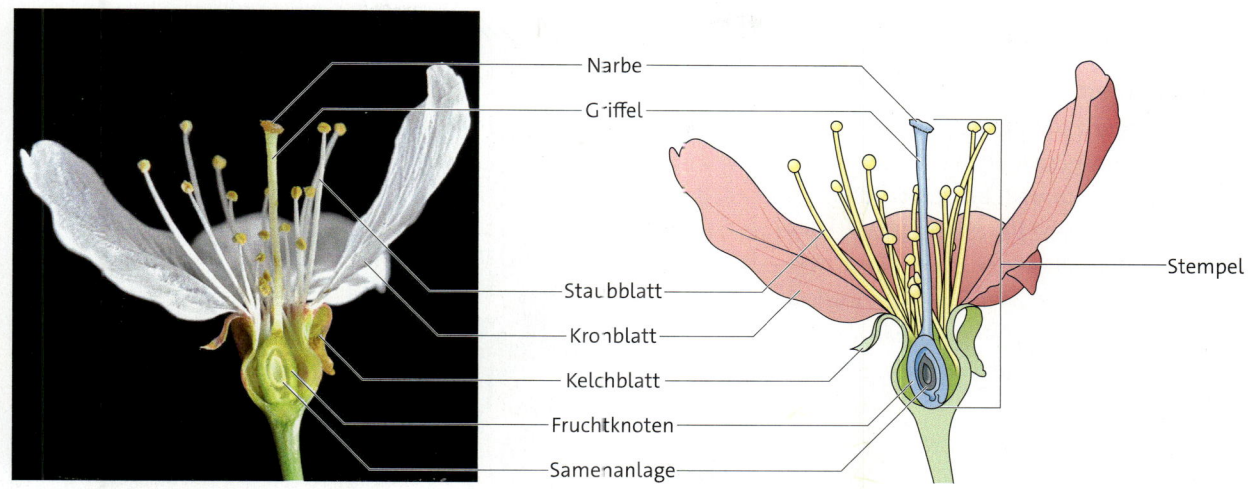

04 Kirschblüte: Längsschnitt (links) und Schema vom Längsschnitt (rechts)

LEGEBILD UND BLÜTENDIAGRAMM · Zerlegt man eine Blüte in ihre Bestandteile und ordnet ihre vier verschiedenen Blütenteile kreisförmig an, erhält man das *Legebild* der Blüte. Diese Ansicht, vereinfacht gezeichnet, ergibt das *Blütendiagramm*.

BLÜTENGESCHLECHT · Die Blüten der meisten Samenpflanzen sind wie die Kirschblüte *zwittrig*. Jede Blüte trägt Staubblätter und Fruchtblätter und bildet sowohl Pollen als auch Samenanlagen mit Eizellen aus. Bei einigen Pflanzenarten bilden die Blüten nur einen geschlechtlichen Teil aus. Männliche Blüten tragen nur Staubblätter und weibliche Blüten nur Fruchtblätter. Solche Pflanzen sind *getrenntgeschlechtlich*. Befinden sich männliche und weibliche Blüten auf einer Pflanze, ist die Pflanze getrenntgeschlechtlich *einhäusig*. Sind die männlichen und weiblichen Blüten auf verschiedenen Pflanzen vorzufinden, ist die Pflanze *zweihäusig*. Eine Pflanze kann von ihrem eigenen Pollen bestäubt werden. Diese Selbstbestäubung kommt in der Natur seltener vor. Die meisten Pflanzen werden vom Pollen anderer Pflanzen bestäubt. Bei vielen zwittrigen und einhäusigen Pflanzen sind die Staubblätter und Fruchtblätter zu unterschiedlichen Zeiten reif. Diese Angepasstheit verhindert die Selbstbestäubung.

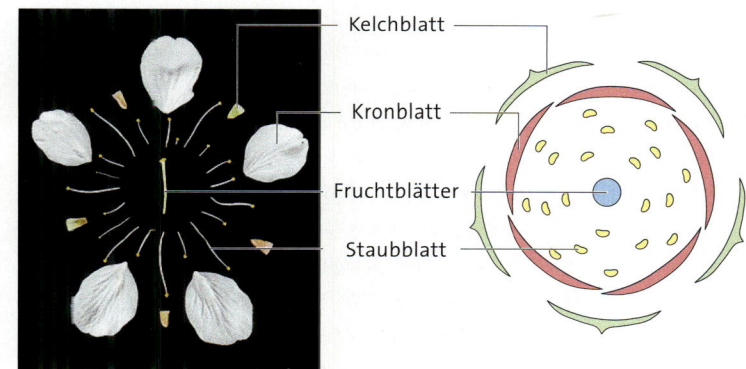

05 Kirschblüte: Legebild mit 20 Staubblättern (links) und Blütendiagramm mit 20 Staubblättern (rechts)

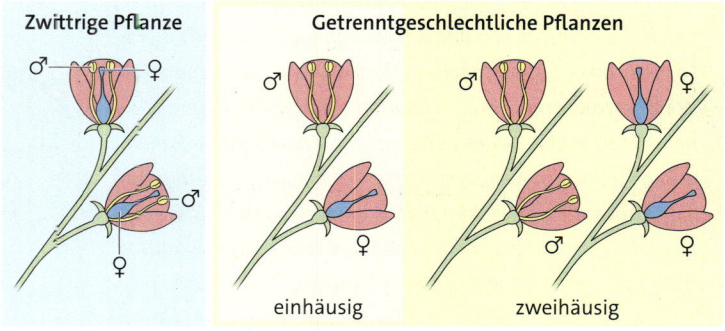

06 Blütengeschlechter bei Samenpflanzen

1 〉 Nenne die Blütenteile zwittriger Samenpflanzen und beschreibe ihre Funktionen!

2 〉 Erläutere die Begriffe zwittrig, getrenntgeschlechtlich, einhäusig, zweihäusig!

/// ERSCHLIESSUNGSFELD //

Angepasstheit

*Die Übertragung des männlichen Pollens auf die Frucht-
blätter, genauer gesagt auf die Narbe einer Blüte, wird als
Bestäubung bezeichnet. Die Bestäubung einer Blüte mit dem
Pollen einer anderen Pflanze derselben Art, also die **Fremd-
bestäubung,** geschieht vor allem durch Tiere oder Wind.
Pflanzenarten zeigen in ihrem Blütenaufbau Angepasstheiten an ihre jeweiligen Pollenüberträger. Dies führt zu
einer großen Blütenvielfalt unter den Samenpflanzen.*

*Erfolgt die Bestäubung durch Insekten wie Bienen, Hummeln
und Schmetterlinge, spricht man von **Insektenbestäubung.**
Pflanzen, die wie die Kirsche von Insekten bestäubt werden,
haben oft auffällige, große Blüten, die duften und am Blütengrund Nektar absondern. Der Nektar dient den Insekten
als Nahrung. Beim Nektarsammeln fliegen Insekten viele
Blüten an. Angelockt werden sie von Farbe und Duft. Versuchen die Insekten an den Nektar im Blütengrund zu gelangen, bleibt Pollen an ihnen haften. So transportieren sie
den Pollen von Blüte zu Blüte. Die Bestäuber sind an ihre
Nahrungspflanzen angepasst. Schmetterlinge haben zum
Beispiel besonders lange Saugrüssel, mit denen sie den
Nektar aus tiefen Blütengründen erreichen.*

*Die Blüten der Haselnuss sind klein und unscheinbar. Der ge-
trenntgeschlechtlich einhäusige Strauch bildet an einer
Pflanze sowohl männliche als auch weibliche Blüten. Ende
Februar beginnt der Haselnussstrauch zu blühen. Dann lösen
sich beim kleinsten Windhauch Millionen von gelben Pollen-
körnern aus den männlichen Blüten. Hier spricht man von
Windbestäubung. Die Pollenkörner sind sehr klein und können mit dem Wind weit verweht werden. Die große Pollen-
menge ist nötig, weil nur wenige Pollenkörner zufällig auf
die Narben der weiblichen Blüten gelangen. In der Blütezeit
trägt der Haselnussstrauch noch keine Laubblätter. Dadurch
lassen sich die Pollenkörner besser lösen. Die weiblichen Blüten haben eine klebrige Oberfläche auf der Narbe. Daran
bleibt der Pollen gut haften. Viele unserer Bäume, alle Gräser
und einige Kräuter werden durch den Wind bestäubt.*

1 ⌡ Nenne Angepasstheiten von Blüten an ihre
Bestäubungsarten!

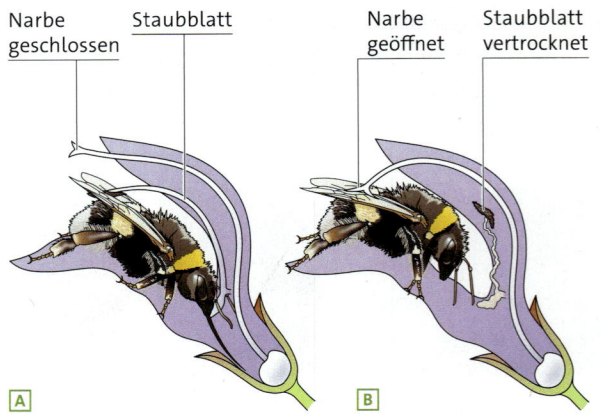

01 Hummel bestäubt Wiesensalbei: **A** junge Blüte, **B** alte Blüte

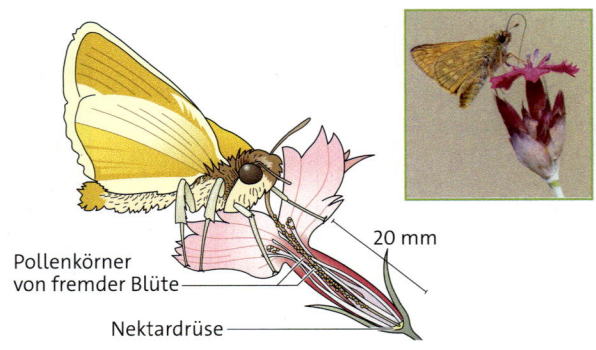

02 Schmetterling bestäubt Steinnelke.

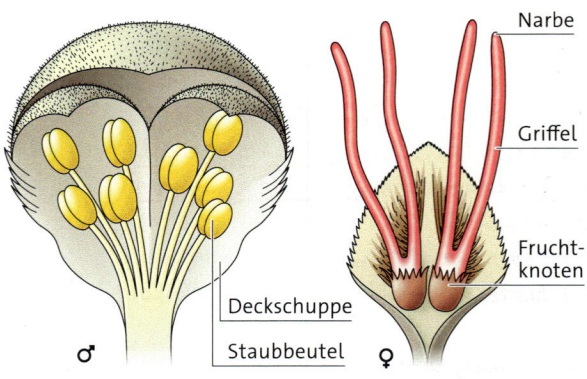

03 Männliche und weibliche Blüte des Haselnussstrauchs

2 ⌡ Erkläre den Mechanismus, der die Selbstbestäubung beim Wiesensalbei verhindert!

PFLANZENFAMILIEN · Der Bau der Blüte ist ein wichtiges Unterscheidungsmerkmal bei der Bestimmung von Samenpflanzen. Dabei sind Anzahl, Farbe und Form der Blütenteile und die Anordnung der Blüten an der Sprossachse entscheidend. Pflanzen mit ähnlichen Merkmalen sind miteinander verwandt. Daher werden sie zu Pflanzenfamilien zusammengefasst.

Der Name der Pflanzenfamilie gibt oft Hinweise auf die charakteristischen Merkmale der zugehörigen Pflanzen. Einige sind auch nach einem bekannten Vertreter benannt. Weitere Merkmale der Pflanzenfamilien sind die Form der Blätter und der Sprossachse, die Position der Blätter an der Pflanze und die Form der Früchte.

STECKBRIEF

Schmetterlingsblütengewächse (Fabaceae)

Blüte: 5 Kelchblätter, 5 Kronblätter (1 Fahne, 2 Flügel und 2 zu Schiffchen verwachsen), 10 Staubblätter, 1 Fruchtblatt mit länglichem Fruchtknoten

Frucht: Hülse

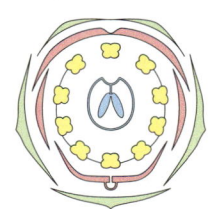

01 Gartenerbse

STECKBRIEF

Kreuzblütengewächse (Brassicaceae)

Blüte: 4 Kelchblätter und 4 Kronblätter kreuzweise gegenständig angeordnet, 6 Staubblätter, 2 verwachsene Fruchtblätter

Frucht: Schote oder Schötchen

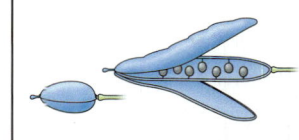

02 Raps

STECKBRIEF

Lippenblütengewächse (Lamiaceae)

Blüte: 5 unten verwachsene Kronenblätter (2 bilden die Oberlippe, 3 die Unterlippe), 4 Staubblätter (2 lang, 2 kurz), 2 verwachsene Fruchtblätter

Frucht: Klausenfrucht

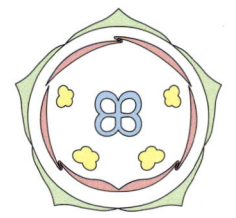
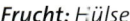

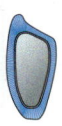

03 Rote Taubnessel

STECKBRIEF

Mohngewächse (Papaveraceae)

Blüte: 2 oder 0 Kelchblätter, 4 Kronblätter; 4, 6 oder viele Staubblätter, 2 oder mehrere Fruchtblätter zu Fruchtknoten verwachsen

Frucht: Kapsel

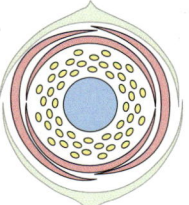
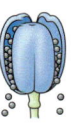

04 Klatschmohn

Material A ► Blütenformen bei zwittrigen Pflanzen

Weidenröschen Fliegen-Ragwurz Seifenkraut Venus-Frauenspiegel

Nelkengewächse Glockenblumengewächse Orchideengewächse Nachtkerzengewächse

Perigonblätter

A1 Ordne die abgebildeten Blüten den Blütendiagrammen zu! Begründe deine Zuordnung!

Material B ► Pflanzengeschlechter

Haselnuss Kriechender Hahnenfuß Katzenpfötchen

B1 Ordne den Pflanzen ihre Blütenge-schlechter zu und begründe deine Entscheidung!

B2 Erkläre die zeitlich versetzte Rei-fung der Staub- und Fruchtblätter bei der Haselnuss!

B3 Beim Katzenpfötchen erfolgt die Reifung der Staub- und Frucht-blätter gleichzeitig. Begründe!

%%% METHODE %%%

Pflanzenfamilien bestimmen

Pflanzen bestimmt man mithilfe eines Bestimmungsschlüssels. In diesem werden gut unterscheidbare Merkmale wie Blütenbau und Blattform in jeweils zwei Ausprägungsformen aufgelistet. Man folgt dem Bestimmungspfad, indem man die auf die Pflanze zutreffende Merkmalsausprägung wählt. Solche Bestimmungsschlüssel, die jeweils zwei Wahloptionen gegenüberstellen, nennt man dichotom.

Will man eine Samenpflanze der Bedecktsamer bestimmen, überprüft man im ersten Schritt, ob sie einkeimblättrig oder zweikeimblättrig ist. Im nächsten Schritt ordnet man die Pflanze der Pflanzenfamilie zu. Dazu reichen meistens sehr prägnante Merkmale der Blüte.

Ist die Pflanze der richtigen Pflanzenfamilie zugeordnet, erfolgt die weitere Artbestimmung anhand detaillierter Merkmale. Diese lassen sich zum Teil nur mit der Lupe erkennen.

Saat-Hafer

Mai-glöckchen

Sumpf-Blutauge

Sand-Thymian

Frühlings-Platterbse

Gelbes Windröschen

Wiesen-Schaumkraut

1	Sprossachse krautig, Blätter schmal bis elliptisch, Blattadern parallel	Einkeimblättrige Pflanzen	→ 6
1*	Sprossachse krautig oder holzig, Blätter vielgestaltig, Blattadern netzartig	Zweikeimblättrige Pflanzen	→ 2

Zweikeimblättrige Pflanzen			
2	Blüte schmetterlingsförmig mit 5 verwachsenen Kronblättern (Fahne, 2 Flügel, Schiffchen), 10 Staubblätter alle zu Röhre verwachsen oder 1 Staubblatt frei	Schmetterlingsblütengewächse	
2*	Blüte nicht schmetterlingsförmig		→ 3
3	Blüte lippenförmig mit 5 verwachsenen Kronblättern (Ober- und Unterlippe), meistens 4 Staubblätter	Lippenblütengewächse	
3*	Blüte nicht lippenförmig, 6 oder mehr Staubblätter		→ 4
4	Blüte mit je 4 kreuzförmig angeordneten Kelch- und Kronblättern, 6 Staubblätter (4 lang, 2 kurz)	Kreuzblütengewächse	
4*	Blüte meistens mit je 5 Kelch- und Kronblättern, viele Staubblätter		→ 5
5	Blüte strahlig, Blätter mit Nebenblättern	Rosengewächse	
5*	Blüte meistens strahlig, aber auch zweiseitig symmetrisch	Hahnenfußgewächse	

Einkeimblättrige Pflanzen		
6	Blüte unscheinbar, Blätter schmal und stängelumfassend	Süßgräser
6*	Blüte auffällig, Blätter schmal bis elliptisch	Liliengewächse

01 Brettwurzeln

Bau und Funktion der Wurzel

> *Wie gigantische Ausläufer sehen sie aus, die hohen, meist sternförmig verlaufenden rippen-artigen Brettwurzeln. Man findet sie bei den Baumriesen im tropischen Regenwald. Warum bilden Bäume solche Wurzeln?*

BAU DER WURZELN · Wurzeln verankern die Pflanze im Boden und geben ihr Halt. Die Brettwurzeln tropischer Bäume wirken wie Stützpfeiler und geben den hochgewachsenen Bäumen zusätzliche Standfestigkeit. Zudem werden Wasser und darin gelösten Mineral-stoffe, die für das Wachstum und die Lebens-funktionen der Pflanze unerlässlich sind, über die Wurzel aufgenommen. Damit erfüllt die Wurzel grundlegende Funktionen.

Die Böden der Tropen sind meist nährstoffarm. Die gigantischen Brettwurzeln ermöglichen je-doch eine ausreichende Mineralstoffversorgung. Wurzeln sind vielfältig in Form und Funktion. Sie können zu Stoffspeichern wie Rüben oder Knollen abgewandelt sein oder wie beim Efeu als Haftwurzeln der Befestigung dienen. Die Atemwurzeln der Mangrovenbäume nehmen wiederrum Sauerstoff aus der Luft auf.

WURZELSYSTEME · Ein- und zweikeimblättrige Pflanzen haben verschiedene Wurzelsysteme. Bei einkeimblättrige Pflanzen stirbt die Keim-wurzel des Embryos nach der Keimung ab und wird durch neuwachsende Wurzeln ersetzt, die an der Sprossachse ansetzen. Da alle Wurzeln gleichrangig sind, wird dies als Gleichwurze-ligkeit oder *Homorhizie* bezeichnet. Bei zwei-keimblättrigen Pflanzen bleibt die Keimwurzel des Embryos als Hauptwurzel erhalten und wird nachträglich durch Seitenwurzeln ergänzt. Da Hauptwurzel und Seitenwurzel nacheinander entstehen, nennt man dies Verschiedenwurze-ligkeit oder *Allorhizie*.

griechisch allo = verschieden

griechisch homos = gleich

griechisch rhizoma = Eingewurzeltes

02 Wurzelsysteme:
A Homorhizie,
B Allorhizie

A

B

INNERER BAU · Obwohl Wurzeln in ihrer äußeren Gestalt sehr unterschiedlich aussehen können, sind sie in ihrem inneren Bau weitgehend ähnlich.

An der Wurzelspitze ist die Zonierung der Wurzel gut erkennbar. Wenn Wurzeln wachsen, teilen sich in der *Zellteilungszone* ständig Zellen. Dickwandige Zellen werden zur Wurzelspitze hin abgegeben. Sie bilden die *Wurzelhaube* und schützen das Zellteilungsgewebe. Die Zellen der Wurzelhaube sterben nach wenigen Tagen ab und bilden eine schleimige Schicht, die das Eindringen der Wurzel in das Erdreich erleichtert. Nach der Zellteilungszone folgt nach oben die *Streckungszone*. Hier wachsen die Zellen und differenzieren sich zu Zellen verschiedener Gewebe. Die äußeren Zellen bilden die Wurzelhaut, auch *Rhizodermis* genannt. Die Zellen der Rhizodermis bilden längliche Zellfortsätze, die *Wurzelhaare*. Durch die Wurzelhaare vergrößert sich die wasseraufnehmende Oberfläche der Wurzel um ein

Vielfaches. Oberflächenvergrößerung ist ein Grundprinzip von allen Organen mit Stoffaufnahmefunktion in den Zellen aller Lebewesen. Zum Beispiel hat eine einzige Roggenpflanze etwa 10 Milliarden Wurzelhaare. Summiert man die Oberflächen ihrer Wurzelhaare, umfassen sie eine Fläche von 400 Quadratmetern. Nach innen schließt an die Rhizodermis die *Wurzelrinde* an. In ihr wird das über die Wurzelhaare aufgenommene Wasser mit den darin gelösten Mineralstoffen in das Wurzelinnere weitergeleitet. Dort befindet sich der *Zentralzylinder*. Dieser enthält spezialisierte Leitgewebe, die *Leitbündel*, in denen Stoffe transportiert werden. In den *Gefäßen* wird das Wasser mit den gelösten Mineralstoffen in die Sprossachse geleitet. Andersherum leiten die *Siebröhren* Nährstoffe, die in den Laubblättern gebildet werden, in die Wurzeln. Der Zentralzylinder wird von der *Endodermis* umgeben. Diese reguliert die Wasseraufnahme in den Zentralzylinder und gilt daher als *Kontrollgewebe*.

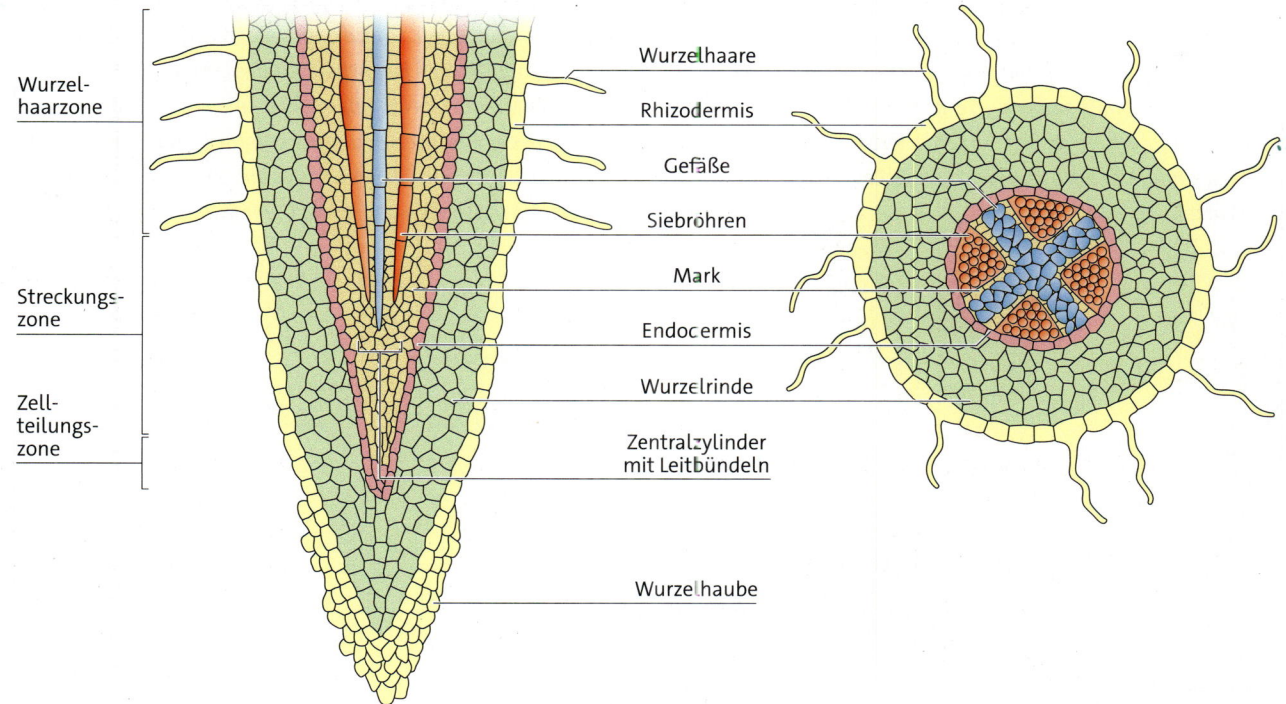

03 Wurzel im Längsschnitt (links) und im Querschnitt (rechts)

Wechselwirkung

Pflanzen nehmen über ihre Wurzeln Wasser und Mineralstoffe aus dem Boden auf. Die wichtigsten Mineralstoffe sind Nitrat, Phosphat und Kalium. Vor allem das Phosphat ist für die Pflanzen jedoch schwer zu erschließen, da es im Boden meist in Verbindungen vorliegt, die die Pflanze nicht aufspalten kann. Doch bei Pflanzen findet man eine erstaunliche Art der Wechselwirkung, die die Aufnahme von Wasser und Mineralstoffen über die Wurzeln deutlich steigert.

Viele Pflanzen stehen mit Pilzen in einer engen Wechselbeziehung, die man **Mykorrhiza** nennt. Pilze bilden ein dichtes Geflecht von Pilzfäden im Boden. Die Pilzfäden nennt man Hyphen. Die Wurzeln vieler Pflanzen sind dauerhaft mit den Pilzhyphen verbunden. Die Wechselbeziehung ist von beidseitigem Nutzen. Man nennt dies **Symbiose.** Pflanzen können über das Hyphengeflecht der Pilze mehr Wasser aufnehmen. Ebenso können die Pilze Mineralstoffe besser aus dem Boden erschließen und auch das Phosphat aus den Verbindungen lösen. Wasser und Mineralstoffe werden von den Pilzhyphen an die Pflanzenwurzel abgegeben. So vergrößert sich mit dem Hyphengeflecht die stoffaufnehmende Oberfläche der Pflanze. Auch die Pilze profitieren von der Wechselwirkung. Sie erhalten von der Pflanzenwurzel Kohlenhydrate, die die Pflanze in den Laubblättern bildet. Diese gelangen über die Siebröhren der Sprossachse und des Zentralzylinders in die Wurzel.

Zu diesen Wechselwirkungen zwischen Wurzeln und Pilzen sind etwa 90 Prozent unserer Landpflanzen fähig. Unter den Pilzen gibt es etwa 6000 Arten, die eine Mykorrhiza mit Pflanzenwurzeln bilden können.

Unter den Mykorrhizen unterscheidet man zwei Formen. Bei den meisten Laub- und Nadelbäumen bilden die Hyphen einen dichten Pilzmantel um die Wurzelspitzen. An den Wurzelspitzen wachsen daraufhin keine Wurzelhaare mehr. Die Pilzhyphen wachsen durch die Zellzwischenräume der Rhizodermis bis in die Wurzelrinde hinein. Dabei dringen sie jedoch nicht in die Zellen ein, sondern bilden ein Netzwerk zwischen den Zellen der Wurzelrinde. So übernehmen die Pilze die Funktion der Wurzelhaare. Diese Form der Wechselwirkung nennt man **Ektomykorrhiza.** Sie ist die in unseren Wäldern am häufigsten vorkommende Form der Mykorrhiza und bei vielen Kiefern, Fichten, Birken, Buchen und Rosengewächsen zu finden. Bei krautigen Pflanzen und Gräsern findet man in der Regel eine andere Form der Mykorrhiza. Hier dringen die Pilzhyphen in die Zellen der Wurzelrinde ein. Diese Form nennt man **Endomykorrhiza.** Orchideen sind in ihrer Keimung sogar auf die Endomykorrhiza angewiesen, da die Pilze Nährstoffe aus dem Samen lösen. Bei vielen Pflanzenarten findet man Mischformen aus Ektomykorrhiza und Endomykorrhiza. Bei jeder dieser Wechselwirkungen kommt es aber zwischen der Wurzel und den Pilzhyphen zu einem Austausch von Wasser, Mineralstoffen und Kohlenhydraten.

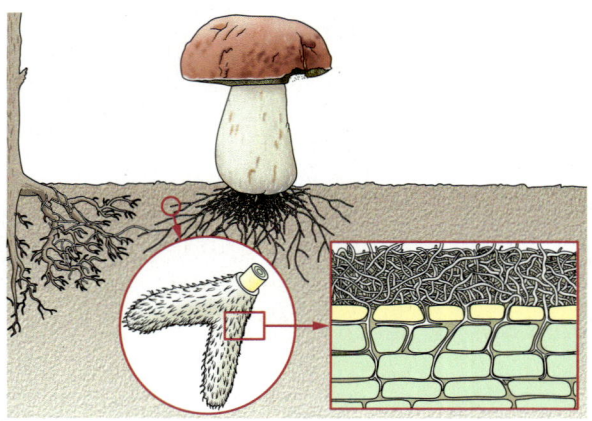

04 Ektomykorrhiza

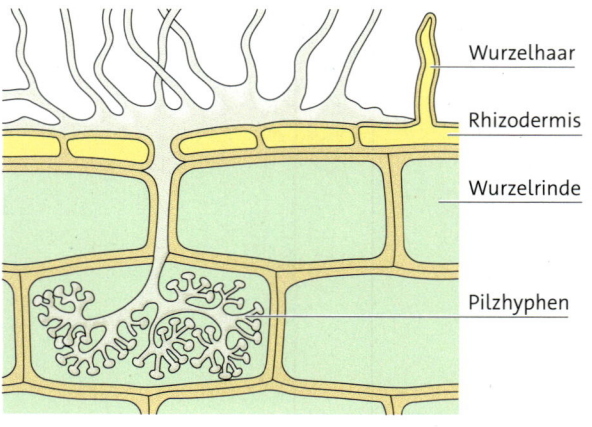

Wurzelhaar

Rhizodermis

Wurzelrinde

Pilzhyphen

05 Endomykorrhiza

VERSUCH A ► Wurzelentwicklung

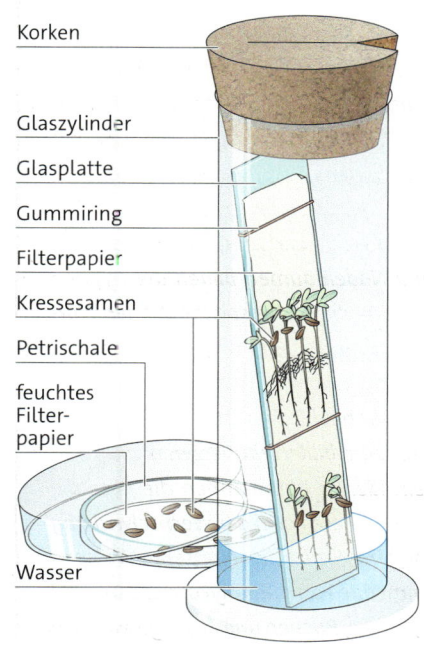

Korken
Glaszylinder
Glasplatte
Gummiring
Filterpapier
Kressesamen
Petrischale
feuchtes Filterpapier
Wasser

Material:

Pinzette, Glaszylinder, Korken mit Schlitz; Glasplatte, die in den Glaszylinder passt; Gummiringe, Filterpapier, Petrischale, Kressesamen, Wasser

Durchführung:

Lege eine Petrischale mit Filterpapier aus und versetze darin etwa 50 Kressesamen mit Leitungswasser. Lass die Samen 20 Minuten quellen.
Befestige farbiges Filterpapier mit Gummiringen auf der Glasplatte. Zeichne je eine dünne Markierungslinien 5 Zentimeter und 10 Zentimeter entfernt vom unteren Rand des Filterpapiers.

Verteile die gequollenen Kressesamen mit einer Pipette entlang der beiden Markierungslinien. Die Samen haften mit der Schleimhülle auf dem Papier. Fülle den Glaszylinder etwa 3 Zentimeter mit Wasser und stelle die vorbereitete Glasplatte mit den Samen hinein. Verschließe den Zylinder mit dem Korken.

A1 Beschreibe deine Beobachtungen innerhalb der nächsten 4 Tage!

A2 Vergleiche nach 4 Tagen die Entwicklung der Kressekeimlinge an der oberen und unteren Markierungslinie!

A3 Deute deine Ergebnisse!

Material B ► Oberflächenvergrößerung

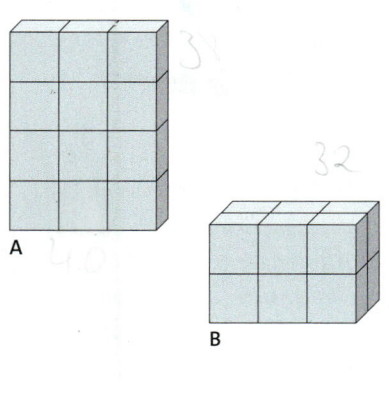

A

B

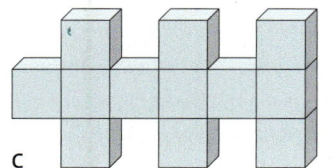

C

Alle abgebildeten Körper sind aus der gleichen Anzahl von gleichgroßen Würfeln zusammengesetzt.

B1 Berechne die Oberfläche der drei Körper! Gehe dabei davon aus, dass die Kantenlänge des Würfels einen Zentimeter beträgt.

B2 Erläutere das Verhältnis zwischen Form und Oberfläche eines Körpers!

B3 Vergleiche das Modell mit dem Bau der Pflanzenwurzel und erkläre den Zusammenhang zwischen Struktur und Funktion der Pflanzenwurzel!

/// METHODE //

Herstellung von Pflanzenpräparaten

Querschnittpräparate

Material: *Styroporblöckchen, Skalpell, Objektträger, Deckgläschen, Pipette, Wasser, Pinsel, Mikroskop, Stängel einer Hahnenfußpflanze, Wurzel einer austreibenden Zwiebel und Blattstücke einer Christrose*

Durchführung:

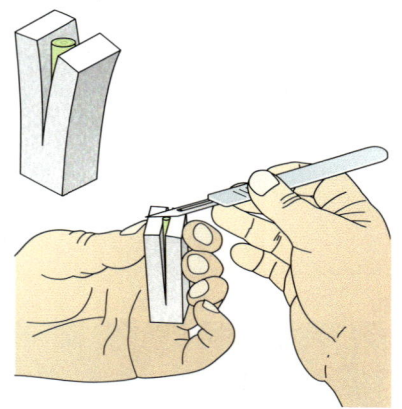

Schneide in ein Styroporblöckchen einen Spalt und klemme ein Stängel-, Wurzel- oder Blattstück so ein, dass es nur wenig aus dem Blöckchen ragt und die zu schneidende Fläche nach oben zeigt. Presse das Blöckchen fest zusammen und schneide mit dem Skalpell mehrmals ganz flach parallel zur oberen Fläche. Überführe die dünnen Schnitte mit einem Pinsel in einen Tropfen Wasser auf einem Objektträger. Lege ein Deckgläschen auf und mikroskopiere.

1) Zeichne zunächst Übersichtsskizzen der angefertigten Querschnitte, dann Detailskizzen der verschiedenen Zelltypen und beschrifte sie!

Oberflächenpräparate

Material: *Bleistift, Skalpell, Objektträger, Deckgläschen, Pipette, Wasser, Pinsel, klarer Nagellack oder Flüssigklebstoff, Pinzette, Mikroskop, frische Laubblätter verschiedener Pflanzen, zum Beispiel Christrose und Efeu*

Durchführung:

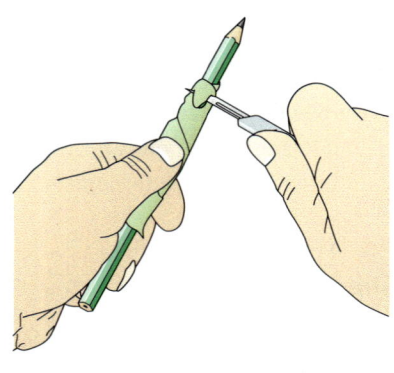

Lege ein Blatt über den Bleistift und schneide mit dem Skalpell sehr flach über die Blattoberfläche. Überführe die dünnen Schnitte mit einem Pinsel in einen Wassertropfen auf einem Objektträger. Lege ein Deckgläschen auf und mikroskopiere.
Bestreiche die Blattfläche dünn mit klarem Nagellack oder Flüssigklebstoff. Ziehe das nach dem Aushärten entstandene Häutchen mit der Pinzette ab und mikroskopiere es wie die Schnittpräparate.

2) Fertige von der Ober- und Unterseite verschiedener Blätter Präparate an, zeichne die verschiedenen Zelltypen und beschrifte sie!

Abziehpräparate

Material: *Messer, Skalpell, spitze Pinzette, Pipette, Präpariernadel, Deckgläschen, Objektträger, Wasser, Mikroskop, Stück einer Küchenzwiebel*

Durchführung:

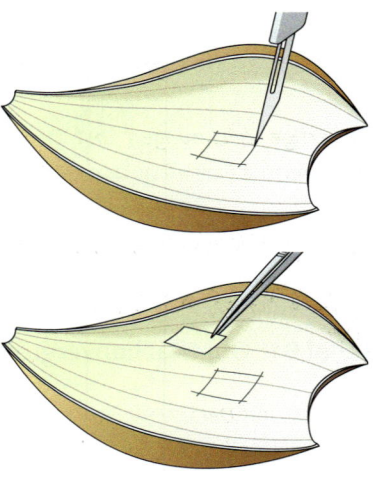

Schneide mit dem Messer die Küchenzwiebel längs so durch, dass vier gleiche Teile entstehen. Löse eine Schuppe heraus. Ritze mit dem Skalpell auf der hohlen Innenseite der Schuppe ein etwa 0,5 Zentimeter großes Quadrat in die dünne Zwiebelschuppenhaut ein. Löse mit einer spitzen Pinzette den Ausschnitt der Zwiebelschuppenhaut ab und überführe ihn in zwei Tropfen Wasser auf einem Objektträger. Lege ein Deckgläschen auf und mikroskopiere.

3) Fertige eine Zeichnung des Präparats mit mindestens vier Zellen an und beschrifte die Zellstrukturen.

Mikroskopische Zeichnungen anfertigen

Eine mikroskopische Untersuchung lässt sich durch eine beschriftete Zeichnung besser sichern als durch eine Beschreibung. Für die Anfertigung von mikroskopischen Zeichnungen gelten einige Regeln.

Zeichnung:

1) *Verwende ein weißes unliniertes DIN A4-Blatt und zeichne möglichst groß.*

2) *Gib eine Überschrift an.*

3) *Fertige Zeichnungen und Beschriftungen mit einem mittelharten Bleistift an und radiere möglichst wenig.*

4) *Zeichne klare, durchgängige Linien.*

5) *Halte die Seitenränder ein und lasse rechts einen Beschriftungsrand frei.*

6) *Achte auf Detailtreue: Zellen eines Gewebes sehen ähnlich aus, beachte Zellform und Zellgröße. Zwischen Zellen treten keine Lücken auf, Zellen dürfen sich aber auch nicht überschneiden. Jede Pflanzenzelle hat ihre eigene Zellwand.*

Beschriftung:

1) *Schreibe in Druckschrift.*

2) *Beschriftungen stehen im dafür vorgesehenen Rand.*

3) *Zeichne Beschriftungslinien mit dem Lineal und achte darauf, dass sie sich nicht kreuzen.*

4) *Beschriftungslinien weisen genau auf den bezeichneten Teil der Zeichnung.*

5) *Angaben unten rechts: Vergrößerung, Datum, Name*

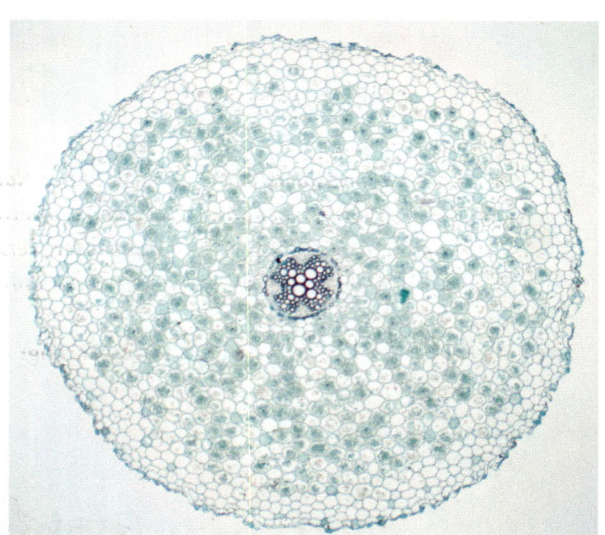

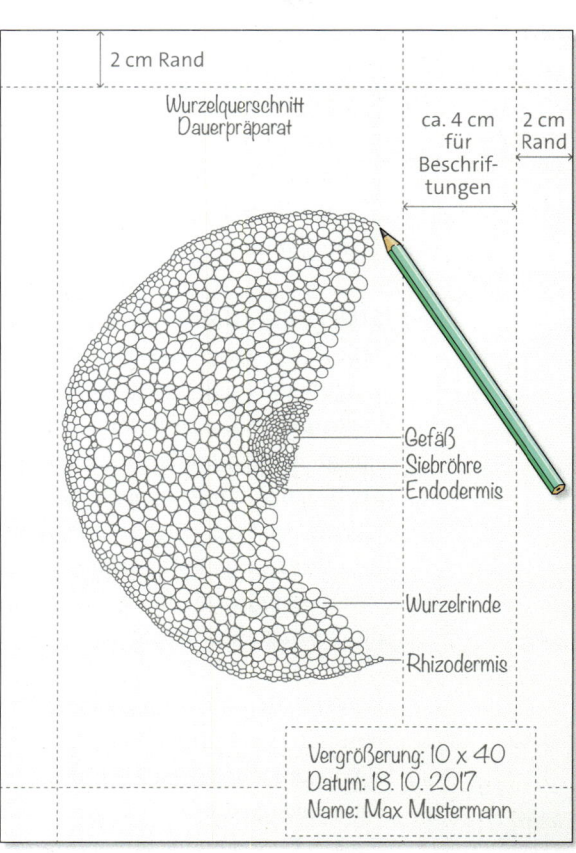

2 cm Rand

Wurzelquerschnitt
Dauerpräparat

ca. 4 cm für Beschriftungen

2 cm Rand

Gefäß
Siebröhre
Endodermis

Wurzelrinde

Rhizodermis

Vergrößerung: 10 x 40
Datum: 18. 10. 2017
Name: Max Mustermann

01 Tinte in Wasser

Wasseraufnahme durch die Wurzeln

Gibt man einen Tropfen Tinte in Wasser, verteilt sie sich nach und nach gleichmäßig im Gefäß, ohne dass man umrühren muss. Was hat dieses naturwissenschaftliche Phänomen mit der Aufnahme von Wasser und Mineralstoffen durch die Pflanzenwurzel zu tun?

STOFFAUSTAUSCH · Jede Tier- und Pflanzenzelle ist von einer Vielzahl verschiedener Stoffe umgeben. Einige davon werden in einer ganz bestimmten Konzentration im Zellinnern benötigt. Andere wiederum werden von der Zelle an die Umgebung abgegeben. Sowohl der Austausch von Stoffteilchen zwischen den Zellen und ihrer Umgebung als auch die Aufnahme von Wasser in die Pflanzenwurzel erfolgt nach den Prinzipien Diffusion und Osmose.

DIFFUSION · Die Teilchen eines Stoffes befinden sich in ständiger Bewegung. Dabei stoßen sie zusammen und verteilen sich. Diese 1827 vom schottischen Botaniker Robert BROWN entdeckte Teilchenbewegung wird als „BROWNsche Bewegung" bezeichnet.

Gibt man lösliche Stoffe wie Zucker oder Salz in Wasser, verteilen sich die Teilchen ganz von selbst gleichmäßig im Gefäß, bis überall die gleiche Konzentration vorliegt. Dabei bewegen sich die Teilchen immer vom Ort hoher Teilchenkonzentration zum Ort niederer Teilchenkonzentration. Diesen Vorgang nennt man **Diffusion.** Dies lässt sich in einer Zuckerlösung nachprüfen. Gibt man Zucker in Wasser, so verschwinden die Körner nach einiger Zeit scheinbar, auch wenn nicht umgerührt wurde. Durch eine Geschmacksprobe lässt sich aber nachweisen, dass der Zucker noch in der Lösung vorhanden ist. Im Wasser haben sich die Zuckerkörner in kleine, nicht sichtbare Teilchen aufgelöst, die sich durch Diffusion gleichmäßig im Wasser verteilt haben.

Verwendet man statt des Zuckers einen Tropfen Tinte, kann man diesen Prozess auch sehen. Sind alle Teilchen gleichmäßig im verfügbaren Raum verteilt, ist die Diffusion beendet. Auch wenn sich die Teilchen weiterhin bewegen, bleibt das Konzentrationsgleichgewicht erhalten.

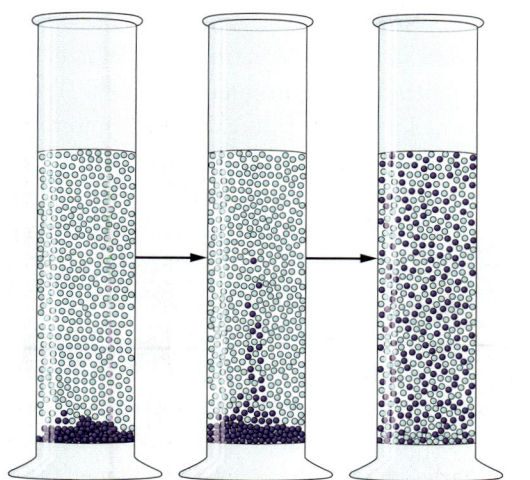

02 Modell der Diffusion

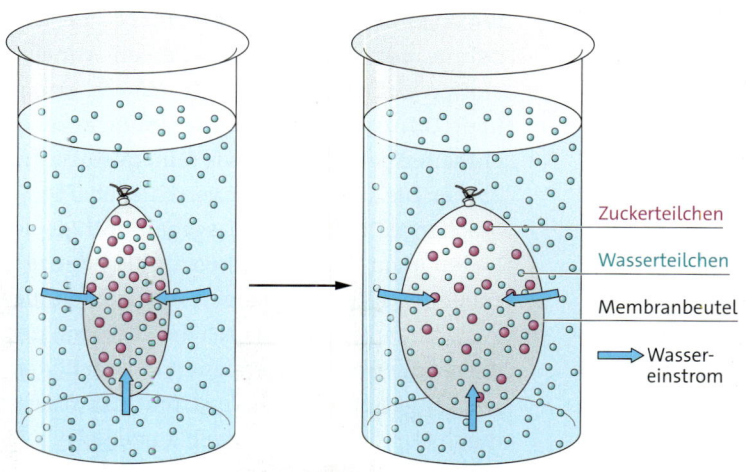

03 Modell der Osmose

Zuckerteilchen
Wasserteilchen
Membranbeutel
Wasser-
einstrom

OSMOSE · Im Zellsaft der Vakuole einer Pflanzenzelle sind viele Teilchen gelöst. Die Anzahl der gelösten Teilchen ist dort größer als im Zellplasma und die Anzahl der Wasserteilchen ist geringer. Daher diffundiert Wasser aus dem Zellplasma in die Vakuole. Nun fehlt Wasser im Zellplasma. Dieses strömt durch Diffusion von außen in die Zelle ein. Das ist möglich, weil Zellmembranen für Wasser durchlässig sind. Auch die gelösten Teilchen, wie die Zuckerteilchen, streben nach Diffusion. Für sie ist die Vakuolenmembran aber nicht durchlässig. Daher bleiben die Teilchen in der Vakuole. Eine solche eingeschränkte Diffusion, bei der Wasserteilchen diffundieren, aber größere Teilchen nicht, nennt man **Osmose.** Die Membran

bezeichnet man wegen dieser Eigenschaft als halbdurchlässig oder **semipermeabel.**
Osmose liegt also immer dann vor, wenn zwei unterschiedlich konzentrierte Stoffe durch eine semipermeable Membran getrennt sind. Sie bewirkt, dass die Konzentrationen auf beiden Membranseiten ausgeglichen werden. So führt sie dazu, dass sich die Vakuole immer stärker mit Wasser füllt. Sie dehnt sich aus und drückt das Zellplasma an die Zellwand. Auf diese Weise wird die Pflanzenzelle aufgebläht und erlangt eine höhere Stabilität.

1 Beschreibe die Prozesse Diffusion und Osmose!

2 Erläutere den Begriff semipermeabel!

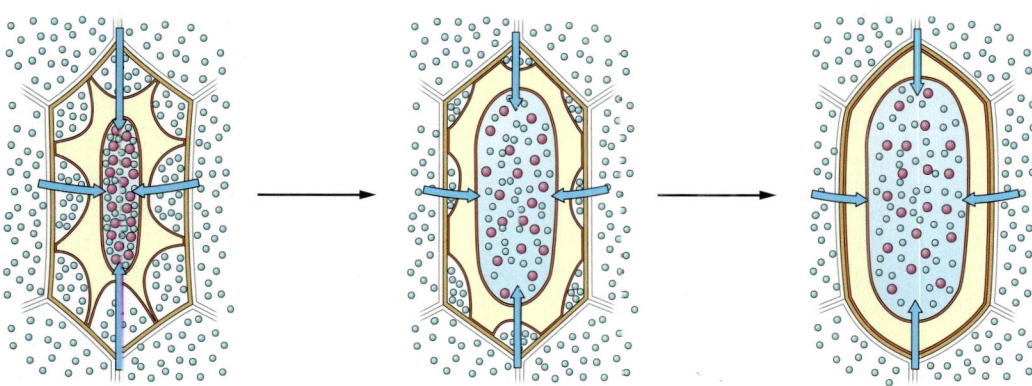

04 Osmose in der Zelle (Schema)

WASSERAUFNAHME IN DIE WURZEL · Die Aufnahme von Wasser und gelösten Mineralstoffen aus dem Boden in die Wurzel erfolgt über Diffusion und Osmose. Pflanzenzellen enthalten gelöste Stoffe wie Mineralstoffe und Zucker. Die Konzentration verschiedener Stoffteilchen ist also groß. Dagegen enthält der Boden mehr Wasserteilchen als die Pflanzenzellen. Das Zellplasma und die Vakuole der Wurzelhaarzelle sind durch die Zellwand und die semipermeable Zellmembran vom Bodenwasser getrennt. Deshalb strömt das Wasser durch Osmose in die Wurzelhaarzellen ein. Es kann auch in die Zellwände der Rhizodermis diffundieren. Osmose ist nur notwendig, wenn ein Zellmembran passiert werden muss.

WASSERTRANSPORT IN DER WURZEL · Innerhalb der Wurzel muss das Wasser von der äußeren Rhizodermis durch die Wurzelrinde bis zur Endodermis im Inneren der Wurzel geleitet werden. Nur so gelangt es in die Gefäße des Zentralzylinders und wird durch die Sprossachse an die oberen Pflanzenteile weitergegeben.

Damit Wasser zum Zentralzylinder transportiert werden kann, muss innerhalb der Wurzel ein Konzentrationsunterschied bestehen. Dieser kommt zustande, da durch die Siebröhren der Sprossachse beständig Nährstoffe aus den Blättern in die Wurzeln geleitet werden. Die Konzentration an gelösten Stoffen ist daher im Zentralzylinder und in den innen liegenden Wurzelzellen höher als in den äußeren Wurzelbereichen.

Der Wassertransport erfolgt auf zwei Wegen. Zum einen diffundiert das Wasser durch die Zellwände. So gelangt es ins Wurzelinnere, ohne die Zellen zu passieren. Zum anderen fließt es durch die Zellen hindurch. Dies geschieht durch ein Zusammenspiel von Diffusion und Osmose. Die Zellen sind durch semipermeable Membranen voneinander getrennt. Zwischen zwei Zellen erfolgt die Wasserleitung daher durch Osmose. Der Wassertransport innerhalb jeder Zelle erfolgt durch Diffusion.

3 ⌡ Beschreibe die Aufnahme und Weiterleitung von Wasser in Pflanzenwurzeln!

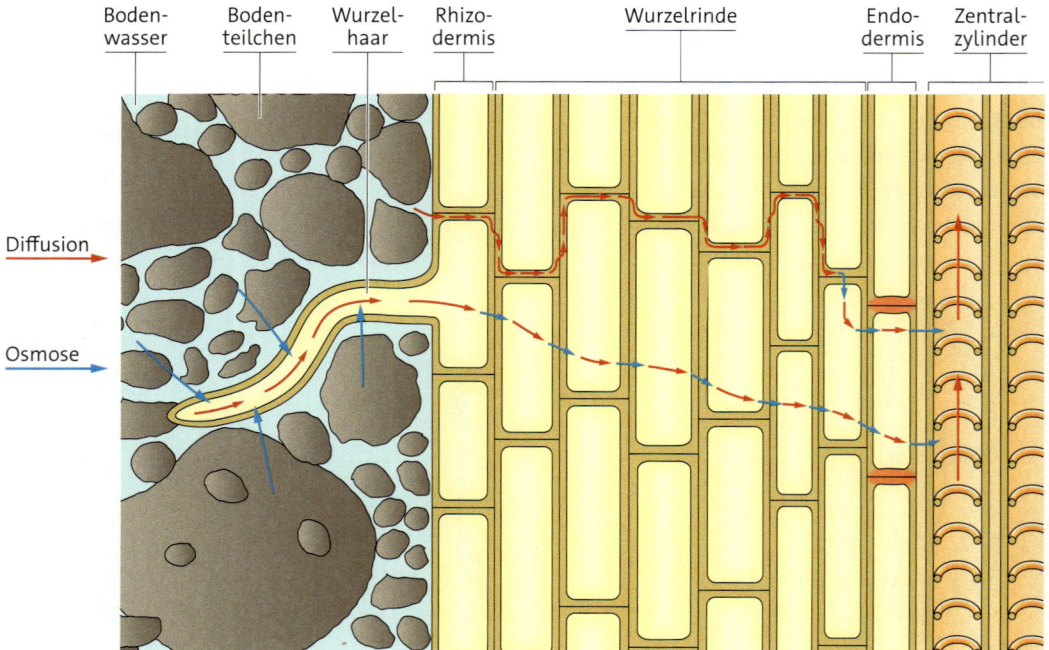

05 Aufnahme und Transport von Wasser in Pflanzenwurzeln

ZENTRALZYLINDER · Das Wasser und die darin gelösten Mineralstoffe werden über die Endodermis an die Gefäße des Zentralzylinders abgegeben. Die seitlichen Zellwände der Endodermis sind wasserundurchlässig. Daher muss das Wasser die semipermeablen Membranen und das Zellplasma der Endodermiszellen passieren. Die Endodermis ist somit ein Kontrollgewebe für die Aufnahme von Wasser und Mineralstoffen in die Pflanze. Zugleich verhindert sie, dass Stoffe aus dem Zentralzylinder hinausdiffundieren. Vom Zentralzylinder ausgehend wird das Wasser durch die Sprossachse in die oberen Pflanzenteile transportiert.

MINERALSTOFFE · Pflanzen brauchen Mineralstoffe wie Nitrat, Phosphat und Kalium. Sie stammen größtenteils aus dem Boden und werden über die Wurzel aufgenommen. Der Mineralstoffgehalt des Bodens ist abhängig von den Bodeneigenschaften, der Vegetation, dem Klima und der Bearbeitung durch den Menschen. Aufgenommen werden die Mineralstoffe immer als in Wasser gelöste Teilchen. Die Zellmembran ist jedoch weitgehend undurchlässig für die Teilchen. Daher erfolgt die Aufnahme der Mineralstoffe in die Zellen über spezielle Trägermoleküle. Man spricht von einem *aktiven Transport* der Mineralstoffe in die Zellen. Dafür wird Energie benötigt.

ANGEPASSTHEITEN · Pflanzen zeigen in ihrer Wasseraufnahme Angepasstheiten an ihre Lebensräume. Viele Orchideenarten wachsen nicht auf dem Boden, sondern auf Bäumen. Solche Pflanzen, die auf anderen Pflanzen wachsen, nennt man *Aufsitzerpflanzen*. Eine auf einem Baum wachsende Orchidee kann kein Wasser aus dem Boden aufnehmen. Stattdessen nimmt sie mit speziellen *Luftwurzeln* Wasser und Mineralstoffe aus der Luft auf. Die Luftwurzeln sind von einer schwammartigen Zellschicht umhüllt. Bei Regen oder hoher Luftfeuchtigkeit saugen sich diese Zellen mit Wasser voll. Die Wasseraufnahme über Luftwurzeln findet man nur bei Pflanzen in den Tropen. In unseren Breiten ist die Luftfeuchtigkeit für diese Art der Wasseraufnahme zu gering. Auch Efeu wächst am Baumstamm hoch. Dennoch muss Efeu zur Wasserversorgung im Boden verankert bleiben. Seine oberirdischen Wurzeln dienen als Haftwurzeln, mit denen der Efeu am Baum emporranken kann.

Bei Wasserpflanzen und Moosen dienen die Wurzeln nur der Verankerung im Boden. Die Wurzeln haben oft keine Wurzelhaare, viele Arten sind sogar völlig wurzellos. Die Wasseraufnahme erfolgt stattdessen über die Blätter. Wüstenpflanzen zeigen in ihren Wurzelsystemen Angepasstheiten an die vorherrschende Wasserknappheit. Viele Bäume wie die Akazie bilden bis zu 80 Meter tiefe *Pfahlwurzeln*, mit denen sie an das Grundwasser gelangen. Andere Pflanzen wie Agaven und Kakteen bilden ein großflächig verzweigtes Wurzelsystem direkt unter der Bodenoberfläche. Damit können sie bei Regenschauern viel Wasser aufnehmen.

06 Orchidee mit Luftwurzel

07 Akazien überleben mit tiefen Pfahlwurzeln an trockenen Extremstandorten.

Material A ▸ Geplatzte Kirschen

Die Zellen des Fruchtfleisches hochreifer Kirschen speichern in ihren Vakuolen sehr viel Zucker.

A1 Erkläre das Aufplatzen hochreifer Kirschen nach einem anhaltenden Regenguss!

A2 Stelle diese Erscheinung den Beobachtungen bei unreifen Kirschen gegenüber!

Material B ▸ Rote Bete

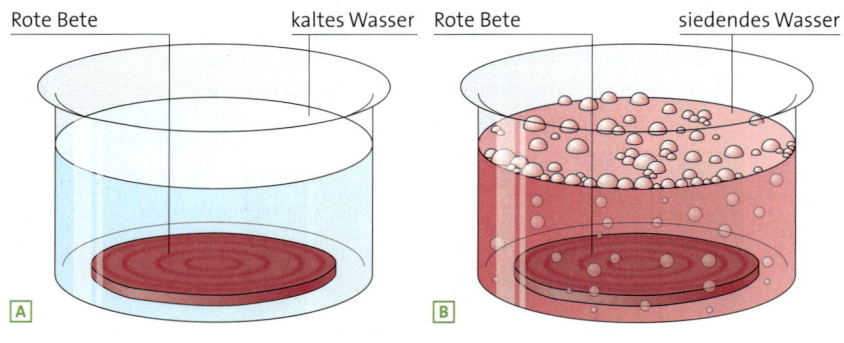

Rote Bete · kaltes Wasser · Rote Bete · siedendes Wasser

A · B

Die Abbildungen zeigen Versuche mit Scheiben von Roter Bete. Ihr Farbstoff liegt in den Vakuolen ihrer Zellen.

B1 Beschreibe die Ergebnisse der in den beiden Abbildungen dargestellten Versuche!

B2 Erkläre die Ergebnisse der beiden Versuche!

Material C ▸ Hühnerei

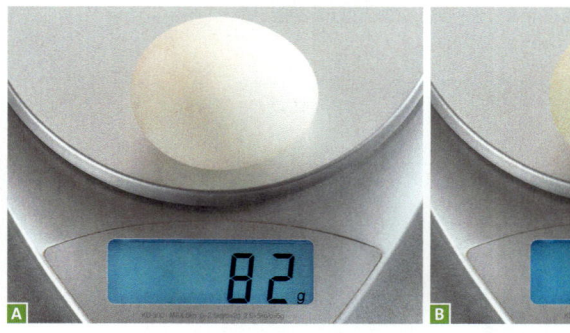

A 8 2 g · B 9 0 g

C1 Ordne die Abbildungen den Zeitpunkten vor und nach der Behandlung mit destilliertem Wasser zu! Begründe deine Antwort!

C2 Formuliere eine Hypothese über das Versuchsergebnis bei einem Hühnerei mit Schale!

C3 Vermute ein Versuchsergebnis für die Behandlung eines Eies ohne Schale mit Salzlösung!

In einem Versuch wurde ein Hühnerei ohne Schale gewogen. Anschließend lag es für mehrere Stunden in destilliertem Wasser und wurde erneut gewogen. Destilliertes Wasser enthält außer Wasser keine weiteren Teilchen.

PLASMOLYSE

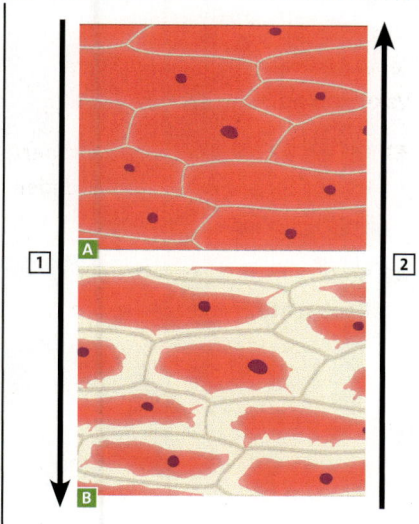

In den Abbildungen A und B sind Zellen der Schuppenhaut der roten Küchenzwiebel dargestellt, wie sie im Lichtmikroskop bei mittlerer Vergrößerung zu sehen sind. Die rote Färbung kommt durch Farbstoffteilchen in der Vakuole zustande.

Die Zellen in Abbildung A liegen in Wasser. In Abbildung B liegen dieselben Zellen in einer Salzlösung. Man kann erkennen, dass die Zellen sich verändern, wenn man sie mit Wasser oder mit einer Salzlösung versetzt. Diese Veränderungen lassen sich mit dem Prinzip der Osmose erklären.

*Der mit Pfeil 1 gekennzeichnete Vorgang ist die **Plasmolyse.** Werden die Zellen mit einer Salzlösung umspült, wird ihnen durch Osmose Wasser entzogen. Dann zieht sich die Vakuole zusammen und die Zellmembran löst sich von der Zellwand.*

*Der mit Pfeil 2 gekennzeichnete Vorgang ist die Umkehrreaktion der Plasmolyse, die **Deplasmolyse.** Umspült man die Zellen mit reichlich Wasser, dringt durch Osmose Wasser in die Zellen ein. Die Vakuole dehnt sich aus und drückt das Zellplasma an die Zellwand.*

Die Plasmolyse kannst du unter dem Lichtmikroskop beobachten, indem du ein Präparat der roten Küchenzwiebel mit einer Salzlösung versetzt. Die rote Küchenzwiebel enthält einen roten Farbstoff im Zellsaft. Wegen der Färbung eignet sie sich gut zum Beobachten der Plasmolyse. Lies die Aufgaben, bevor du mit der Durchführung beginnst.

Material:

Objektträger, Deckgläschen, Pinzette, Skalpell, Pipette, Präpariernadel, Filterpapier, rote Küchenzwiebel, Wasser, Salzlösung, Lichtmikroskop

Durchführung:

1. Stelle ein frisches Abziehpräparat von der Schuppenhaut der roten Küchenzwiebel her. Nimm dazu die Anleitung auf Seite 22 zu Hilfe.

2. Betrachte das Präparat zunächst bei kleinster Vergrößerung unter dem Lichtmikroskop.

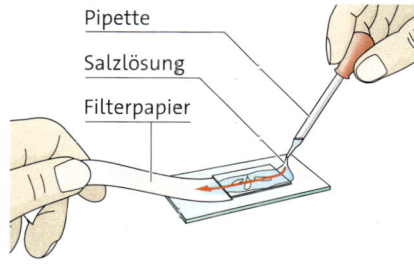

3. Einleitung der Plasmolyse: Gib mit einer Pipette zwei Tropfen der Salzlösung auf den Objektträger neben das Deckgläschen und sauge die Lösung mit einem Filterpapier durch das Präparat, wie in der Abbildung gezeigt.

a Beobachte die Zwiebelschuppe vor, während und nach dem Durchziehen der Salzlösung!

b Beschreibe deine Beobachtung!

c Fertige mikroskopische Zeichnungen an von je drei Zwiebelschuppenzellen vor, zu Beginn und am Ende der Einwirkung von Salzlösung!

d Erkläre die an den Zellen sichtbaren Vorgänge! Nimm Abbildung 04 auf Seite 25 zu Hilfe!

e Im Verlauf der Plasmolyse erkennt man, dass die Farbintensität des Zellsaftes in der Vakuole zunimmt. Erkläre diese Erscheinung!

f Salatsoße enthält meist Salz und Zucker. Liegt Salat länger in Salatsoße, ist er nicht mehr so knackig. Erkläre dieses Alltagsphänomen!

01 Vielfalt der Sprossachsen:
A Sprossachse eines Buchenkeimlings,
B Stamm einer Buche,
C Sprossranken einer Platterbse, **D** Spross-knollen eines Kohlrabis

Bau und Funktion der Sprossachse

Sprossachsen sind äußerst vielfältig. Beim jungen Pflanzenkeimlingen noch kurz und dünn, entwickeln sie sich zu vielgestaltigen Pflanzenstängeln, Grashalmen und meterhohen Baumstämmen. Wozu dienen Sprossachsen und wie sind sie aufgebaut?

VIELFALT · Sprossachsen sind sehr vielfältig in ihrer Gestalt. Sie können krautige Halme und Stängel sein, oder holzige Stämme und Zweige. Bei einigen Pflanzenarten sind sie unverzweigt, bei anderen tragen sie wiederum zahlreiche Seitentriebe. Es gibt aufrechte, liegende, kletternde und windende Sprossachsen. Manche sind nur wenige Millimeter lang, andere messen über 100 Meter.

Die Stellen der Sprossachse, an denen Blätter oder Zweige ansetzen, sind meistens etwas verdickt. Sie werden *Knoten* genannt. Die Abschnitte zwischen den Knoten heißen *Zwischenknotenstücke*. Sie sind unverzweigt.

FUNKTION · Die Sprossachse trägt die Laubblätter und Blüten und richtet sie günstig zum Licht. Zudem verbindet sie alle Pflanzenorgane miteinander und ermöglicht den Stoffaustausch. Über die Sprossachse gelangt das durch die Wurzeln aufgenommene Wasser mit den gelösten Mineralstoffen in die Blätter, Blüten und Früchte. Andersherum werden Nährstoffe, die in den Blättern gebildet werden, in die Wurzel und Früchte transportiert.

Sprossachsen können für bestimmte Funktionen abgewandelt sein. Bei Kletterpflanzen wie Wein und Gurke bildet die Sprossachse *Sprossranken*, die der Befestigung dienen. Einige Sprossachsen speichern Nährstoffe in *Sprossknollen*, die entweder oberirdisch liegen wie bei Kohlrabi oder unterirdisch wie bei der Kartoffel. Manche Pflanzen trockener Standorte, wie Kakteen, speichern Wasser in ihren verdickten Sprossachsen. Solche Abwandlungen nennt man *Sprossmetamorphosen*.

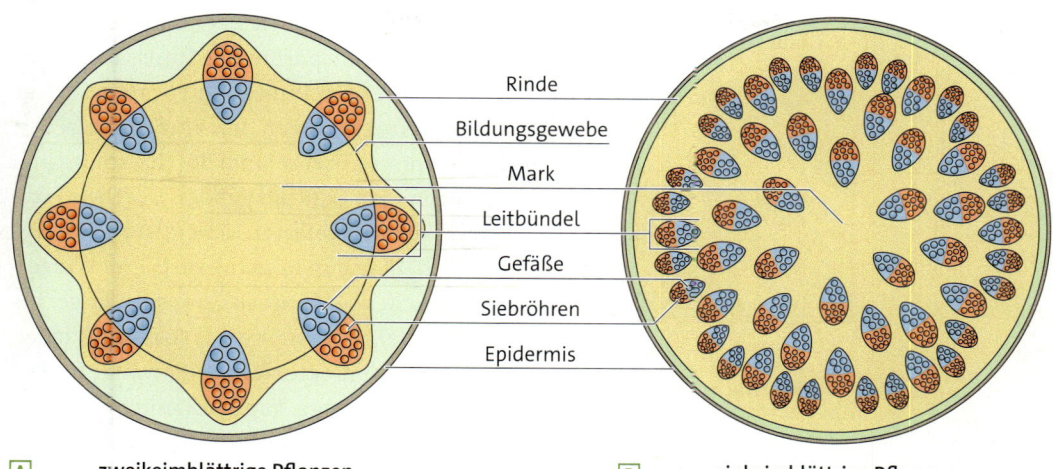

	Rinde
	Bildungsgewebe
	Mark
	Leitbündel
	Gefäße
	Siebröhren
	Epidermis

A zweikeimblättrige Pflanzen

B einkeimblättrige Pflanzen

02 Sprossachsen im Querschnitt (Schema): **A** einkeimblättrige Pflanze, **B** zweikeimblättrige Pflanze

INNERER BAU · Unabhängig von der äußeren Vielfalt stimmen die Sprossachsen verschiedener Pflanzenarten im inneren Bau weitgehend überein. Sie alle besitzen eine Epidermis, eine Rinde, Leitbündel und Mark. Nur in der Anordnung der Gewebe kann man ein- und zweikeimblättrigen Pflanzen unterscheiden. Die äußere, meist einschichtige **Epidermis** bildet das feste, fast wasserundurchlässige Abschlussgewebe. Sie ist oft mit einer wachshaltigen Kutikula überzogen und schützt die inneren Gewebe. Die **Rinde** dient der Festigung und kann Nährstoffe speichern. Auch das **Mark** dient der Nährstoffspeicherung. Am stärksten fallen im Querschnitt die **Leitbündel** auf, die von den Wurzeln bis in die Blätter verlaufen. Die Leitbündel bestehen aus zwei verschiedenen Leitgeweben.

Ihr *Holzteil* enthält die **Gefäße.** In ihnen gelangt das von den Wurzeln aufgenommene Wasser in die oberen Pflanzenteile. Im Längsschnitt sieht man, dass die Gefäße als lange Röhren entlang der Sprossachse verlaufen. Sie bestehen aus toten Zellen ohne Querwände, die ringförmige Verdickungen zur Verstärkung aufweisen. Der *Siebteil* der Leitbündel enthält die **Siebröhren.** In ihnen werden die in den Blättern gebildeten Nährstoffe zu den Früchten und Speicherorganen geleitet. Die Querwände der Zellen weisen Löcher auf, durch die die Zellen miteinander verbunden sind.

Die Leitbündel sind von dickwandigen Zellen umgeben, die das *Festigungsgewebe* bilden. Sie verleihen der Sprossachse ihre Stabilität. Bei zweikeimblättrigen Pflanzen liegt zwischen dem Holzteil und dem Siebteil ein *Bildungsgewebe*. Es besteht aus einer kompakten Schicht teilungsfähiger Zellen. Von hier werden stetig neue Zellen nach innen und außen abgegeben. Dadurch wächst die Sprossachse in die Breite. Den einkeimblättrigen Pflanzen fehlt dieses Bildungsgewebe.

1) Stelle in Form einer Tabelle die Struktur der Sprossachsengewebe sowie deren Funktion zusammen!

2) Vergleiche die Sprossachsenquerschnitte von ein- und zweikeimblättrigen Pflanzen!

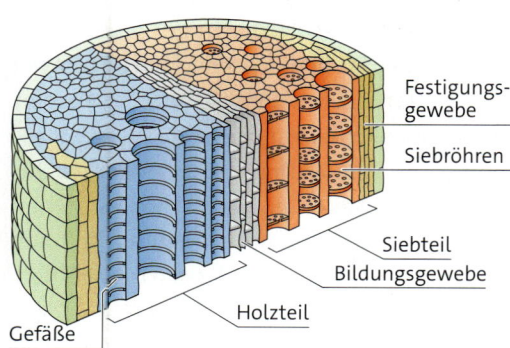

	Festigungsgewebe
	Siebröhren
	Siebteil
	Bildungsgewebe
Gefäße	
	Holzteil

03 Längsschnitt durch ein Leitbündel einer zweikeimblättrigen Pflanze (Schema)

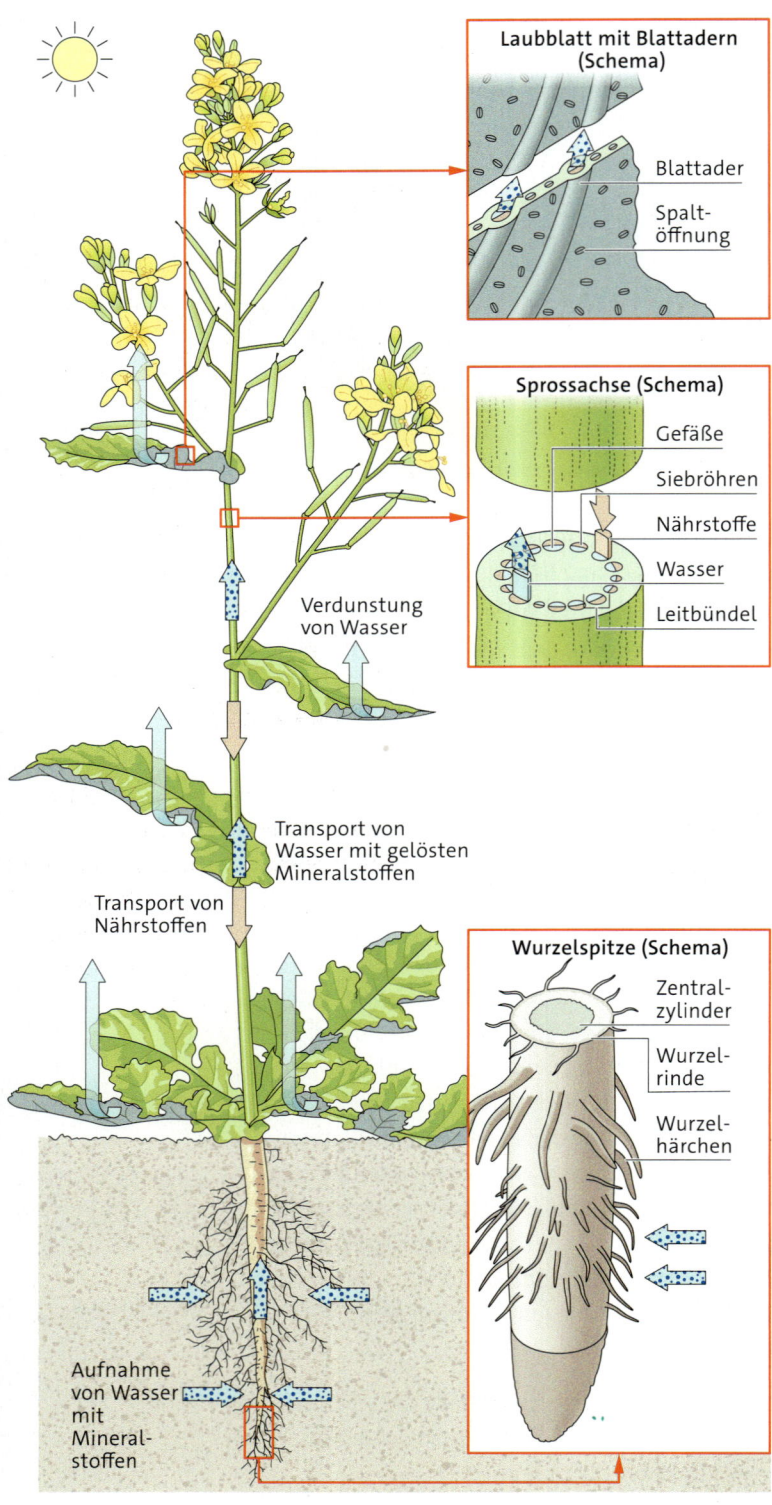

Laubblatt mit Blattadern (Schema)

Blattader

Spaltöffnung

Sprossachse (Schema)

Gefäße

Siebröhren

Nährstoffe

Wasser

Leitbündel

Verdunstung von Wasser

Transport von Wasser mit gelösten Mineralstoffen

Transport von Nährstoffen

Wurzelspitze (Schema)

Zentralzylinder

Wurzelrinde

Wurzelhärchen

Aufnahme von Wasser mit Mineralstoffen

04 Transport von Nährstoffen, Wasser und gelösten Mineralstoffen

WASSERTRANSPORT IN DEN GEFÄSSEN · Bei dem Wassertransport in der Sprossachse wirken verschiedene Prinzipien zusammen. Das Bodenwasser wird von den Wurzelhaarzellen aufgenommen und gelangt durch Osmose und Diffusion zum Zentralzylinder. Dort wird das Wasser mit den gelösten Mineralstoffen in die Gefäße der Leitbündel gepresst. Dieser **Wurzeldruck** reicht aber nicht aus, um das Wasser bis in die Blätter zu befördern. Die Gefäße bestehen aus toten Zellen, deren Zwischenwände fehlen. So entstehen lange, kapillarähnliche Röhren, in denen eine **Kapillarwirkung** entsteht. Die Kapillarwirkung beruht auf den Prinzipien der Kohäsion und Adhäsion. *Kohäsion* bezeichnet die Anziehungskräfte zwischen den Wasserteilchen. *Adhäsion* meint die Anziehungskräfte zwischen den Wasserteilchen und den Gefäßwänden. Diese Kräfte verhindern ein Abreißen des Wasserfadens in den Gefäßen. Über die Spaltöffnungen der Laubblätter geben Pflanzen ständig Wasser in Form von Wasserdampf ab. Diesen Vorgang bezeichnet man als *Transpiration*. Die Transpiration führt zu einem Wasserverlust, der einen Sog in den Gefäßen erzeugt. Dieser **Transpirationssog** führt dazu, dass Wasser aus der Wurzel durch die Sprossachse bis zu den Blättern gezogen wird. Durch Kapillarwirkung und Transpirationssog können auch riesige Bäume das Wasser bis in die Blattspitzen transportieren.

NÄHRSTOFFTRANSPORT IN DEN SIEBRÖHREN · Da die Wurzeln und auch einige Sprossachsen keine Nährstoffe bilden können, müssen sie mit Nährstoffen aus den Blättern versorgt werden. Die Blätter produzieren durch die Fotosynthese Zucker, der zum Aufbau verschiedener Nährstoffe dient. Die Zellen der Siebröhren stehen durch ihr Zellplasma in Verbindung. In ihnen werden Nährstoffe durch Diffusion transportiert.

3 ⌡ Erkläre den kontinuierlichen Wasserstrom in den Leitbündeln!

Material A ▸ Sprossachsenquerschnitte

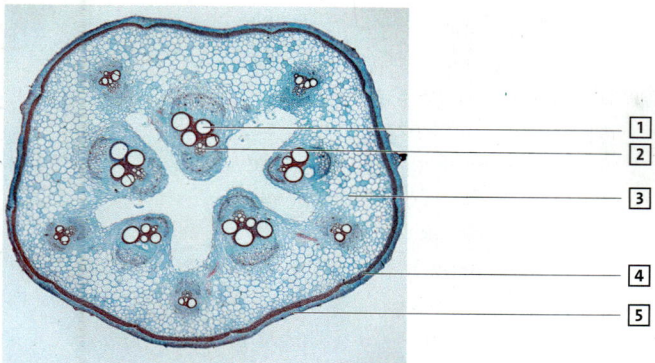

1
2
3
4
5

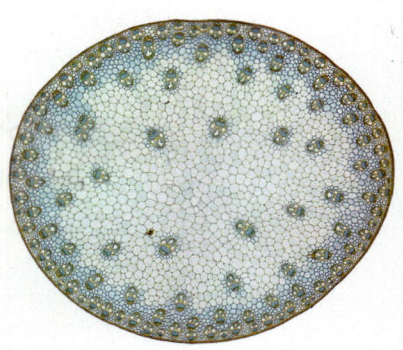

A　　　　Cartenkürbis

B　　　　Mais

A1 Benenne die nummerierten Strukturen in Abbildung A! Suche die Strukturen auch in Abbildung B!

A2 Vergleiche die beiden Sprossachsenquerschnitte und nenne die wesentlichen Unterschiede!

A3 Ordne begründet Pflanzenarten anhand ihrer Sprossachsen den Einkeimblättrigen und Zweikeimblättrigen zu!

VERSUCH B ▸ Gewebe der Wasserleitung

An Holunderzweigen soll überprüft werden, welches Sprossachsengewebe der Wasserleitung dient.

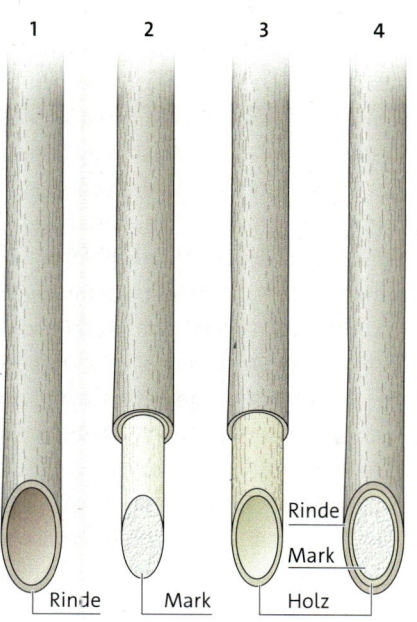

1　　2　　3　　4

Rinde
Mark
Holz

Rinde　　Mark

Material:

4 Standzylinder, 4 beblätterte Holunderzweige, Pipette, Korkenbohrer, Messer, Öl, Wasser

Durchführung:

Schneide vier gleich große Holunderzweige an. Entferne für etwa 3 Zentimeter Teile der Sprossachse:

- Zweig 1: Holz und Mark (Rinde bleibt)
- Zweig 2: Rinde und Holz (Mark bleibt)
- Zweig 3: Rinde und Mark (Holz bleibt)
- Zweig 4: Kontrollansatz (alle Gewebe bleiben)

Stelle jeden Holunderzweig in einen eigenen mit Wasser gefüllten Standzylinder. Der Wasserstand sollte nur so hoch sein, dass der präparierte Sprossachsenteil im Wasser steht. Überschichte die Wasserflächen mit Öl und markiere den Wasserstand am Standzylinder.

B1 Beschreibe deine Beobachtungen
- nach einigen Stunden
- nach einem Tag
- nach zwei Tagen

B2 Interpretiere deine Beobachtungen im Hinblick auf die Ausgangsfrage des Versuchs!

Hinweis: Langfristig reicht die Wasseraufnahme in die Sprossachse nicht aus. Ohne Wurzeln verwelken Pflanzen nach kurzer Zeit.

01 Hainbuchenblatt mit Blattadern

Bau und Funktion des Laubblattes

Laubblätter haben vielfältige Funktionen: Sie nehmen Kohlenstoffdioxid aus der Luft auf und geben Sauerstoff ab. Zudem produzieren sie durch Fotosynthese Glukose, die der Pflanze als Baustoff und Energieträger dient. Wie erfüllen Laubblätter diese unterschiedlichen Aufgaben?

AUFGABENTEILUNG · Betrachtet man das Laubblatt einer Hainbuche, erkennt man, dass die grüne Blattfläche von feinen *Blattadern* durchzogen wird. Diese bilden ein Netzwerk von *Leitbündeln* und sorgen für die Stoffverteilung. So kann das aus den Wurzeln kommende Wasser im Blatt verteilt werden. In den Blattflächen zwischen den Blattadern wird durch Fotosynthese Glukose produziert. Diese wird ebenfalls über die Blattadern verteilt und durch die Sprossachse in alle anderen Pflanzenteile geleitet. Unter dem Mikroskop erkennt man kleine Öffnungen auf der Blattunterseite. Über sie nimmt die Pflanze Kohlenstoffdioxid aus der Luft auf und gibt Sauerstoff ab. Zwischen den Geweben eines Blattes besteht *Aufgabenteilung*. In Angepasstheit an ihre Funktion unterscheiden sich die Gewebe in ihrer Struktur.

SCHICHT FÜR SCHICHT · Mikroskopiert man den Querschnitt eines Laubblattes, wird ein schichtartiger Aufbau erkennbar. Die auffälligste Schicht ist durch lang gestreckte und dicht nebeneinander angeordnete Zellen gekennzeichnet. Diese Schicht wird als **Palisadengewebe** bezeichnet. Die Zellen des Palisadengewebes enthalten viele *Chloroplasten,* in denen die Fotosynthese abläuft. Durch die Ausrichtung der Zellen kann das für die Fotosynthese notwendige Sonnenlicht tief in die Zellen eindringen. Dadurch können auch die Chloroplasten der unteren Zellabschnitte noch Fotosynthese betreiben. Zudem ist das Palisadengewebe nahezu lückenlos, sodass viel Licht aufgenommen und für die Fotosynthese genutzt werden kann. Über dem Palisadengewebe liegt eine Schicht aus Zellen, deren Zellwände leicht verdickt sind. Sie wird **Epidermis** genannt und bilden eine Schutzschicht nach außen. Das Blatt weist an der Unterseite eine ähnliche Zellschicht auf, daher unterscheidet man zwischen unterer und oberer Epidermis. Zum zusätzlichen Schutz liegt auf der Epidermis häufig noch eine wachsartige Schicht, die **Kutikula.**

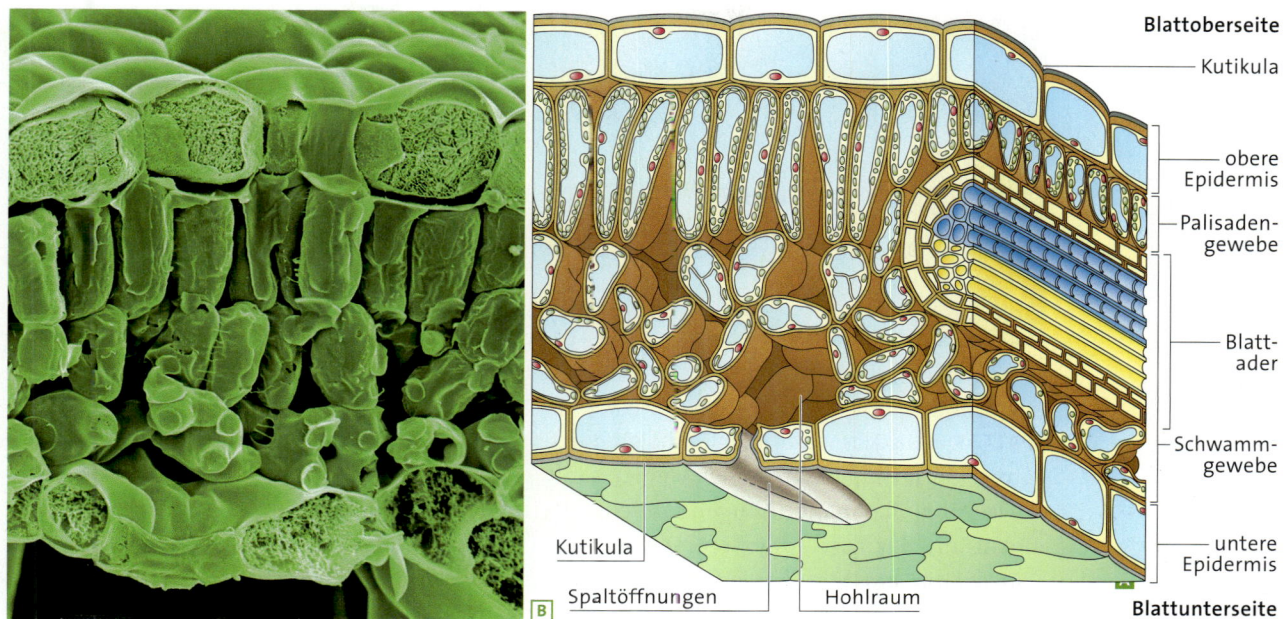

Blattoberseite
Kutikula
obere Epidermis
Palisadengewebe
Blattader
Schwammgewebe
untere Epidermis
Blattunterseite

Kutikula
Spaltöffnungen
Hohlraum

B

02 Querschnitt eines Laubblattes: **A** elektronenmikroskopische Aufnahme, **B** Schema

Die Kutikula vermindert den Wasserverlust. Auf der oberen Epidermis ist sie dicker, als auf der unteren. Die Struktur der Epidermis mit aufgelagerter Kutikula, verdickten Zellwänden und fehlenden Zellzwischenräumen begünstigt ihre Schutzfunktion. Die untere Epidermis weist regelmäßige Öffnungen auf, die **Spaltöffnungen**. Durch sie nimmt das Laubblatt Kohlenstoffdioxid aus der Luft auf und gibt Sauerstoff ab. Zudem entweicht über die Spaltöffnungen Wasserdampf, wodurch die Pflanze ihren Wasserhaushalt reguliert.

Unter dem Palisadengewebe liegt eine Zellschicht mit großen, luftigen Zellzwischenräumen. Sie wird als **Schwammgewebe** bezeichnet. Die miteinander verbundenen Zellzwischenräume stellen ein Luftverteilungssystem dar, das mit den Spaltöffnungen verbunden. Das Schwammgewebe verteilt Kohlenstoffdioxid, Sauerstoff und Wasserdampf.

1 Stelle in Form einer Tabelle die Struktur der Gewebe eines Hainbuchenblattes sowie deren Funktion zusammen!

ERSCHLIESSUNGSFELD

Struktur und Funktion

Die Gewebe eines Laubblattes unterscheiden sich in ihrer Struktur. Während das Schwammgewebe viele Zellzwischenräume aufweist, fehlen diese im Palisadengewebe. Das Palisadengewebe enthält hingegen deutlich mehr Chloroplasten, als das Schwammgewebe. Diese Unterschiede werden durch die Funktionen der Gewebe verständlich: Die Zellzwischenräume in der Schwammschicht ermöglichen einen effektiven Gasaustausch. Entsprechende Zellzwischenräume in der Palisadenschicht würden hingegen die Fotosynthese beeinträchtigen, da mehr Licht ungenutzt passieren könnte. Das Palisadengewebe enthält mehr Chloroplasten, da hier deutlich mehr Fotosynthese betrieben wird. Da die Sonne von oben auf das Blatt strahlt, kommt im Palisadengewebe mehr Licht an, als im Schwammgewebe.

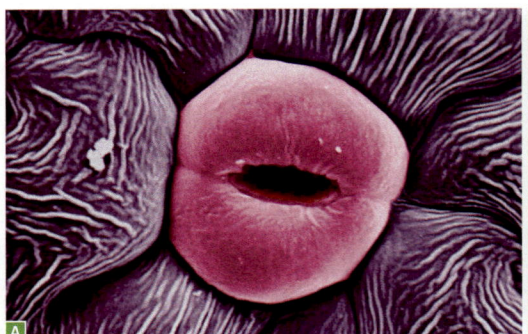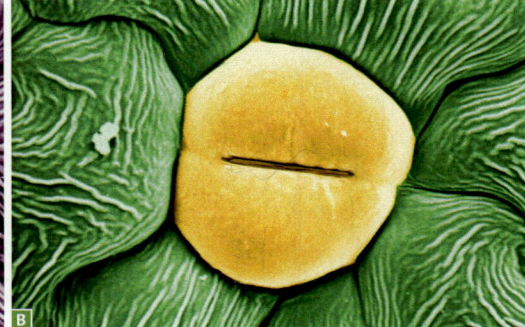

03 Spaltöffnungen: **A** im geöffneten Zustand, **B** im geschlossenen Zustand

SPALTÖFFNUNGEN · Damit im Laubblatt durch Fotosynthese Glukose hergestellt werden kann, muss durch die Spaltöffnungen Kohlenstoffdioxid aus der Luft aufgenommen werden. Gleichzeitig entsteht bei der Fotosynthese Sauerstoff, der an die Umwelt abgegeben wird. Dieser Austausch wird als **Gasaustausch** bezeichnet. Zudem entweicht durch die Spaltöffnungen auch Wasserdampf, da die Luft in den Zellzwischenräumen des Schwammgewebes eine hohe Luftfeuchtigkeit aufweist. Diese Wasserdampfabgabe bezeichnet man als **Transpiration.** Sie bewirkt, dass Wasser aus den Wurzeln in die Blätter nachströmen kann. Damit werden auch die im Bodenwasser gelösten Mineralstoffe durch die Pflanze bis zu den Blättern geleitet. Die Spaltöffnungen des Laubblattes erfüllen somit zwei wichtige Funktionen: den Gasaustausch und die Transpiration.

An einem heißen Sommertag oder bei Pflanzen trockener Standorte würde eine unkontrollierte Transpiration jedoch zum Verwelken der Pflanze führen. Dies wird dadurch verhindert, dass sich die Spaltöffnungen schließen können. Spaltöffnungen entstehen jeweils zwischen zwei spezialisierten Zellen, den **Schließzellen**. Diese Schließzellen sind länglich und nur an ihren Enden miteinander verbunden, sodass zwischen ihnen ein Spalt besteht. Zudem sind die Zellwände, die an den Spalt grenzen, deutlich verdickt. Die gegenüberliegenden Zellwände sind hingegen dünn. Bei guter Wasserversorgung der Pflanze sind die Schließzellen prall mit Wasser gefüllt, wodurch sich ihre dünnen Zellwände nach außen wölben. Durch diese Krümmung wird der Spalt zwischen den Schließzellen geöffnet.

Nimmt der Wassergehalt in den Zellen bei Wassermangel ab, gehen die Schließzellen wieder in eine gerade Form über, sodass sich der Spalt schließt. Abhängig vom Wassergehalt der Schließzellen sind die Spaltöffnungen also geschlossen oder geöffnet. So kann die Pflanze ihren Wasserhaushalt regulieren.

2 Erkläre die Funktionsweise der Schließzellen!

3 Stelle Vermutungen an über die Entwicklung des Gasaustausches bei einer Pflanze an einem heißen, trockenen Sommertag!

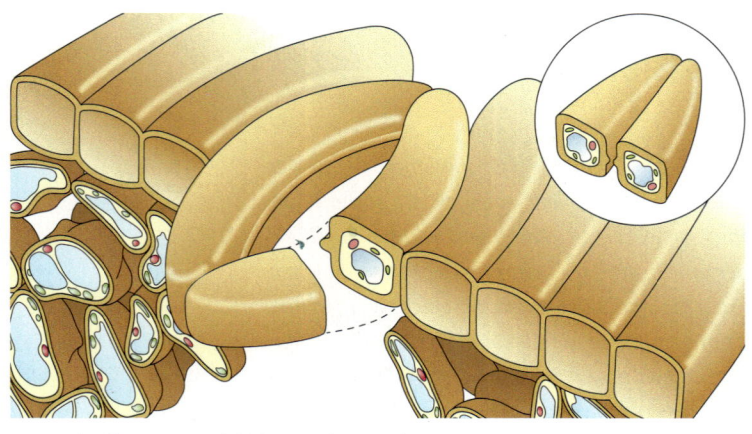

04 Spaltöffnung mit Schließzellen (Schema)

Material A ► Nachweise zum Ort der Transpiration

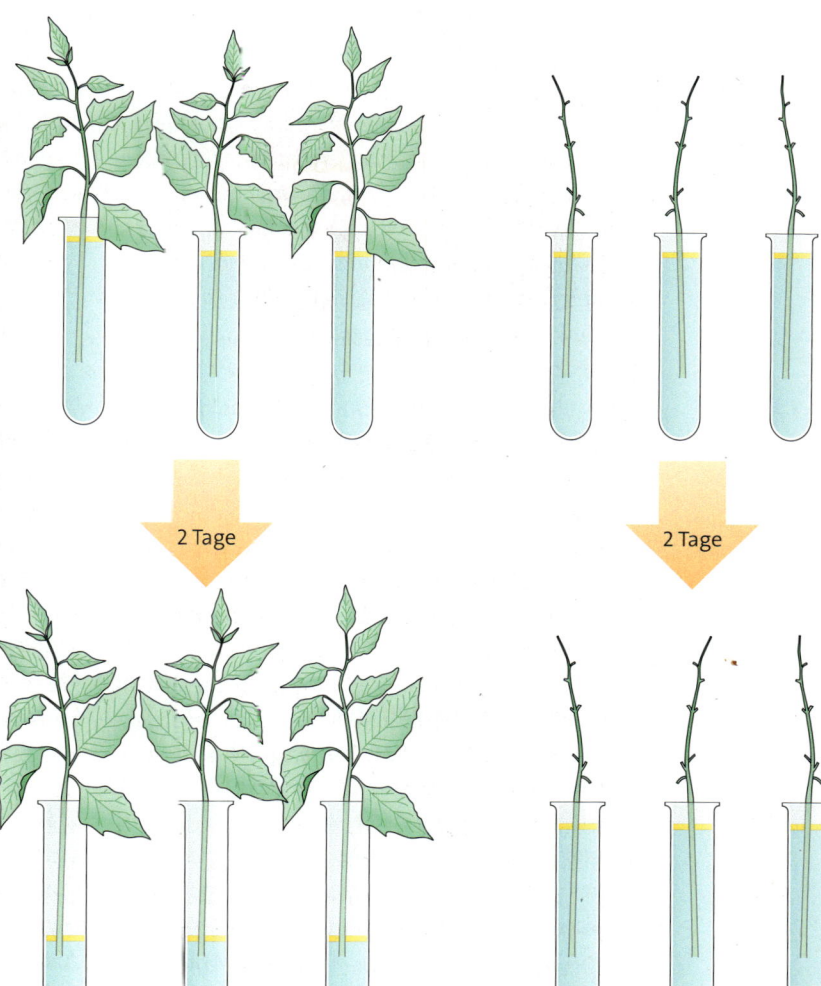

2 Tage

2 Tage

Dass Pflanzen Wasser an ihre Außenluft abgeben, lässt sich leicht nachweisen: Man stülpt eine Plastiktüte über die oberirdischen Pflanzenteile und verschließt sie eng um den Stängel. Meist kann man schon am nächsten Tag kondensierte Wassertropfen an der Innenseite der Plastiktüte erkennen. Die Frage, über welche Pflanzenteile diese Wasserabgabe erfolgt, lässt sich experimentell ermitteln. Hierzu werden sechs Reagenzgläser mit einer jeweils gleichen Wassermenge befüllt und der Wasserstand mit einem Folienstift markiert. In drei der Reagenzgläser werden Pflanzenstängel ohne Blätter gestellt, während die drei weiteren Reagenzgläser mit beblätterten Pflanzenstängeln bestückt werden. Abschließend wird die Wasseroberfläche mit einer dünnen Schicht Öl bedeckt. Nach zwei Tagen wird der Wasserstand aller drei Reagenzgläser wieder abgelesen.

A1 Formuliere die Vermutung, die mit dem dargestellten Versuch überprüft werden kann!

A2 Begründe das Ansetzen von drei Reagenzgläsern pro Versuchsansatz!

A3 Begründe die Zugabe einer dünnen Ölschicht in jedes Reagenzglas!

A4 Beschreibe und deute das in der Versuchsskizze dargestellte Versuchsergebnis!

A5 Entwirf einen Versuchsaufbau, mit dem nachgewiesen werden kann, über welche Blattseite die Wasserdampfabgabe erfolgt! Hierfür stehen dir die Materialien des vorangegangenen Versuchsaufbaus und zusätzlich Tesafilm, Vaseline, Watte und Papier zur Verfügung.

Hinweis: *Es müssen nicht alle Materialien verwendet werden!*

A6 Formuliere eine begründete Vorhersage für das Ergebnis des von dir geplanten Versuchs!

Eine Mind-Map erstellen

Um sich einen Überblick über ein Themengebiet zu verschaffen, kann man wesentliche Begriffe notieren. Eine solche Liste von Begriffen verdeutlicht jedoch noch nicht, welche Begriffe eine übergeordnete Bedeutung haben und dabei helfen können, das Themengebiet zu strukturieren. Dies wird möglich, wenn man die gesammelten Begriffe in Form einer Mind-Map ordnet. Hierbei ist es hilfreich, schrittweise nach der folgenden Anleitung vorzugehen:

1. Schritt: Begriffe sammeln

Zunächst werden zu einem Thema Begriffe gesammelt und notiert.

> Palisadengewebe, Epidermis, Schwammgewebe, Kutikula, Fotosynthese, Transpiration, Chloroplasten

2. Schritt: Oberbegriffe finden

Um diese gesammelten Begriffe strukturieren zu können, benötigt man Oberbegriffe, denen die anderen Begriffe zugeordnet werden können. Manchmal bietet die Sammlung bereits solche Oberbegriffe. Meistens müssen sie jedoch erst gefunden werden. Dieses Festlegen von Oberbegriffen ist entscheidend für die Struktur einer Mind-Map.

> Fotosynthese Transpiration Blattaufbau

3. Schritt: Hauptäste der Mind-Map entwerfen

Ausgehend von dem Begriff, der das gewählte Thema bezeichnet, können nun mithilfe der Oberbegriffe erste Abzweigungen vom Zentrum der Mind-Map entworfen werden.

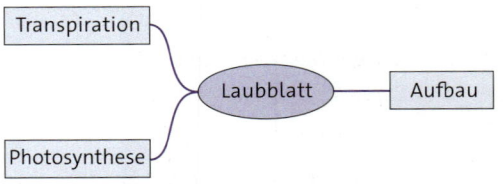

02 Einfache Mapstruktur mit drei Ästen

4. Schritt: Weitere Begriffe einordnen

Diese Grundstruktur kann nun genutzt werden, um weitere Begriffe einzuordnen, die dann zum Beispiel eine weitere Verzweigung der Oberbegriffe bilden. Somit werden die Teilthemen, die durch die Oberbegriffe benannt werden, durch immer mehr Details ergänzt.

5. Schritt: Verbindungen zwischen den Hauptästen markieren

Obwohl die Hauptäste unterschiedliche Teilthemen darstellen, bestehen teilweise Zusammenhänge zwischen den untergeordneten Ästen. Diese Verbindungen können zum Beispiel durch Doppelpfeile, Kreise oder andere Symbole verdeutlicht werden.

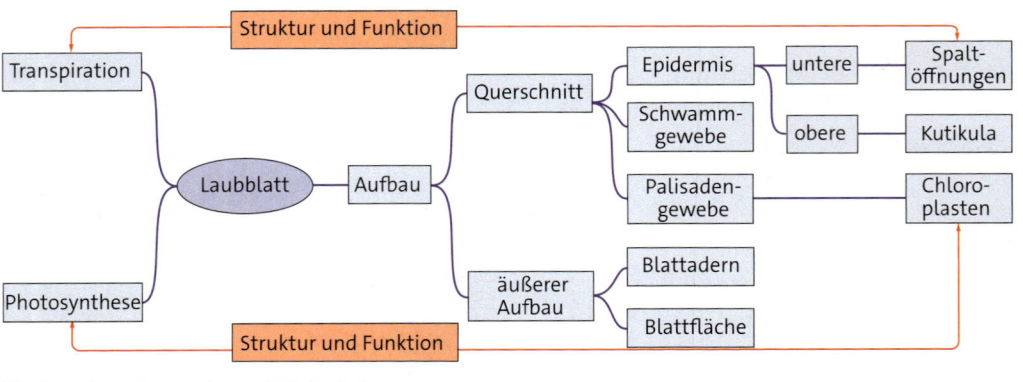

01 Komplexe Mapstruktur mit Verknüpfungen

Eine Concept-Map erstellen

Eine Mind-Map ordnet die Begriffe eines Themengebiets hierarchisch, stellt jedoch nicht genauer dar, wie die Begriffe miteinander verknüpft sind. Diese Verknüpfung zwischen den Begriffen eines Themengebiets wird durch eine Concept-Map verdeutlicht. Die Grundeinheit einer Concept-Map besteht somit aus folgender Abfolge: Begriff – Verknüpfung – Begriff.

Der Zusammenhang, dass eine Concept-Map aus Begriffen besteht, kann so dargestellt werden:

Da eine Concept-Map nicht nur aus Begriffen, sondern auch aus Verknüpfungen besteht, kann die Darstellung wie folgt erweitert werden:

Da es sich bei den Verknüpfungen um Verknüpfungen der Begriffe handelt, kann dies ebenfalls ergänzt werden:

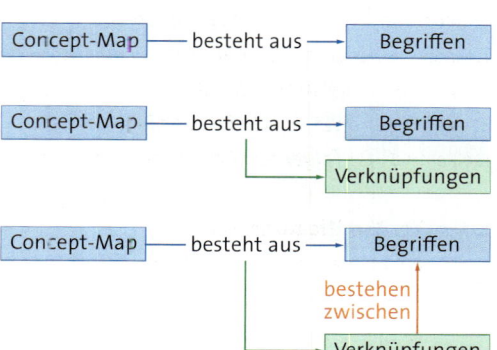

Bei der Erstellung einer Concept-Map ist es sinnvoll, eine bestimmte Abfolge der Schritte einzuhalten. Zunächst sollten Begriffe zu dem ausgewählten Thema gesammelt werden. Aus dieser Sammlung kann dann ein zentraler Begriff als Ausgangspunkt der Concept-Map ausgewählt werden (orange). Ausgehend von diesem zentralen Begriff kann ein erster Ast aus einem weiteren Begriff und einer entsprechenden Verknüpfung entwickelt werden. Nach diesem Muster können dann weitere Äste ergänzt werden (grün). Abschließend können Verknüpfungen zwischen einzelnen Ästen vorgenommen werden.

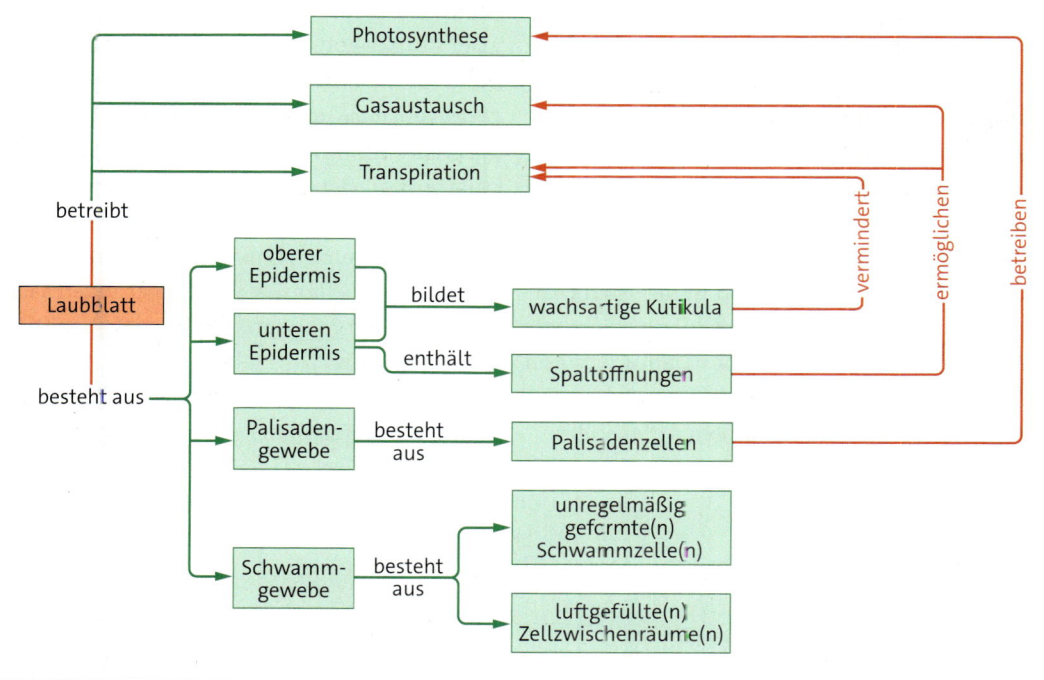

01 Der Apfelbaum wächst und bildet Äpfel.

Fotosynthese

Im Frühjahr bilden Samenpflanzen wie der Apfelbaum ihre Blätter und Blüten. Nach der Befruchtung bilden sich aus den Blüten Früchte. Im Sommer reifen dann am Apfelbaum zuckerhältige Äpfel. Wie kann der Baum jedes Jahr Äpfel bilden und zudem noch wachsen?

PFLANZEN BILDEN GLUKOSE · Wie alle Pflanzen nimmt der Apfelbaum *Wasser* und *Kohlenstoffdioxid* auf. Das Wasser wird über die Wurzel aus dem Boden aufgenommen und in der Sprossachse zu den Laubblättern geleitet. Das Kohlenstoffdioxid gelangt aus der Luft über die Spaltöffnungen in die Laubblätter. Aus Wasser und Kohlenstoffdioxid wird in den Laubblättern **Glukose** gebildet. Die Glukose dient als Baustoff für neue Gewebe. Damit können Pflanzen wie der Apfelbaum wachsen und Früchte wie die zuckerhaltigen Äpfel bilden.

PFLANZEN NUTZEN LICHT · Glukose ist ein energiereicher Stoff. Um diesen Stoff aus den energiearmen Stoffen Wasser und Kohlenstoffdioxid bilden zu können, müssen Pflanzen Energie aufnehmen. Diese erhalten sie aus dem Sonnenlicht. Neben der Stoffumwandlung findet also auch eine Energieumwandlung statt. Der Aufbau von Glukose aus Kohlenstoffdioxid und Wasser mithilfe der Lichtenergie wird **Fotosynthese** genannt. Diese läuft in allen grünen Pflanzenteilen, vor allem in den Laubblättern, ab. Dabei entsteht Sauerstoff, der über die Spaltöffnungen in die Umwelt entweicht. Tiere und Menschen profitieren von der Fotosynthese der Pflanzen. Den freigesetzten Sauerstoff und die gebildeten Nährstoffe benötigen alle Lebewesen zum Leben. Daher gilt die Fotosynthese als der wichtigste biologische Vorgang auf unserer Erde.

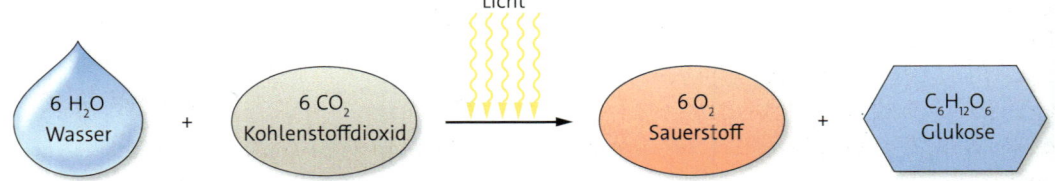

Licht

$6\,H_2O$ Wasser $+$ $6\,CO_2$ Kohlenstoffdioxid $\longrightarrow$ $6\,O_2$ Sauerstoff $+$ $C_6H_{12}O_6$ Glukose

02 Gleichung der Fotosynthese

ORT DER FOTOSYNTHESE · Die Laubblätter sind reich an *Blattgrünkörnern,* den **Chloroplasten.** In diesen Zellorganellen findet die Fotosynthese statt. Unter der oberen Epidermis liegen die langgestreckten Zellen des *Palisadengewebes.* Diese Zellen enthalten viele Chloroplasten. Unter dem Palisadengewebe schließen sich die chloroplastenärmeren Zellen des *Schwammgewebes* an. In der unteren Epidermis liegen die *Spaltöffnungen.* Über sie wird bei der Fotosynthese Kohlenstoffdioxid aufgenommen und Sauerstoff abgegeben.

Die Chloroplasten werden von einer Hülle umgeben, die aus zwei Membranen besteht. Die innere Membran bildet zahlreiche Einstülpungen, die *Thylakoide.* In den Thylakoiden liegt der grüne Blattfarbstoff **Chlorophyll.** Das Chlorophyll ermöglicht die Aufnahme der Lichtenergie für die Fotosynthese.

ABLAUF DER FOTOSYNTHESE · Bei der Fotosynthese unterscheidet man zwei Teilreaktionen. Es gibt eine **Primärreaktion,** die nur unter dem Einfluss von Licht stattfinden kann. Sie ist also **lichtabhängig.** Die Primärreaktion läuft in den Thylakoiden ab. Dort nimmt das *Chlorophyll* die Lichtenergie auf. Dabei wird Wasser gespalten und Sauerstoff freigesetzt. Die aufgenommene Energie braucht die Pflanze für den weiteren Verlauf der Fotosynthese.

Die zweite Teilreaktion ist die **Sekundärreaktion.** Für diese Reaktion wird kein Licht benötigt, sie ist **lichtunabhängig.** Die Sekundärreaktion findet im Innenraum der Chloroplasten statt. In dieser Reaktion werden der Wasserstoff des Wassers und das Kohlenstoffdioxid zu Glukose umgewandelt. Dabei verbraucht die Pflanze die Energie aus der Primärreaktion.

Die beiden Teilreaktionen laufen ständig und gleichzeitig in den Laubblättern der Pflanze ab. Die bei der Fotosynthese gebildete Glukose wird als Stärke gespeichert oder zum Aufbau anderer Stoffe genutzt. Über die Siebröhren in der Sprossachse werden die Fotosyntheseprodukte in der Pflanze verteilt.

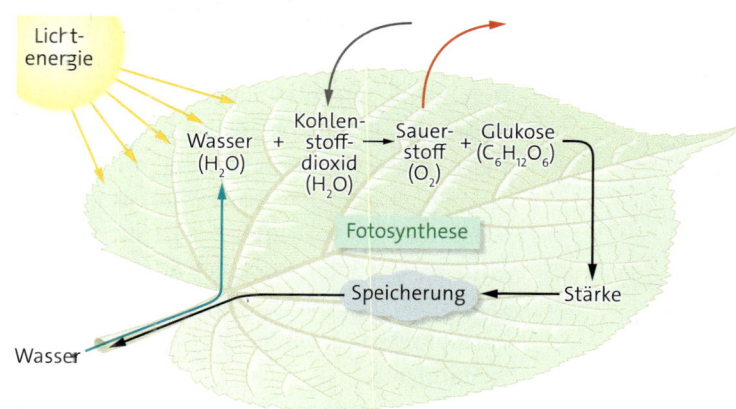

03 Fotosynthese im Laubblatt

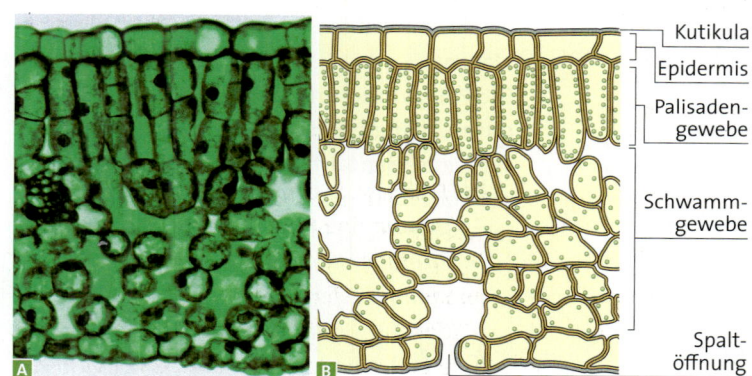

04 Querschnitt eines Laubblattes: **A** Foto, **B** Schema

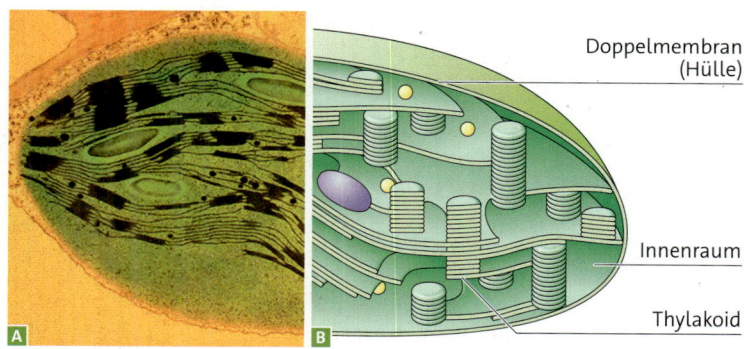

05 Chloroplast: **A** elektronenmikroskopische Aufnahme, **B** Schema

1 ⌡ Erstelle eine Concept-Map zur Fotosynthese! Nutze Seite 39 und auch die Begriffe Stoff- und Energieumwandlung!

2 ⌡ Pflanzen leben von Luft und Licht. Erläutere diese Aussage!

FOTOSYNTHESERATE · Aus der Gleichung der Fotosynthese kann man ableiten, dass der Apfelbaum, wie alle Pflanzen, zum Wachsen Wasser, Licht und Kohlenstoffdioxid benötigt. Diese Faktoren beeinflussen die Fotosynthese. Sie gehören zu den Reaktionsbedingungen. Wenn viel Glukose und Sauerstoff gebildet wird, spricht man von einer hohen **Fotosyntheserate.** Ohne Licht kann die Pflanze keine Fotosynthese betreiben. Die Fotosyntheserate ist dann null.

Auch der Gehalt an Kohlenstoffdioxid in der Luft beeinflusst die Fotosyntheserate. Um die Fotosyntheserate zu erhöhen, wird in Gewächshäusern dieses Gas oft zusätzlich eingeblasen.

Die Fotosyntheserate ist auch von der Temperatur abhängig. Bei zu hohen oder zu niedrigen Temperaturen läuft die Fotosynthese nur langsam oder gar nicht ab. Die optimale Temperatur ist für jede Pflanzenart verschieden.

FOTOSYNTHESEPRODUKT GLUKOSE · Die energiereiche Glukose dient den Pflanzen in erster Linie zur Deckung des eigenen Energiebedarfs. Meistens produziert die Pflanze mehr Glukose, als sie benötigt. Die überschüssige Glukose wird als Baustein zur Umwandlung in andere Stoffe verwendet. Glukose ist ein Einfachzucker. Werden viele Glukosebausteine zu Ketten verbunden, entsteht der Vielfachzucker *Stärke*. Stärke ist ein Speicherstoff. Alle Zucker gehören zur Nährstoffgruppe der **Kohlenhydrate.**

Glukose dient auch als Ausgangsstoff für **Fette.** Diese bestehen aus den Bausteinen *Glycerin* und *Fettsäuren*. Außerdem liefert die Glukose die Energie für die Herstellung von Eiweißen, den **Proteinen.** Proteine sind aus einer Kette verschiedener Bausteine, den *Aminosäuren,* zusammengesetzt. Proteine, Fette und Kohlenhydrate bilden die drei **Nährstoffgruppen.** Für Tiere und Menschen sind diese Nährstoffe lebenswichtig. Sie nehmen sie über die Nahrung auf.

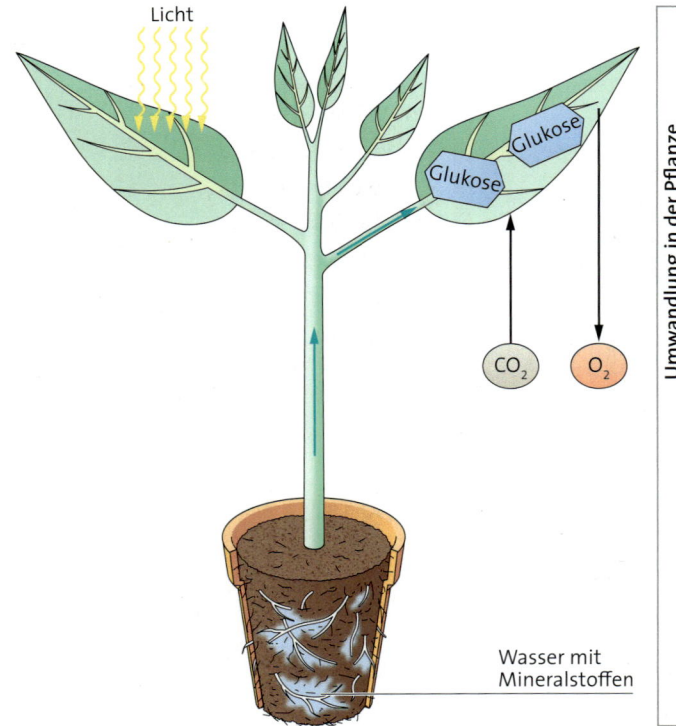

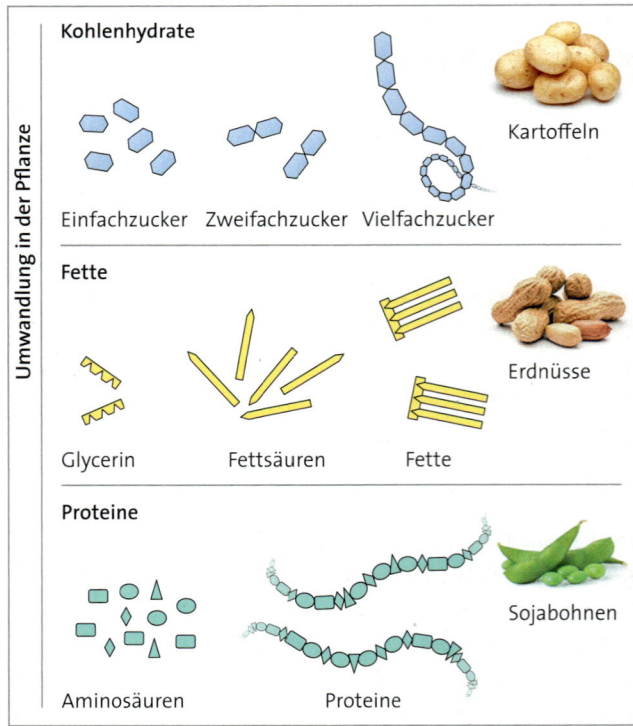

Material A ▸ Entdeckung der Fotosynthese

Beginn

Weide 2,5 kg

Metallplatte

Erde 90 kg

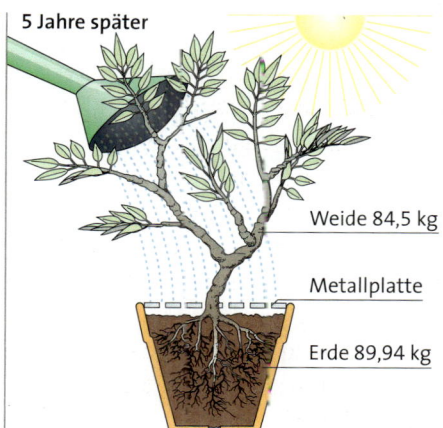

5 Jahre später

Weide 84,5 kg

Metallplatte

Erde 89,94 kg

A1 Beschreibe das Versuchergebnis!

A2 Begründe das Abdecken der Erde mit einer Metallplatte!

A3 Deute das Versuchsergebnis, wie es auch VAN HELMONT vermutlich getan hat!

A4 Erkläre das Versuchsergebnis auf Grundlage heutiger Erkenntnisse!

Der Arzt und Naturforscher Jan Baptist VAN HELMONT (1580 bis 1644) aus Brüssel untersuchte, welche Stoffe Pflanzen benötigen, um wachsen zu können.
In einem Versuch pflanzte er einen 2,5 Kilogramm schweren Weidenbaum in einen Blumenkübel mit 90 Kilogramm getrockneter Erde. Die Erde wurde mit einer durchlöcherten Metallplatte abgedeckt. Er stellte die Pflanze im Freien auf und goss sie bei Bedarf mit Regenwasser. Nach fünf Jahren wog VAN HELMONT die herangewachsene Weide und die getrocknete Erde.

Material B ▸ Nachweis der Stärkebildung

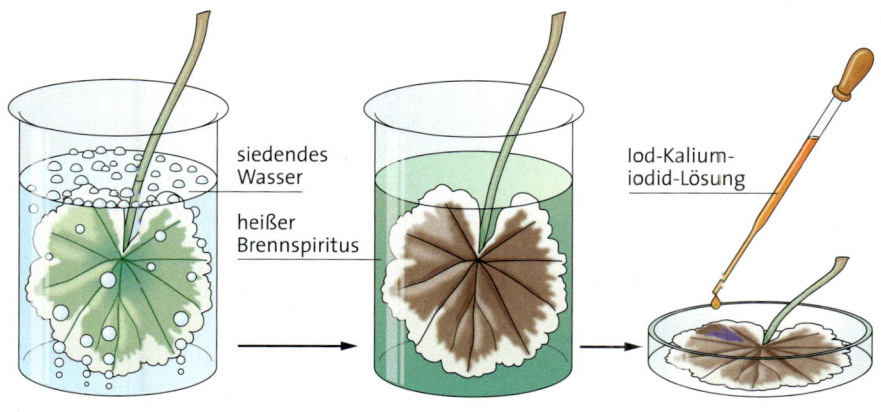

siedendes Wasser

heißer Brennspiritus

Iod-Kalium-iodid-Lösung

B1 Erstelle ein Versuchsprotokoll! Gehe von der Frage aus, in welchen Bereichen solcher Laubblätter Stärke nachgewiesen werden kann!

B2 Erkläre das Versuchsergebnis!

B3 Begründe die Notwendigkeit einer Belichtung der Pflanze vor dem Stärkenachweis!

B4 Begründe die Aufbewahrung der Pflanze im Dunkeln zu Beginn des Versuchs!

Die Laubblätter mancher Pflanzen sind nicht durchgehend grün, sondern haben weiße Bereiche. Eine Pflanze mit solchen Blättern wird für mehrere Stunden mit einer Lampe bestrahlt. Vorab wurde sie für 24 Stunden im Dunkeln gehalten. Anschließend wird ein Stärkenachweis mit Iod-Kalium-iodid-Lösung durchgeführt.
Hinweis: *In Anwesenheit von Stärke färbt sich Iod-Kaliumiodid dunkelblau bis schwarz.*

Material C ▶ Fotosynthese und Licht

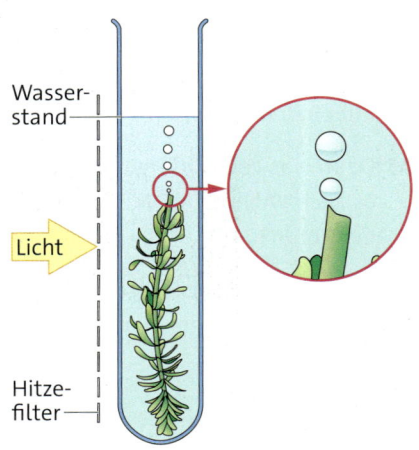

In einem Experiment werden sieben gleich große Reagenzgläser mit Leitungswasser gefüllt. Anschließend wird eine Sprossachse der *Wasserpest* so in jedes Reagenzglas eingesetzt, dass ihre Schnittfläche nach oben zeigt. Die verwendeten Sprossachsen haben in etwa die gleiche Länge und gleich viele Blätter. Jedes Reagenzglas wird mit einer anderen Beleuchtungsstärke belichtet.
Die Anzahl der Sauerstoffbläschen, die aus der Schnittstelle der Sprossachse aufsteigen, sind in der folgenden Tabelle notiert.

C1 Erstelle ein Liniendiagramm aus den Werten der Tabelle!

C2 Beschreibe das Liniendiagramm und den Kurvenverlauf!

C3 Deute das Versuchsergebnis!

C4 Zwischen der Lampe und dem Reagenzglas wurde im Experiment ein Hitzefilter aufgestellt, der Licht ungefiltert passieren lässt. Erläutere den Grund dafür!

Reagenzglas	1	2	3	4	5	6	7
Beleuchtungsstärke in lux	200	1 000	4 000	8 000	16 000	24 000	32 000
Sauerstoffbläschen pro Minute	0	0	4	8	12	13	13

Material D ▶ Fotosynthese und Temperatur

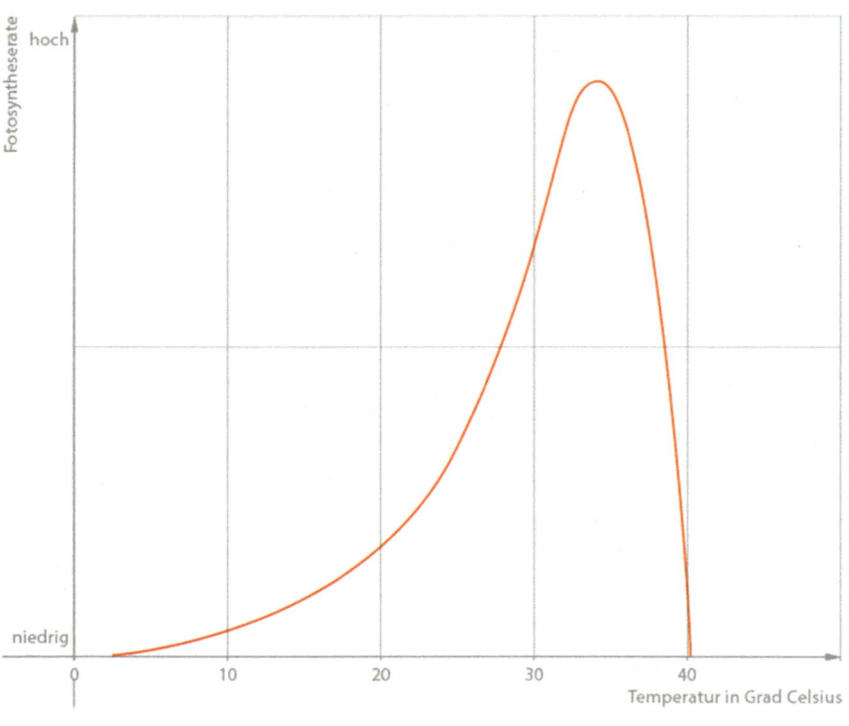

In einem Experiment wird die Wirkung der Temperatur auf die Fotosyntheserate untersucht. Die Ergebnisse des Experiments sind in dem Liniendiagramm dargestellt.

D1 Beschreibe das Liniendiagramm und den Kurvenverlauf!

D2 Deute das Versuchsergebnis!

D3 Nenne Faktoren, die gemessen werden können, um die Fotosyntheserate zu bestimmen! Verwende dazu die Gleichung der Fotosynthese!

Material E ▸ Fotosynthese und Kohlenstoffdioxid

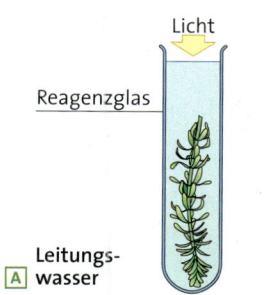

Licht

Reagenzglas

Leitungs-
wasser
A

Licht

abgekochtes
Wasser
(kohlenstoff-
dioxidfrei)
B

Licht

kohlenstoff-
dioxidreiches
Wasser
C

dunkel

kohlenstoff-
dioxidreiches
Wasser
D

In einem Experiment werden vier Reagenzgläser mit Sprossachsen der Wasserpest belichtet, deren abgeschnittene Enden nach oben zeigen. Jedes Reagenzglas enthält Wasser mit einem unterschiedlichen Gehalt an Kohlenstoffdioxid. Anschließend wird für jedes Reagenzglas die Anzahl der Sauerstoffbläschen gezählt, die pro Minute an den Schnittstellen aufsteigt.

E1 Nenne die Frage, die durch den Versuch beantwortet werden soll!

E2 Beschreibe die zu erwartenden Versuchsergebnisse bei den Teilversuchen A, B und C!

E3 Erläutere die Versuchsergebnisse!

E4 Erkläre das Versuchsergebnis in Teilversuch D!

E5 Erläutere mögliche Fehlerquellen, die in der Versuchsdurchführung zu beachten sind!

Material F ▸ Messung der Glukosemenge

In einem Experiment ließ ein Wissenschaftler Weizenpflanzen auf einem Feld wachsen. Über einen Tag verteilt, nahm er immer die gleiche Menge an Pflanzen und ermittelte die Glukosemenge in den Blättern. Die Ergebnisse sind in der folgenden Tabelle dargestellt:

Uhrzeit	Glukosemenge in mg
4 Uhr	0,45
8 Uhr	0,6
12 Uhr	1,75
16 Uhr	2,0
20 Uhr	1,4
0 Uhr	0,5
4 Uhr	0,45

F1 Stelle das Versuchsergebnis in einem Liniendiagramm grafisch dar!

F2 Beschreibe den Kurvenverlauf!

F3 Gib an, welche Konzentration jeweils bei 10 Uhr und 14 Uhr zu erwarten ist!

F4 Erkläre die zeitlichen Schwankungen der Glukosemenge im Tagesverlauf!

Über einen längeren Zeitraum wird die durchschnittliche Gesamtfläche aller Blätter einer Zuckerrübenpflanze bestimmt. Von Mai bis August wird ein Durchschnittswert vor 3 284 cm², von September bis Oktober ein Durchschnittswert von 6 567 cm² ermittelt.

Eine Zuckerrübenpflanze erzeugt pro Quadratmeter Blattoberfläche in einer Stunde ein Gramm Glukose.

F5 Berechne die Menge der Glukose, die die Pflanze pro Stunde in den beiden Zeiträumen produziert hat! Vergleiche die Ergebnisse miteinander!

F6 Vermute Unterschiede in den Bedingungen für die Fotosynthese, die dazu führen können, dass die bei F5 berechneten Werte von der tatsächlichen Fotosyntheserate in den beiden Zeiträumen abweichen!

01 Austreiben von Laubblättern aus einer Endknospe einer Rosskastanie

Zellatmung

Im Herbst legt die Rosskastanie an den Zweigspitzen Endknospen an, die Anlagen von neuen Blüten und Blättern enthalten. Im Frühjahr wachsen in den Knospen die Blüten und Blätter heran, bis sie die Knospenhülle aufsprengen. Erst dann entfalten sich die grünen Laubblätter und beginnen, mithilfe der Fotosynthese energiereiche Glukose herzustellen. Doch woher erhalten zuvor die Blüten- und Blattanlagen in den Knospen die Energie für das Austreiben?

ZELLATMUNG · Die Pflanze speichert die in der Fotosynthese hergestellte Glukose als Stärke in den Blättern, Knollen, Samen und Knospen. Durch Abbau der Stärke gewinnt sie Energie für ihre Lebensprozesse, zum Beispiel im Frühjahr für das Austreiben der Blätter und Blüten in den Knospen. Dazu wird die Stärke zunächst in Glukosebausteine zerlegt. In weiteren Schritten wird die energiereiche Glukose unter Sauerstoffverbrauch zu den energiearmen Stoffen Kohlenstoffdioxid und Wasser umgewandelt. Einen Teil der dabei freiwerdenden Energie nutzt die Pflanze für die Neubildung von Zellen. So wachsen die Knospen im Frühjahr. Der gesamte Vorgang, bei dem Glukose abgebaut und Energie freigesetzt wird, findet in der Zelle statt. Man bezeichnet ihn als **Zellatmung**. Sobald die ersten Laubblätter entwickelt sind, bildet die Pflanze durch Fotosynthese neue Glukose und deckt so ihren Energiebedarf. Aus der überschüssigen Glukose kann sie wieder Nährstoffe bilden und die Nährstoffspeicher auffüllen.

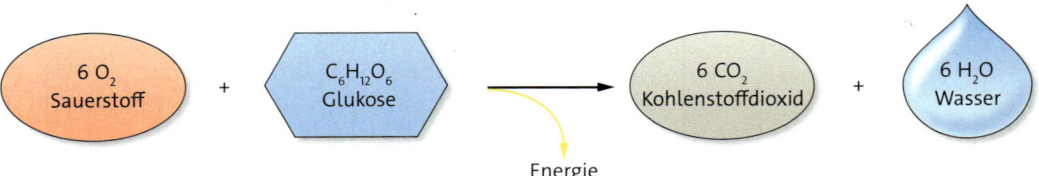

$6\ O_2$ Sauerstoff $+$ $C_6H_{12}O_6$ Glukose $\longrightarrow$ $6\ CO_2$ Kohlenstoffdioxid $+$ $6\ H_2O$ Wasser

Energie

02 Gleichung der Zellatmung

ORT DER ZELLATMUNG · Die Zellatmung findet in spezialisierten Zellorganellen, den **Mitochondrien** statt. Mitochondrien gibt es in fast allen Zellen von Pflanzen, Tieren und Menschen. Da in ihnen Energie für Lebensvorgänge bereitgestellt wird, bezeichnet man die Mitochondrien als *Kraftwerke der Zelle*. Genau wie die Chloroplasten pflanzlicher Zellen sind die Mitochondrien von zwei Membranen umgeben. Die innere Membran liegt in Falten, wodurch sich ihre Oberfläche vergrößert.

ZELLATMUNG BEI MENSCH UND TIER · Auch der menschliche Körper benötigt Energie für alle Lebensvorgänge, etwa für Muskelbewegungen und Denkvorgänge. Energiequellen sind die Nährstoffe. Während Pflanzen ihre Nährstoffe durch Fotosynthese selbst aufbauen, müssen Menschen und Tiere diese mit der Nahrung aufnehmen. Ein Teil der Nährstoffe wird im Organismus für Wachstum und Aufbau verwendet. Der Großteil der Nährstoffe dient als Energielieferant. Wie bei den Pflanzen werden dazu Kohlenhydrate in Glukosebausteine zerlegt, die dann in den Mitochondrien unter Sauerstoffverbrauch zu Kohlenstoffdioxid und Wasser umgewandelt werden.

Dabei wird Energie frei, die für Lebensvorgänge verwendet werden kann. Ein Teil der Energie entweicht als Wärme in die Umgebung. Die Zellatmung, der Abbau von Glukose zu Kohlenstoffdioxid und Wasser unter Energiefreisetzung, ist bei Mensch, Tier und Pflanze gleich.

ENERGIEHAUSHALT DER PFLANZE · Bei der Fotosynthese nimmt die Pflanze Kohlenstoffdioxid auf und gibt Sauerstoff ab. Bei der Zellatmung ist es umgekehrt: Die Pflanze nimmt Sauerstoff auf und gibt Kohlenstoffdioxid ab. Für die Fotosynthese braucht die Pflanze Licht. Wie die Tiere und der Mensch kann aber auch die Pflanze die Energie, die sie für ihre Lebensvorgänge benötigt, nur aus der Zellatmung beziehen. Die Zellatmung muss daher ständig am Tag und in der Nacht ablaufen.

1 ⌡ Ordne folgende Begriffe Pflanzen, Tieren und Menschen zu: Zellatmung, Fotosynthese, Chloroplasten, Mitochondrien, Kohlenstoffdioxidabgabe, Sauerstoffabgabe, Sauerstoffaufnahme!

2 ⌡ Begründe, weshalb die Pflanze bei Tag mehr Glukose bilden muss, als durch die Zellatmung abgebaut wird!

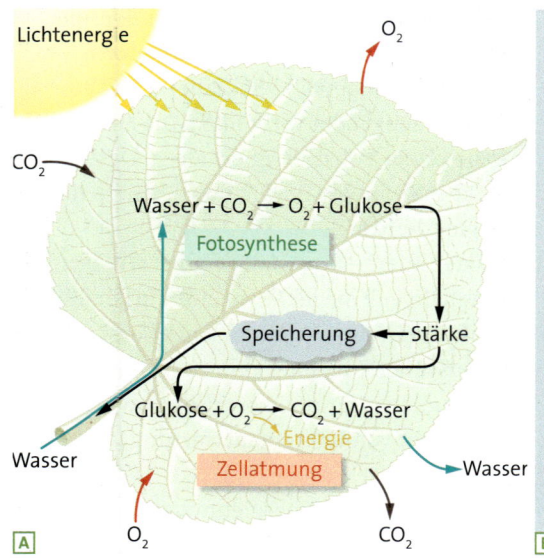
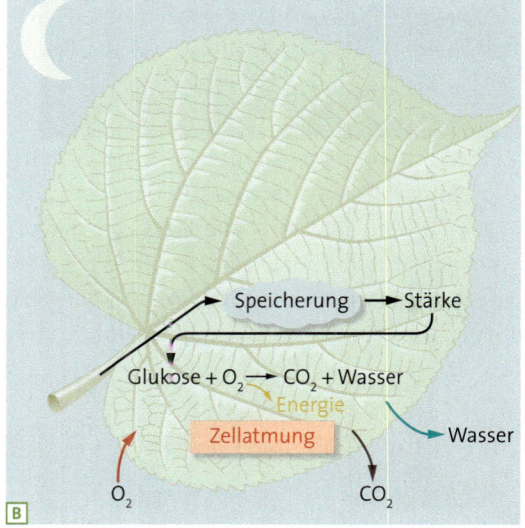

03 Energiehaushalt der Pflanze: **A** bei Tag, **B** bei Nacht

Energie

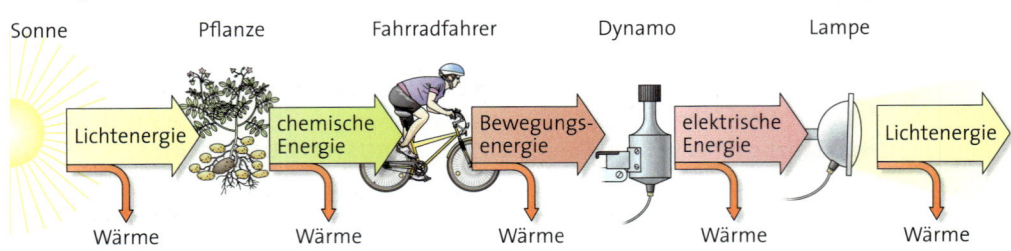

01 Energiefluss

Sonne — Lichtenergie → Pflanze — chemische Energie → Fahrradfahrer — Bewegungsenergie → Dynamo — elektrische Energie → Lampe — Lichtenergie

Wärme · Wärme · Wärme · Wärme · Wärme

Die mithilfe der Fotosynthese gespeicherte Energie in der Glukose wird als **chemische Energie** bezeichnet. Glukose ist also ein **Energieträger.** Lichtenergie und chemische Energie sind Energieformen. Die Pflanze wandelt Lichtenergie in chemische Energie um. Sie ist ein **Energiewandler.** Auch der Mensch ist ein Energiewandler. Beim Fahrradfahren wandelt er die chemische Energie aus der Nahrung in **Bewegungsenergie** um. Dabei wird Wärme freigesetzt. Dem Fahrradfahrer wird warm. Bei eingeschaltetem Dynamo wird sogar ein Teil der Bewegungsenergie in **elektrische Energie** umgewandelt. Auch hier wird Wärme frei. Die Lampe am Fahrrad wandelt wiederum elektrische Energie in Lichtenergie um. Auch bei diesem Prozess wird Wärme frei. Bei allen Energieumwandlungen wird eine Energieform in eine andere umgewandelt. Dabei wird keine Energie erzeugt oder verbraucht. Die Energiemenge bleibt vollständig erhalten. Deshalb spricht man in der Physik vom **Prinzip der Energieerhaltung.**

Bei jeder Energieumwandlung wird Wärme erzeugt. Da Wärme nicht vollständig genutzt oder vollständig in andere Energieformen rückverwandelt werden kann, ist ein Teil der ursprünglichen Energie wertlos geworden. Man spricht von **Energieentwertung.**

02 Energiewandler:
A Känguru
B Glühwürmchen
C Auto
D Kerze
E Ventilator
F Solarzelle

1 ♪ Beschreibe die Energieumwandlungen an zwei Beispielen der Abbildung 02!

Material A ▸ Keimende Erbsen

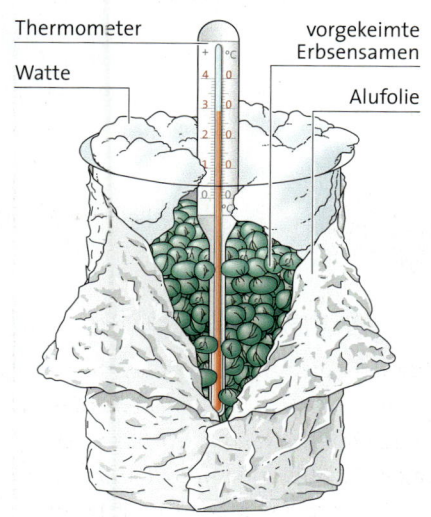

Thermometer
Watte
vorgekeimte Erbsensamen
Alufolie

In einem Experiment wurden vorgequollene Erbsensamen in einen Glaszylinder gefüllt. Anschließend wurde ein Thermometer in den Glaszylinder gesteckt. Das Gefäß wurde mit einem feuchten Wattebausch verschlossen und zusätzlich mit Alufolie locker umwickelt. Alle zwei Minuten wurde die Temperatur am Thermometer abgelesen und in die unten stehende Tabelle eingetragen.

A1 Stelle das Versuchsergebnis in einem Liniendiagramm dar!

A2 Beschreibe das Liniendiagramm und den Kurvenverlauf!

A3 Nenne die Frage, die durch den Versuch beantwortet werden soll!

A4 Deute das Versuchsergebnis!

A5 Stelle Vermutungen an, weshalb die Erbsen vorgekeimt wurden!

Zeit in Stunden	0	2	4	6	8	10	12	14
Temperatur in Grad Celsius	22	23,5	25,4	26	26,8	27,2	27,8	28,4

Material B ▸ Kohlenstoffdioxid

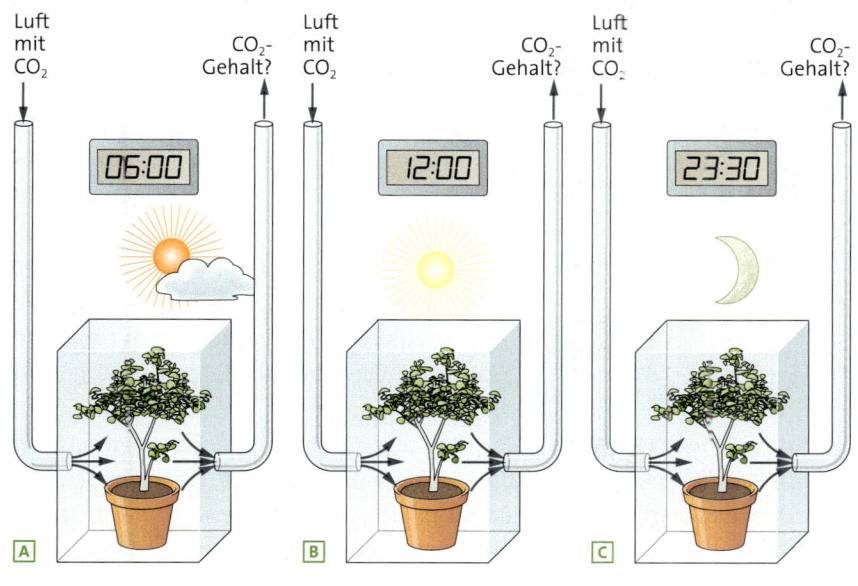

Luft mit CO_2 — CO_2-Gehalt? — 06:00 — A

Luft mit CO_2 — CO_2-Gehalt? — 12:00 — B

Luft mit CO_2 — CO_2-Gehalt? — 23:30 — C

B1 Ordne folgende Beschreibungen für den Kohlenstoffdioxidgehalt der ausströmenden Luft den Abbildungen zu: „nimmt zu", „bleibt gleich", „nimmt ab"!

B2 Vergleiche den Gehalt an Kohlenstoffdioxid der ausströmenden und einströmenden Luft in den drei Abbildungen!

B3 Erkläre für jede Abbildung den Kohlenstoffdioxidgehalt in der Kammer und in der ausströmenden Luft!

B4 Pflanzen zehren nachts von den Nährstoffen, die sie tagsüber gebildet haben. Stelle eine Vermutung über die Hintergründe des darüber hinaus möglichen Wachstums von Pflanzen an.

Zu Versuchsbeginn wird eine Pflanze in eine lichtdurchlässige Kammer gestellt, durch die langsam Luft mit konstantem Kohlenstoffdioxidgehalt gepumpt wird. Ein Messgerät misst den Kohlenstoffdioxidgehalt der ausströmenden Luft. So kann abgelesen werden, wann und wie viel Kohlenstoffdioxid die Pflanze im Verlauf von 24 Stunden aufnimmt und abgibt.

01 Flaschengarten

Pflanzen und Tiere sind aufeinander angewiesen

Joseph PRIESTLEY
(1733 bis 1804),
Theologe und
Naturforscher

Ein Flaschengarten besteht aus einem luftdicht verschlossenen Glasballon, der feuchte Erde, einige Pflanzen und kleine Tiere wie Heuschrecken enthält. An einem gut belichteten Platz können die Pflanzen und Tiere darin lange leben, obwohl sie von der Umgebung vollständig abgeschlossen sind. Wie ist das möglich?

PFLANZEN UND TIERE · Bereits 1771 untersuchte der englische Naturforscher Joseph PRIESTLEY mit einer Art Flaschengarten, wie Pflanzen und Tiere sich gegenseitig beeinflussen. In einem ersten Versuch setzte er eine Maus unter eine luftdicht abgeschlossene Glasglocke. Sie wurde gleich ohnmächtig und starb. In einem weiteren Versuch stellte er nur eine Pfefferminzpflanze unter die Glocke. Zu seinem Erstaunen gedieh die Pflanze, auch über mehrere Tage. Anschließend brachte PRIESTLEY eine Maus unter die Glasglocke,

unter der zuvor die Pflanze gestanden hatte. Die Maus konnte länger überleben als im ersten Versuch. Aus diesen Versuchen schloss er, dass die Maus die Luft in der Glasglocke „verschlechterte", die Pflanze sie aber „verbesserte". Um diese Vermutung zu bestätigen, setzte er in einem weiteren Versuch eine Pflanze und eine Maus zusammen unter die Glasglocke. Die Maus überlebte viele Tage und die Pflanze wuchs.

Zur damaligen Zeit war die Zusammensetzung der Luft noch nicht bekannt. Heute wissen wir, dass für die „Verschlechterung" der Luft das Kohlenstoffdioxid verantwortlich ist, das die Maus ausatmet. Die Pflanze nimmt durch die Fotosynthese Kohlenstoffdioxid auf und gibt Sauerstoff an die Umwelt ab. Dadurch „verbessert" sie laut PRIESTLEY die Luft, sodass Sauerstoff für die Atmung der Maus zur Verfügung steht.

WECHSELBEZIEHUNGEN · Pflanzen betreiben mithilfe der Lichtenergie Fotosynthese und bilden aus den energiearmen Stoffen Kohlenstoffdioxid und Wasser die energiereiche Glukose. Dabei wird Sauerstoff an die Umwelt abgegeben. Tiere und Pflanzen nehmen Sauerstoff für die Zellatmung auf. Bei der Zellatmung wird mithilfe von Sauerstoff die energiereiche Glukose in die energiearmen Stoffe Kohlenstoffdioxid und Wasser umgewandelt. Die freiwerdende Energie nutzen sie für ihre Lebensvorgänge. Kohlenstoffdioxid wird freigesetzt und steht den Pflanzen wieder für die Fotosynthese zur Verfügung.

Da nur Pflanzen Fotosynthese betreiben, können Menschen und Tiere ohne Pflanzen nicht überleben. Fast der gesamte Sauerstoff in der Luft ist durch Fotosynthese entstanden. Umgekehrt brauchen Pflanzen das für die Fotosynthese nötige Kohlenstoffdioxid, das größtenteils aus der Zellatmung aller Lebewesen stammt. Tiere und Pflanzen sind also aufeinander angewiesen. Aufgrund dieser Wechselbeziehung können Pflanzen und kleine Tiere im Flaschengarten auch ohne Luftzufuhr überleben.

Der von PRIESTLEY erforschte Flaschengarten ist ein Modell. Aus seinen Beobachtungen gewann PRIESTLEY Erkenntnisse, die auf die Wirklichkeit übertragen werden können. Die Wechselwirkungen zwischen Fotosynthese und Zellatmung finden nicht nur in einem künstlichen System statt. Ebenso leben Pflanzen und Tiere in natürliche Lebensräumen wie Wäldern, Wiesen oder Meere in einer derartigen Wechselbeziehung miteinander. So sind alle Lebewesen aufeinander angewiesen.

1) Beschreibe den Weg der Erkenntnisgewinnung von PRIESTLEY!

2) Beschreibe die Bedeutung der Wechselbeziehung zwischen Pflanzen und Tieren in einem Flaschengarten!

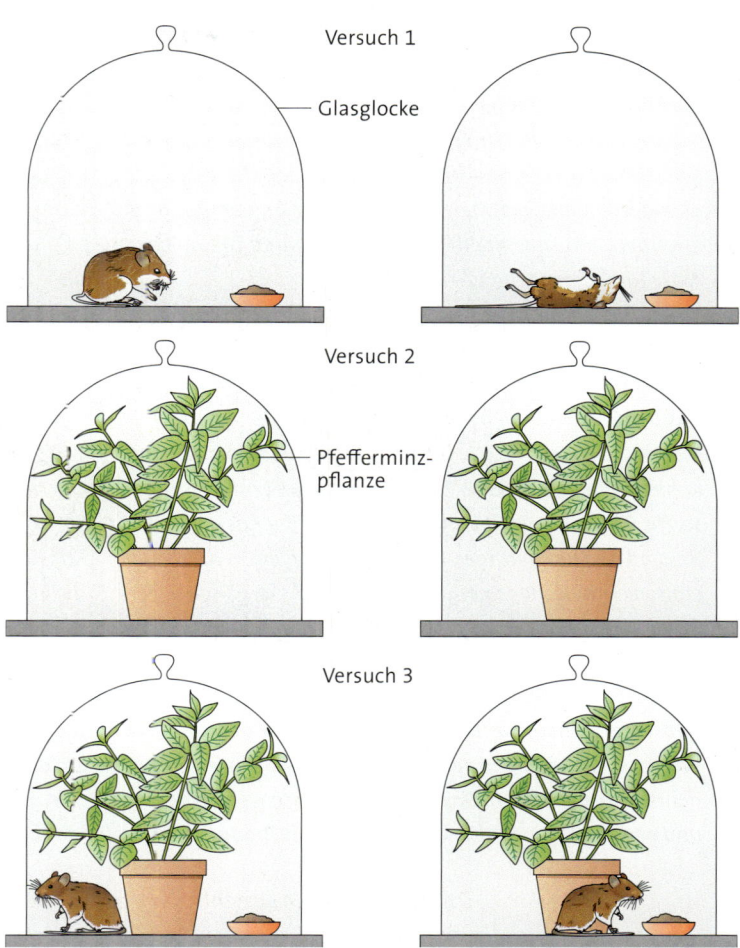

02 Versuche von PRIESTLEY

03 Wechselbeziehung zwischen Pflanze und Tier

/// **ERSCHLIESSUNGSFELD** //

Stoff und Energie

In Lebewesen finden ständig Stoff- und Energieumwandlungen statt. Nur Pflanzen können durch Fotosynthese Glukose herstellen. Tiere und Menschen müssen sich von Pflanzen ernähren, um überleben, wachsen und ihren alltäglichen Aktivitäten nachgehen zu können.

*Bei der **Fotosynthese** bilden Pflanzen mithilfe der Lichtenergie aus Kohlenstoffdioxid und Wasser die energiereiche Glukose. Aus der Glukose bilden sie dann weitere Kohlenhydrate wie Stärke, aber auch Fette und mithilfe weiterer Stoffe Proteine. Kohlenhydrate, Fette und Proteine bezeichnet man als **Nährstoffe.** Weil in den Nährstoffen chemische Energie gebunden ist, sind sie **Energieträger.** Pflanzen nutzen die in den Nährstoffen enthaltende Energie für ihre Lebensvorgänge in den Zellen, aber auch für das Wachstum, die Blüten- oder Samenbildung. Die Energiegewinnung erfolgt durch den Abbau der Glukose in der **Zellatmung.** Pflanzen stellen ihre Nährstoffe selbst her, indem sie Kohlenstoffdioxid aus der Luft und Wasser aus dem Boden verarbeiten. Solche „Selbsternährer" nennt man **autotroph.** Da Pflanzen auf diese Weise wachsen und neues Pflanzenmaterial bilden, sind sie **Produzenten.***

*Tiere wie das Rind können keine Nährstoffe bilden. Sie sind auf die Nährstoffe anderer Lebewesen angewiesen. Ein Rind nimmt zum Beispiel die notwendigen Nährstoffe auf, indem es Gras frisst. Man nennt alle Lebewesen, die ihre Nährstoffe über die Nahrung aufnehmen müssen, **heterotroph.** Da Tiere sich von den Nährstoffen anderer Lebewesen ernährt, sind sie **Konsumenten.** Das Rind setzt die chemische Energie, die in den Nährstoffen der Gräser gebunden ist, durch Zellatmung frei und wandelt sie in andere Energieformen, zum Beispiel Bewegungsenergie, um.*

Der Mensch ist ebenfalls auf die Nährstoffe anderer Lebewesen angewiesen. Auch er ist heterotroph und zählt zu den Konsumenten. Wenn der Mensch ein Stück Brot isst, nutzt er die in den Nährstoffen enthaltene chemische Energie für seine eigenen Lebensvorgänge. Isst der Mensch Rindfleisch oder trinkt er Milch, erhält er ebenfalls Nährstoffe, deren Energie letztendlich aus dem Licht der Sonne stammt. Der Mensch baut die Nährstoffe aus Rindfleisch, Milch oder Brot durch die Zellatmung ab und wandelt die darin enthaltene chemische Energie in andere Energieformen um. Dabei wird immer etwas Energie als Wärme frei.

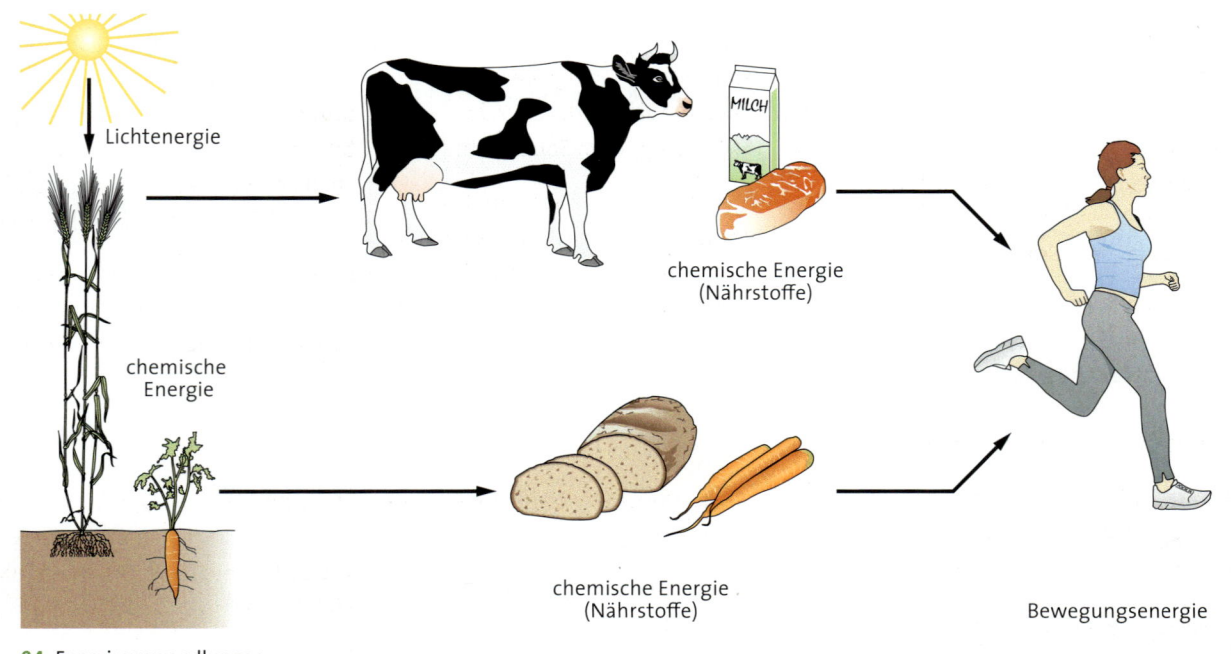

Lichtenergie

chemische Energie

chemische Energie (Nährstoffe)

chemische Energie (Nährstoffe)

Bewegungsenergie

04 Energieumwandlungen

Material A ▸ Wechselbeziehungen

A Tiere mit Licht　　　　B Tiere ohne Licht　　　　C Pflanzen und Tiere mit Licht　　　　D Pflanzen und Tiere ohne Licht

In einem Experiment werden vier luft-dicht verschlossene Aquarien unter-schiedlich besetzt und belichtet.

A1 Begründe für jedes Aquarium die Veränderung des Gehalts an Kohlenstoffdioxid und Sauerstoff!

A2 Beschreibe die Bedingungen, unter denen offene Aquarien mit Sauer-stoff versorgt werden müssen!

Material B ▸ Bedeutung der Fotosynthese

Sauerstoffproduktion von Laubblättern pro Quadratmeter Oberfläche und pro Stunde	1 Gramm
Stärkeproduktion eines Buchenwaldes pro Hektar und pro Jahr	7 Tonnen
Jährliche Erzeugung von Kohlenhydraten durch grüne Pflanzen	250 Milliarden Tonnen
Jährliche Erzeugung von Sauerstoff durch grüne Pflanzen	450 Milliarden Tonnen

B1 Berechne mithilfe der in der Tabelle angegebenen Daten die Sauerstoffmenge, die eine Buche in einer Stunde herstellt! Gehe dabei von 400 000 Laubblättern aus, die je eine Oberfläche von 30 Quadratzentimetern haben.

Ein Mensch benötigt in einer Stunde 200 Gramm Sauerstoff. Ein Verkehrs-flugzeug verbraucht in der Stunde etwa 35 000 Kilogramm Sauerstoff.

B2 Berechne, wie viel Sauerstoff das Flugzeug bei einem achtstündigen Flug von Europa in die USA ver-braucht!

B3 Ermittle die Anzahl von Bäumen, die erforderlich ist, um in acht Stunden die Sauerstoffmenge zu bilden, die ein Flugzeug in der glei-chen Zeit verbraucht! Verwende dazu die Ergebnisse von B1 und B2!

B4 Berechne, wie viele Stunden ein Mensch mit der bei B2 ermittelten Sauerstoffmenge überleben kann!

Material C ▸ Energieumwandlung

An einem Holzfeuer werden Würst-chen gegrillt und danach verzehrt.

C1 Beschreibe alle Energieumwand-lungsprozesse, die erforderlich waren, bis das Lagerfeuer Licht und Wärme freisetzen kann!

C2 Stelle die Herkunft der Energie dar, die wir aufnehmen, wenn wir die Würstchen essen. Fertige dazu ein Pfeildiagramm an!

A ▶ Anatomie der Samenpflanzen

Moose: Pflanzen, die keine Leitbündel besitzen und sich über Sporen fortpflanzen

Gefäßpflanzen: Pflanzen, deren Organe von Leitbündeln durchzogen sind, durch die Wasser und Nährstoffe verteilt werden. Ihr Aufbau gliedert sich in die Grundorgane Wurzel, Sprossachse und Laubblatt.

Farne: Gefäßpflanzen, die sich über Sporen fortpflanzen

Samenpflanzen: Gefäßpflanzen, die Blüten bilden und sich geschlechtlich über Samen fortpflanzen. Man unterscheidet Nacktsamer und Bedecktsamer.

Nacktsamer: Samenpflanzen, die ihre Samenanlagen frei auf den Fruchtblättern tragen.

Bedecktsamer: Samenpflanzen, bei denen die Samenanlagen im Fruchtknoten eingeschlossen sind. Man unterscheidet Einkeimblättrige und Zweikeimblättrige.

Einkeimblättrige: Bedecktsamer, deren Embryo im Samen ein Keimblatt enthält.

Zweikeimblättrige: Bedecktsamer, deren Embryo im Samen zwei Keimblätter enthält.

Blüte: Organ der Samenpflanzen, das der geschlechtlichen Fortpflanzung dient. Blüten bestehen meist aus Kelchblättern, Kronblättern, Staubblättern und Fruchtblättern. Mithilfe der Blütenmerkmale kann man viele Pflanzenfamilien unterscheiden.

Blütengeschlecht: Zwittrige Blüten tragen Staubblätter und Fruchtblätter. Bei getrenntgeschlechtlichen Pflanzen tragen männliche Blüten nur Staubblätter und weibliche Blüten nur Fruchtblätter. Bei einhäusigen Arten befinden sich männliche und weibliche Blüten auf einer Pflanze, bei zweihäusigen Arten auf verschiedenen Pflanzen.

Wurzel: Grundorgan der Farne und Samenpflanzen, das der Aufnahme von Wasser und darin gelösten Mineralstoffen dient. Im Querschnitt erkennt man die Rhizodermis mit Wurzelhaaren, die Wurzelrinde, die Endodermis und den Zentralzylinder mit den Leitbündeln.

Oberflächenvergrößerung: Mit den Wurzelhaaren vergrößert sich die wasseraufnehmende Oberfläche der Wurzel. Oberflächenvergrößerung ist ein biologisches Prinzip, das in vielen Geweben und Zellbestandteilen auftritt.

Mykorrhiza: Wechselbeziehung zwischen Pflanzenwurzeln und Pilzen, bei der es zum Austausch von Wasser, Mineralstoffen und Nährstoffen kommt. Man unterscheidet Ektomykorrhiza und Endomykorrhiza.

Diffusion: Gleichmäßige Durchmischung verschiedener Stoffe aufgrund der ständigen Teilchenbewegung. Die Teilchen eines Stoffes bewegen sich stets von dem Ort, an dem sie in hoher Konzentration vorhanden sind, zu dem Ort, an dem ihre Konzentration niedriger ist.

Osmose: Diffusion durch eine semipermeable Membran. Sind verschiedene Stoffe durch eine Membran voneinander getrennt, die nur für Teilchen bis zu einer gewissen Größe durchlässig ist, können nur bestimmte Teilchen diffundieren. In der Regel kann Wasser die semipermeable Membran passieren, darin gelöste Zucker- oder Salzteilchen aber nicht.

Mineralstoffe: Stoffe, die Lebewesen für ihre Lebensfunktionen brauchen. Für Pflanzen sind Nitrat, Phosphat und Kalium wichtig.

Plasmolyse: Durch Osmose verursachter Wasserentzug in einer Pflanzenzelle, die von einer Salzlösung umgeben ist.

Deplasmolyse: Durch Osmose verursachter Wassereinstrom in eine Pflanzenzelle, die von reinem Wasser umgeben ist.

Sprossachse: Grundorgan der Farne und Samenpflanzen, das den Stoffaustausch zwischen allen Pflanzenteilen ermöglicht. Im Querschnitt erkennt man die Rinde, das Mark und die Leitbündel. Die Leitbündel bestehen aus Gefäßen, in denen Wasser befördert wird, und Siebröhren, über die Nährstoffe verteilt werden. Bei den Zweikeimblättrigen gibt es zudem ein Bildungsgewebe, das beständig neue Zellen abgibt und dem Dickenwachstum dient.

Wurzeldruck: Durch Wasseraufnahme in den Zentralzylinder der Wurzel entsteht ein Druck, der Wasser in die Gefäße der Leitbündel presst.

Kapillarwirkung: Durch Anziehungskräfte verursachter Wassersog in der Sprossachse.

Transpirationssog: Durch die Transpiration verursachter Wassersog in der Sprossachse.

Laubblatt: Grundorgan der Farne und Samenpflanzen, das der Fotosynthese, dem Gasaustausch und der Transpiration dient. Im Querschnitt erkennt man die Epidermis mit aufgelagerter Kutikula, das Palisadengewebe, das Schwammgewebe und die Spaltöffnungen.

Gasaustausch: Aufnahme von Kohlenstoffdioxid und Abgabe von Sauerstoff über die Spaltöffnungen der Laubblätter.

Transpiration: Kontrollierte Wasserdampfabgabe durch die Spaltöffnungen.

B ▶ Energie- und Stoffkreisläufe in Pflanzen

Fotosynthese: Aufbau von Glukose aus Kohlenstoffdioxid und Wasser mithilfe der Lichtenergie in den Chloroplasten der Laubblätter. Dabei wird Sauerstoff frei.

Chloroplasten: Bestandteile von Pflanzenzellen, die den grünen Blattfarbstoff Chlorophyll enthalten und in denen Fotosynthese abläuft.

Nährstoffe: Stoffe, die Pflanzen und Tiere als Baustoffe und Energieträger benötigen. Wichtigste Nährstoffgruppen sind Kohlenhydrate, Fette und Proteine.

Zellatmung: Abbau der energiereichen Glukose unter Sauerstoffverbrauch zu den energiearmen Stoffen Kohlenstoffdioxid und Wasser in den Mitochondrien von Pflanzen- und Tierzellen. Dabei wird Energie frei, die Pflanzen und Tiere für ihre Lebensfunktionen nutzen.

Mitochondrien: Bestandteile von Pflanzen- und Tierzellen, in denen durch die Zellatmung Energie gewonnen wird.

autotrophe Ernährung: Fähigkeit von Lebewesen, ihre Baustoffe und Energieträger selbst herzustellen. Dazu zählen die Pflanzen, die mittels Fotosynthese aus Kohlenstoffdioxid und Wasser Glukose produzieren, die zu weiteren Nährstoffen umgewandelt wird.

heterotrophe Ernährung: Ernährungsweise von Lebewesen, die ihre Baustoffe und Energieträger über die Nahrung aufnehmen müssen. Dazu zählen die Tiere und Menschen.

Zusammen-hänge in Ökosystemen

In diesem Kapitel beschäftigst du dich mit

▶ den Grundlagen der Ökologie. Du lernst wichtige Fachbegriffe dieser biologischen Disziplin kennen und erfährst, welche Faktoren man in der Natur untersuchen kann.

▶ den abiotischen Umweltfaktoren Licht, Wasser und Temperatur. Du erfährst, wie diese Faktoren einen Lebensraum prägen und welche Angepasstheiten Pflanzen und Tiere aufweisen.

- den biotischen Umweltfaktoren. Dazu zählen alle Wechselbeziehungen zwischen Pflanzen und Tieren. Du erfährst, welche Beziehungen zwischen Individuen unterschiedlicher Arten und zwischen Individuen derselben Art bestehen.

- dem Ökosystem See. Hier vertiefst du dein Wissen über abiotische und biotische Umweltfaktoren an einem konkreten Beispiel. Du lernst etwas über die Zonierung und die Veränderungen im Jahresverlauf eines Sees. Du beschäftigst dich mit Nahrungsbeziehungen und lernst etwas über die Gefährdung des Ökosystems See.

01 Kiefernwald

Das Ökosystem – mehr als ein Lebensraum

> *Bilden Bäume einen größeren lückenlosen Bestand, bezeichnen wir dies als Wald. Vergleicht man Wälder, fallen Unterschiede auf.*
> *In Sachsen gibt es verschiedene Waldtypen. Wie entstehen die Waldtypen und wie unterscheiden sie sich?*

ÖKOLOGIE · Ökologie ist die Lehre von den Wechselbeziehungen zwischen den Lebewesen und ihrer Umwelt. Die Ökologie ist eine biologische Wissenschaft. Wer sich mit ihr befasst, will vielleicht den Regenwald und farbenfrohe Korallenriffe untersuchen. Aber ökologische Forschung lässt sich ebenso in heimischen Wäldern, an einem See, auf einer Wiese oder auf dem Schulhof betreiben. Bei der Untersuchung eines Waldes schaut man sich an, welche Umweltbedingungen herrschen, welche Tier- und Pflanzenarten vorkommen und welche Wechselwirkungen sich erkennen lassen.

LEBENSRAUM KIEFERNWALD · Auf den ersten Blick fallen in einem Kiefernwald verschiedenen Pflanzenarten auf. Dazu gehören neben den bestandsbildenden Kiefern auch Moose wie das Gabelzahnmoos, Farne wie der Adlerfarn und Samenpflanzen wie Heidelbeere und Drahtschmiele. Auf dem Boden findet man zahlreiche Pilzarten wie den Maronenröhrling und den Kiefernsteinpilz.

Die Gesamtheit aller Individuen einer Art, die gleichzeitig in einem Gebiet leben, nennt man **Population.** So bilden alle Kiefern eines Kiefernwaldes eine Kiefernpopulation und alle Adlerfarne eine Adlerfarnpopulation. Alle Pflanzenpopulationen des Kiefernwaldes bilden zusammen die charakteristische *Pflanzengesellschaft* des Waldes. Auch die hier typischen Tierarten wie Bunt- und Schwarzspecht bilden Populationen, die man in ihrer Gesamtheit als *Tiergesellschaft* bezeichnet.

UMWELTFAKTOREN · Alle Pflanzen, Tiere und Mikroorganismen, die gleichzeitig in einem begrenzten Gebiet wie dem Kiefernwald leben, bilden eine Lebensgemeinschaft, die als **Biozönose** bezeichnet wird. Die Lebewesen einer Biozönose stehen in engen Wechselbeziehungen zueinander. Sie konkurrieren zum Beispiel um Nahrung oder fressen sich gegenseitig. Solche von Lebewesen ausgehenden Bedingungen nennt man **biotische Umweltfaktoren.** Daneben gibt es Umweltbedingungen wie Licht, Wind, Wärme und Wasserverfügbarkeit, die von unbelebten Größen wie dem Klima ausgehen. Solche Faktoren bezeichnet man als **abiotische Umweltfaktoren.** Die abiotischen Umweltfaktoren prägen den Lebensraum, in dem die Biozönose lebt. Der Lebensraum wird **Biotop** genannt. Eine Biozönose ist an die abiotischen Umweltfaktoren ihres Biotops angepasst. Die Einheit aus Biotop und Biozönose nennt man **Ökosystem.**

UNTERSCHIEDLICHE WALDTYPEN – EINE FRAGE DES LEBENSRAUMS ·

Die Böden im Norden Sachsens sind meist sandig und trocken. Kiefern können unter diesen Bedingungen gut wachsen. Deshalb gibt es in Sachsen viele Kiefernwälder. Für andere Baumarten sind diese Umweltbedingungen schlechter geeignet. An feuchteren Standorten findet man dafür vermehrt Eichen- und Buchenwälder.

Die Böden entlang großer Flussläufe wie der Elbe sind durch einen hohen Grundwasserspiegel und häufige Überschwemmungen ständig stark durchnässt. Der Waldtyp, der an solchen Standorten wächst, heißt *Auwald.* Staunässe und Überflutungen ertragen nur wenige Baumarten. Hier wachsen vor allem Pappeln, Weiden, Schwarzerlen, Stieleichen, Ulmen und Eschen. Am Rand von Moorgebieten gedeihen auf sehr nassem Boden mit sauren pH-Werten kleinflächige Wälder aus Moorbirken, Ebereschen, Stieleichen und Hainbuchen.

EINTEILUNG VON ÖKOSYSTEMEN · Das Ökosystem Wald gehört zusammen mit den Ökosystemen Wiese, Gebirge und anderen zu den *Landökosystemen.* Die Ökosysteme Meer, See und Fluss sind dagegen *Gewässerökosysteme.* Ökosysteme sind keine geschlossenen Systeme, sondern stehen mit anderen Ökosystemen in Verbindung. Viele Tiere wie der Hirsch nutzen mehrere Lebensräume für verschiedene Aktivitäten wie die Nahrungssuche und Schutzsuche. Die Gesamtheit aller Ökosysteme auf unsere Erde bilden die **Biosphäre.**

griechisch a-
= un-

griechisch bios
= Leben

1 ⌡ Erläutere den Begriff Ökosystem!

2 ⌡ Ordne die folgenden Begriffe in einer Concept-Map: Biosphäre, Ökosystem, Biotop, Biozönose, biotische Umweltfaktoren, abiotische Umweltfaktoren!

02 Auwald

03 Hirsch – Versteck im Wald, Nahrungssuche im Grünland

Untersuchung eines Ökosystems

01 Untersuchungsgebiet

Auch vom Menschen geschaffene Strukturen bieten Biotope für Tiere und Pflanzen. Ökologische Untersuchungen können zum Beispiel auch an einer Mauer durchgeführt werden. Dazu erfasst man eine Vielzahl von Daten. Mit verschiedenen Methoden untersucht man die abiotischen Umweltfaktoren und die Zusammensetzung der Biozönose. Die Ergebnisse hält man in einem Protokoll fest.

KARTIERUNG · *Fotografiere den zu bearbeitenden Mauerabschnitt. Ermittle mit dem Kompass die Ausrichtung der Mauer und notiere diese. Vermiss den Mauerabschnitt und notiere die Länge, Höhe und Tiefe. Fertige eine große, genaue Skizze des Mauerabschnitts an.*

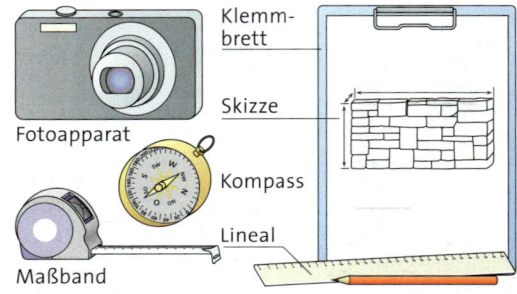

Klemmbrett
Skizze
Kompass
Lineal
Fotoapparat
Maßband

02 Material für die Kartierung

ERFASSUNG ABIOTISCHER FAKTOREN · *Notiere Datum, Uhrzeit und Wetter. Miss mit dem Luxmeter die Lichtstärke an der Mauerkrone, der Mauermitte und am Mauerfuß, bei frei stehenden Mauern auch auf der lichtabgewandten Seite. Miss ebenso die Temperatur und Luftfeuchtigkeit an verschiedenen Mauerstellen. Berücksichtige auch die Temperatur der Steine sowie die Temperatur und Feuchtigkeit in den Mauerfugen. Bestimme das Gestein, aus dem die Mauer besteht, und beschreibe seine Oberflächenbeschaffenheit. Notiere deine Ergebnisse in einer Tabelle.*

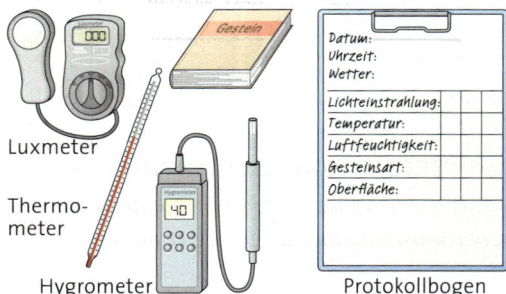

Luxmeter
Thermometer
Hygrometer
Protokollbogen

03 Material zur Erfassung abiotischer Faktoren

ERFASSUNG DER FLORA · *Bestimme mit Lupe und Pflanzenbestimmungsbuch die Pflanzen des Mauerabschnitts. Notiere die Namen der Pflanzenarten in der Reihenfolge Flechten, Moose, Farne, Samenpflanzen. Fotografiere die verschiedenen Pflanzenarten. Trage mit Kennzahlen das Vorkommen der einzelnen Arten in die Mauerskizze ein. Mache dir auch Notizen zur Flächengröße, die von der jeweiligen Pflanze bedeckt wird.*

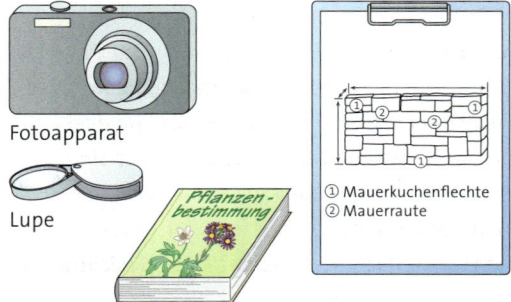

Fotoapparat
Lupe
① Mauerkuchenflechte
② Mauerraute

04 Material zur Erfassung der Flora

ERFASSUNG DER FAUNA · *Tiere sind aufgrund ihrer Beweglichkeit sehr viel schwerer zu erfassen als Pflanzen. Beobachte deshalb die Mauer vor der genaueren Untersuchung nach Tieren etwa fünf bis zehn Minuten ruhig und notiere deine Beobachtungen. Fange geflügelte Insekten und andere schnelle Gliederfüßer mit dem Insektenkescher und überführe sie mithilfe der Federstahlpinzette zur Bestimmung in eine Becherlupe. Langsamere Gliederfüßer und Würmer können direkt mit der Federstahlpinzette gefangen und mithilfe der Becherlupe bestimmt werden. Schnecken kann man mit der Hand auflesen. Sehr kleine Gliederfüßer werden mit einem speziellen Sauggerät, einem Exhauster, gefangen, in Sammelgefäße überführt und mithilfe der Stereolupe bestimmt. Erfasse mit diesen Methoden die Tiergesellschaft verschiedener Mauerbereiche. Notiere die Namen der gefundenen Tiere in der Reihenfolge Würmer Schnecken, Spinnentiere, Asseln, Tausendfüßer, Insekten und Insektenlarven, Wirbeltiere. Notiere auch jeweils den genauen Fundort auf der Mauer, und schätze die Häufigkeit der jeweiligen Tierart ab. Nimm mit dem Spatel mehrere Bodenproben aus den Mauerfugen zur genaueren Untersuchung mithilfe der Stereolupe.*

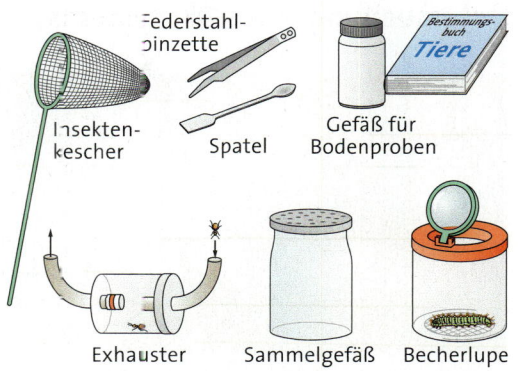

05 Material zur Erfassung der Fauna

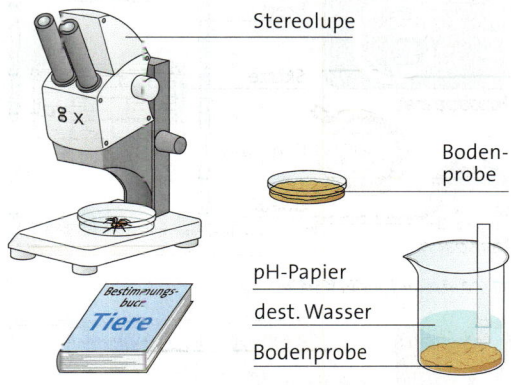

06 Material für Untersuchungen im Biologieraum

UNTERSUCHUNGEN IM BIOLOGIERAUM · *Überführe die gesammelten Gliederfüßer in kleine Petrischalen mit Deckel und bestimme sie mithilfe der Stereolupe. Gib jeweils zwei Spatellöffel der Bodenproben in größere Petrischalen und verteile die Probe zu einer dünnen Schicht. Durchsuche unter der Stereolupe die Probe systematisch nach kleinsten Tieren und bestimme diese, zum Beispiel mithilfe eines Bestimmungsschlüssels. Fülle fünf Spatellöffel der durchsuchten Bodenprobe in ein Becherglas, gib 50 Milliliter destilliertes Wasser dazu und miss den pH-Wert mit pH-Papier. Stelle fest, welche Tiere besonders häufig oder selten sind.*

AUSWERTUNG UND DOKUMENTATION · *Zur Auswertung werden die Aufzeichnungen und Ergebnisse der einzelnen Gruppen zusammengetragen und ein Gesamtbild der untersuchten Mauer, der abiotischen Faktoren und der erfassten Pflanzen- und Tierarten erstellt. Informiere dich über die Ansprüche, Angepasstheiten und Lebensweisen der erfassten Pflanzen und Tiere, und vergleiche diese mit den von dir gemachten Beobachtungen. Stelle fest, welche der gefundenen Pflanzen und Tiere sehr gut an die Umweltbedingungen angepasst sind, und beschreibe diese Angepasstheiten. Dokumentiere deine Untersuchung mit Bildern, Grafiken, Tabellen und einem nach wissenschaftlichen Gesichtspunkten verfasster Text.*

01 Sonnenlicht
im Wald

Umweltfaktor Licht

Der Boden eines Laubwaldes ist im Frühjahr dicht mit verschiedenen Pflanzen besiedelt. Im Sommer tragen die Bäume dichte Kronen und der Boden ist schattig. Dann wachsen hier nur noch wenige Pflanzen. Wie lässt sich der jahreszeitliche Wandel erklären?

LICHT ALS ENERGIEQUELLE · Die Sonne ist trotz ihrer großen Entfernung die wichtigste Energiequelle für das Klima und das Leben auf der Erde. Pflanzen wandeln mit der Fotosynthese in ihren Laubblättern die Energie des Sonnenlichts in chemische Energie in Form von Glukose um. Aus der Glukose gewinnen sie ihre Energie und bauen Nährstoffe wie Kohlenhydrate, Fette und Proteine auf. Andere Lebewesen nehmen die chemische Energie auf, indem sie sich von Pflanzen ernähren. Licht ist somit ein entscheidender abiotischer Umweltfaktor für das Leben auf der Erde. Pflanzen und Tiere werden in ihrer Entwicklung und ihrem Verhalten in vielfältiger Weise vom Licht beeinflusst.

PFLANZEN UND LICHT · Die Verfügbarkeit von Licht ist für Pflanzen überlebenswichtig. Nur mithilfe der Lichtenergie sind sie in der Lage, Fotosynthese zu betreiben. Darauf sind sie in ihrem Wachstum und allen anderen Lebensfunktionen angewiesen.

In einem Wald leben zahlreiche Pflanzen auf engstem Raum zusammen. Sie alle konkurrieren um das verfügbare Licht. Wenn im Frühjahr die Blätter austreiben, gelangt immer weniger Licht zum Waldboden. Im Sommer fangen dann die dichten Kronen der hohen Bäume einen Großteil des Lichts ab. Dann wachsen in den unteren Schichten nur noch Pflanzenarten, die auch bei wenig Licht ausreichend Fotosynthese betreiben können. Diese werden als **Schattenpflanzen** bezeichnet. Dazu gehören Waldsauerklee und Aronstab. Andere Pflanzenarten wie Rotklee und Waldkiefer wachsen nur an Standorten mit hoher Lichtverfügbarkeit. Sie werden **Lichtpflanzen** genannt. Die Pflanzen sind an die Lichtverfügbarkeit angepasst.

BLATTAUFBAU · Die Laubblätter der Licht- und Schattenpflanzen unterscheiden sich in ihrer Struktur. Schattenpflanzen wie der Wurmfarn haben große und dünne Blätter mit einem einschichtigen Palisadengewebe. Dieser Blattaufbau ist charakteristisch für Pflanzen, die an lichtarmen Standorten wachsen, und wird **Schattenblatt** genannt. Mit der großen Blattoberfläche wird das Licht optimal eingefangen. Das einschichtige Palisadengewebe mit den Chloroplasten reicht aus, um die einfallende Lichtenergie in der Fotosynthese zu verwerten. Der Rotklee ist eine Lichtpflanze. Seine Blätter haben eine Struktur, die an eine hohe Lichtverfügbarkeit angepasst ist. Sie werden **Lichtblätter** genannt. Diese sind kleiner und schmaler. Zum Schutz vor hoher Sonneneinstrahlung tragen sie meist eine verdickte Kutikula. Das Palisadengewebe ist stärker ausgeprägt, sodass die Pflanze viel des einstrahlenden Lichts zur Fotosynthese nutzen kann. Da das Palisadengewebe viele Chloroplasten mit dem grünen Blattfarbstoff Chlorophyll enthält, sind Lichtblätter meist kräftig dunkelgrün gefärbt.

Beide Blatttypen findet man auch in der Krone dicht belaubter Bäume wie der Rotbuche. Im Kronendach kommt viel Licht an. Hier wachsen Lichtblätter. Im unteren Kronenbereich kommt weniger Licht an. Hier wachsen Schattenblätter.

BLÜTEZEIT · Pflanzenarten wie Buschwindröschen, Scharbockskraut und Bärlauch blühen schon sehr früh im Jahr. Sie treiben aus, bevor das dichte Blätterdach der Laubbäume sie beschattet. Man nennt solche Pflanzen **Frühblüher.** Ermöglicht wird ihnen das frühe Austreiben durch unterirdische *Speicherorgane* wie Erdsprosse, Wurzelknollen oder Zwiebeln. In diesen Speicherorganen befinden sich Nährstoffe, die die Pflanze im letzten Jahr gebildet hat. Von diesem Vorrat kann die Pflanze zehren und frühzeitig Laubblätter und Blüten ausbilden. Durch diese Angepasstheit wird die Konkurrenz um Licht für die Frühblüher vermindert.

02 Angepasstheit an Licht: **A** Wurmfarn mit Schattenblättern, **B** Rotklee mit Lichtblättern

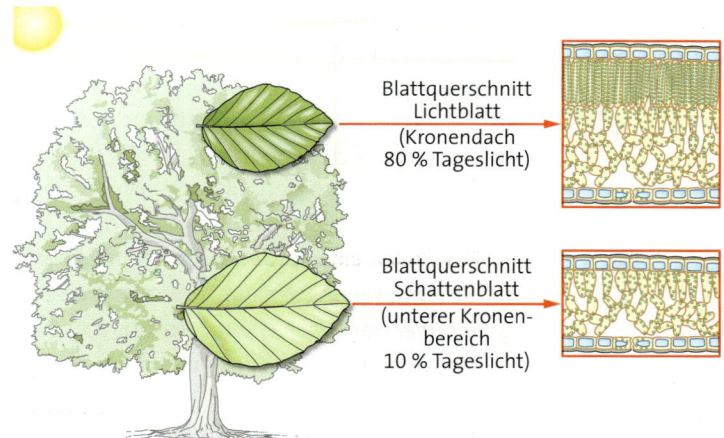

Blattquerschnitt Lichtblatt (Kronendach 80 % Tageslicht)

Blattquerschnitt Schattenblatt (unterer Kronenbereich 10 % Tageslicht)

03 Blattquerschnitte einer Rotbuche (Schema)

Für die Blütezeit von Pflanzen ist oft die Tageslänge entscheidend. Einige Pflanzen wie Roggen und Senf bilden erst Blüten, wenn es länger hell ist. Pflanzen wie Mais und Tabak blühen dagegen nur, wenn die Tageslänge kürzer ist. Werden Aktivitäten wie die Blütenbildung bei Pflanzen von der Tageslänge getaktet, spricht man von **Fotoperiodismus.** Für einen solchen Einfluss der Tageslänge gibt es viele Beispiele im Pflanzen- und Tierreich.

1 ⌡ Erkläre den unterschiedlichen Bau von Licht- und Schattenblättern als Angepasstheit an den Lichtfaktor!

Gartenrotschwanz

Rotkehlchen

Amsel

Zaunkonig

Kuckuck

Kohlmeise

Zilpzalp

Buchfink

Haussperling

Star

TIERE UND LICHT · Für viele Tiere und für den Menschen ist Licht ein Zeitgeber für die Aktivitäten im Tages- und Jahresverlauf. Singvogelarten wie der Gartenrotschwanz oder das Rotkehlchen beginnen zu unterschiedlichen Zeitpunkten in den frühen Morgenstunden mit ihrem Gesang. Kennt man die Vogelstimmen der verschiedenen Arten, kann man anhand der zeitlichen Abfolge die Uhrzeit schätzen. Man spricht von der *Vogeluhr.* Der Zeitpunkt, an dem eine bestimmte Vogelart anfängt zu singen, hängt von der Helligkeit ab. Mit dem Sonnenaufgang am Morgen nimmt die Helligkeit nach und nach zu. Daher beginnen die Vögel ihren Gesang zu unterschiedlichen Zeiten.

JAHRESRHYTHMUS · Viele Tiere werden in ihrer Entwicklung, ihren Körperfunktionen und ihrem Verhalten von der Tageslänge beeinflusst. Dieses Phänomen nennt man wie bei den Pflanzen *Fotoperiodismus.* Die Tageslänge verändert sich mit den Jahreszeiten. Im Sommer sind die Tage lang und im Winter kurz. Daher ist die Tageslänge neben anderen Faktoren ein wichtiger Taktgeber für jahreszeitliche Verhaltensmuster von Tieren. Werden die Tage kürzer, machen viele Vögel sich auf den Weg zu ihren Winterquartieren. Viele Säugetiere machen sich bereit für den Winterschlaf oder die Winterruhe. Werden die Tage wieder länger, steigt die Fortpflanzungsaktivität von Tieren und die Paarungszeit beginnt.

TAGESRHYTHMUS · Viele Tiere und auch der Mensch zeigen in ihren Körperfunktionen und in ihrem Verhalten regelmäßige Muster, die durch den Wechsel von Tag und Nacht beeinflusst werden. Man nennt die wiederkehrenden Muster **24-Stunden-Rhythmus.** Ein Beispiel ist der Schlaf-Wach-Rhythmus. Wir Menschen werden abends müde, wenn es dunkel wird. Die Müdigkeit wird durch Botenstoffe im Körper ausgelöst, die die Körperfunktionen regulieren. Am Tag bewirkt das Sonnenlicht, dass wir uns wach fühlen.

Dies gilt auch für andere tagaktive Tiere. Nachtaktive Tiere wie Fledermäuse und Eulen werden hingegen aktiv, sobald die Helligkeit abnimmt. Da sich die Körperfunktionen im Tagesverlauf verändern, spricht man von einer *inneren Uhr.* Diese steuert die täglichen Aktivitätsmuster von Menschen und Tieren. Wie sie getaktet ist, unterscheidet sich von Art zu Art.

ANGEPASSTHEITEN · In ständiger Dunkelheit lebende Tiere zeigen Angepasstheiten an ihre Lebensweise. Das Sehen ist ohne Licht nicht möglich. Daher haben Höhlenbewohner wie der Grottenolm und Tiefseefische oft zurückgebildete Augen und nehmen ihre Umwelt stärker mit anderen Sinnen wahr. Da Lichtveränderungen als äußere Zeitgeber fehlen, fallen tages- und jahreszeitliche Aktivitätsmuster weg.

2 Beurteile, ob es sinnvoll ist, nachts für eine Klassenarbeit zu lernen!

05 Fledermaus bei nächtlicher Jagd

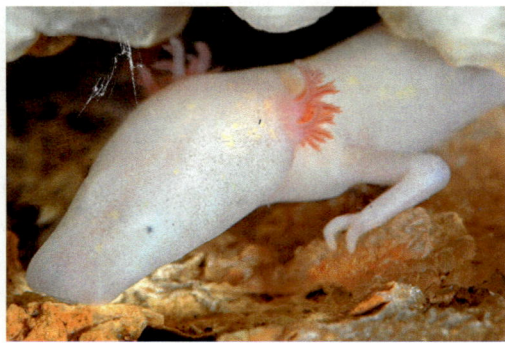
06 Grottenolm mit zurückgebildeten Augen

04 Vogeluhr

VERSUCH A ▸ Reaktion von Asseln auf Licht

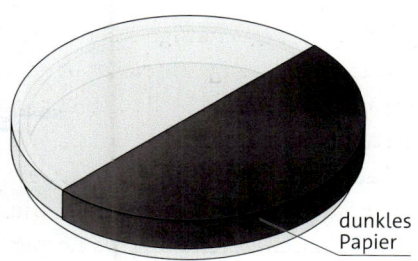

dunkles Papier

Zeit in s	Anzahl der Asseln im be- lichteten Raum	Anzahl der Asseln im dunklen Raum
0	?	?
20	?	?
40	?	?
60	?	?
...	?	?

Material:

Petrischale mit Deckel (halbseitig mit dunklem Papier abgeklebt), 10 Asseln

Durchführung:

Setze die Asseln vorsichtig in die Petrischale und verschließe sie mit dem abgeklebten Deckel. Warte einen Moment, bis die Asseln sich beruhigen.

A1 Beobachte, wie sich die Asseln verhalten. Zähle vier Minuten lang alle 20 Sekunden, wie viele Asseln sich im belichteten Raum der Petrischale befinden!

A2 Trage deine Ergebnisse in eine Tabelle ein!

A3 Übertrage deine Daten in ein Liniendiagramm! Die x-Achse bezeichnet die Anzahl der Asseln und die y-Achse die Zeit!

A4 Werte die Ergebnisse aus!

Material B ▸ Konkurrenz um Licht im Rotbuchenwald

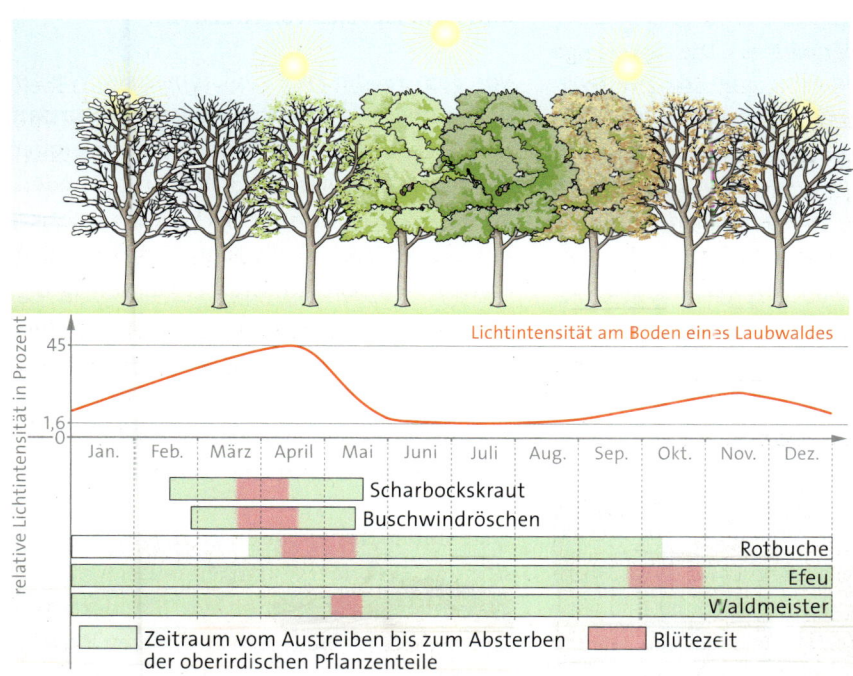

Lichtintensität am Boden eines Laubwaldes

relative Lichtintensität in Prozent

Keimlinge verschiedener Baumarten	Minimaler Licht- bedarf in Prozent des vollen Sonnenlichts
Birke	12–15
Kiefer	9–12
Esche	3
Stieleiche	2–4
Rotbuche	1,2

B1 Werte die Abbildung aus!

B2 Erkläre die Veränderung des Licht- einfalls am Waldboden!

B3 Erkläre die Veränderungen der Krautschicht eines Rotbuchen- waldes im Jahresverlauf!

B4 In einem Rotbuchenwald findet man selten andere Baumarten. Erkläre dies mithilfe der Tabelle und der Abbildung!

B5 Begründe die Zugehörigkeit des Buschwindröschens zu den Früh- blühern!

In der Krautschicht eines Rotbuchen- walds wachsen verschiedene Pflan- zenarten. Sie unterscheiden sich in ih- rer Lebensdauer und Blütezeit.

Die Lichtintensität am Waldboden hängt von der Belaubung der Bäume, aber auch vom Sonnenstand ab. Die- ser verändert sich im Jahresverlauf.

01 Erblühte Atacama-
wüste in Chile

Umweltfaktor Wasser

*Alle fünf bis zehn Jahre blüht die Atacama-
wüste in Südamerkia in den schönsten Farben.
Dann wird das zuvor brache Land durch heftige
Regenfälle zum Leben erweckt. Das plötzlich
verfügbare Wasser lässt Samen und Knollen, die
zuvor über Jahre im Erdboden verweilten, austreiben. Mit den Pflanzen nimmt auch die Vielfalt der Insekten, Vögel und Echsen schlagartig
zu. Warum brauchen Pflanzen und Tiere das
Wasser?*

LEBENSELIXIER WASSER · Wasser ist der Haupt-
bestandteil lebender Materie und unentbehrlich
für alle Lebewesen. Der Wassergehalt tierischer
und pflanzlicher Zellen liegt bei 75–95 %. Stoffwechsel, Wachstum und Entwicklung sind ohne
Wasser nicht möglich. Obgleich es Pflanzen und
auch Tiere gibt, die Trockenzeiten als Sporen,
Samen oder Eier überdauern können, zum
aktiven Leben ist eine ausreichende Wasserversorgung unverzichtbar.
Eine besonders entscheidende Rolle spielt das
Wasser dort, wo es nur in beschränkten Mengen verfügbar ist – auf dem Festland.

Von dem auf der Erde vorkommenden Wasser
liegen über 97 Prozent als Salzwasser in den
Meeren vor. Von dem Süßwasser ist ein großer
Anteil in Gletschern und Wolken gebunden.
Weniger als ein Prozent des Wassers steht als
nutzbares Süßwasser in Seen, Teichen, Bächen,
Flüssen und als Grundwasser zur Verfügung.
Das Wasservorkommen kann somit zum
Schlüsselfaktor für das Überleben werden.
Pflanzen und Tiere sind an die Wasserverfüg-
barkeit in ihrem Lebensraum angepasst. Bei
Tieren verringern Angepasstheiten im Körper-
bau und in den Körperfunktionen Wasserver-
luste durch Transpiration, Ausscheidung und
Atmung. Besonders Pflanzen müssen mit der
Wasserversorgung an ihrem Standort aus-
kommen, da sie sich nicht zu anderen Wasser-
quellen bewegen können. Für sie ist aber auch
ein Überfluss an Wasser problematisch. Ist die
Luftfeuchtigkeit ihrer Umgebung sehr hoch,
können sie nicht genügend Wasser durch
Transpiration abgeben, um neues Wasser
mit lebenswichtigen Mineralstoffen aus dem
Boden aufzunehmen.

PFLANZEN UND WASSER · Pflanzen weisen in Angepasstheit an die Wasserverfügbarkeit ihrer Lebensräume verschiedene Bautypen auf. *Wasserpflanzen* oder **Hydrophyten** leben im oder auf dem Wasser. Ihre Sprossachsen und Blätter haben große Zellzwischenräume, durch die Kohlenstoffdioxid und Sauerstoff transportiert werden. Nur Schwimmblätter, die wie bei der Seerose auf dem Wasser liegen, haben Spaltöffnungen in der oberen Epidermis. Pflanzen, die vollständig im Wasser untergetaucht sind, nehmen gelöstes Kohlenstoffdioxid aus dem Wasser auf. Sie besitzen dafür ganz dünne Blätter.

Feuchtpflanzen oder **Hygrophyten** wachsen an feuchte Standorten wie Sümpfen und Uferzonen. Ihre Angepasstheiten steigern die Transpiration, wodurch der Wassertransport in der Pflanze trotz der hohen Luftfeuchtigkeit ihrer Umgebung aufrechterhalten wird. Hygrophyten besitzen große, dünne Blätter. Die Epidermis bildet zahlreiche Ausstülpungen, die *lebenden Haare*. Diese vergrößern die wasserabgebende Oberfläche. Die Spaltöffnungen sind oft herausgehoben, wodurch der Wasserdampf schneller vom Wind abtransportiert wird. Ist die Luftfeuchtigkeit so hoch, dass keine Transpiration mehr möglich ist, können viele Hygrophyten über ihre Blätter ganze Wassertropfen ausscheiden.

Trockenpflanzen oder **Xerophyten** wachsen an Standorten mit starker Sonneneinstrahlung und Wassermangel. Ihre Angepasstheiten verringern die Transpiration und damit den Wasserverlust. Die Blätter der Xerophyten sind klein und weisen eine mehrschichtige Epidermis mit dicker Kutikula auf. Die Spaltöffnungen sind meist eingesenkt und von toten Haaren überdeckt. Hinzu kommt ein oft großflächig verzweigtes Wurzelsystem, das die geringen Wasservorräte im Boden erreicht. Viele Xerophyten wie Kakteen- und Agavengewächse speichern Wasser in den Blättern und Sprossachsen.

02 Weiße Seerose (Hydrophyt): **A** Foto, **B** Blattquerschnitt (Schema)

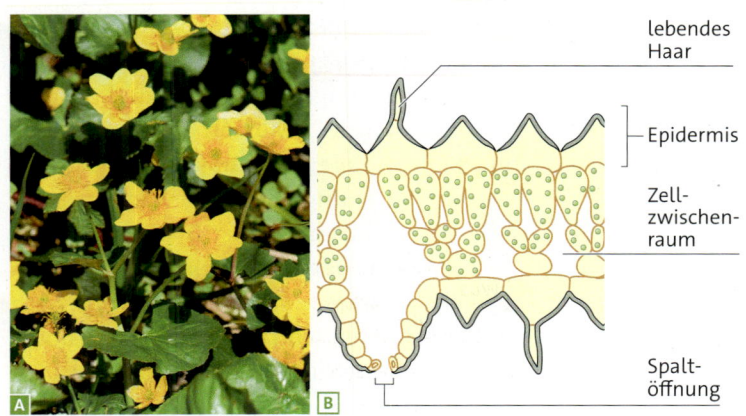

03 Sumpfdotterblume (Hygrophyt): **A** Foto, **B** Blattquerschnitt (Schema)

04 Oleander (Xerophyt): **A** Foto, **B** Blattquerschnitt (Schema)

1 ❭ Vergleiche die drei dargestellten Bautypen in einer Tabelle!

2 ❭ Erkläre die Unterschiede anhand ihrer Angepasstheiten!

05 Wassergehalt verschiedener Lebewesen: **A** Qualle, **B** Landschnecke, **C** Frosch, **D** Mensch

TIERE UND WASSER · Tiere sind zum Überleben auf eine ausreichende Wasserzufuhr angewiesen. Ihre Körper bestehen zu großen Anteilen aus Wasser. Es spielt eine wichtige Rolle in viele Körperfunktionen wie der Verdauung, der Ausscheidung von Abfallprodukten und der Regulation der Köpertemperatur. Einen andauernden Wassermangel überlebt kein Lebewesen. Daher müssen Tiere ihren Wasserhaushalt durch Trinken und die Aufnahme wasserhaltiger Nahrung aufrechterhalten.

WASSERVERLUST · Bei Tieren hängt der Wasserverlust vor allem mit der *Verdunstung* über die Haut, der *Ausscheidung* im Kot und Urin und mit der *Atmung* zusammen. Im Tierreich findet man vielfältige Angepasstheiten, die dem entgegenwirken. Die Körperhülle von Insekten und Spinnentieren besteht aus einem Chitinpanzer, der häufig von einer wachshaltigen Schutzschicht überzogen ist. Diese Körperhülle ist für Wasser nahezu undurchlässig und bietet so einen wirksamen Verdunstungsschutz. Auch bei Wirbeltieren wird die Verdunstung durch die Körperbedeckung reduziert, bei Reptilien durch Schuppen und Hornhaut, bei Säugetieren durch Haare und bei Vögeln durch Federn. Im Gegensatz dazu bietet die dünne Haut von Amphibien einen geringen Verdunstungsschutz. Sie wird jedoch durch Schleimdrüsen feucht gehalten. Der Wasserverlust durch die Ausscheidung wird reduziert, indem dem Kot im Darm und dem Urin in der Niere Wasser entzogen wird.

Tiere sind nicht nur im Körperbau und in den Körperfunktionen an die Aufrechterhaltung des Wasserhaushalts angepasst, sondern auch in ihrem Verhalten. Amphibien sind an aquatische Lebensräume gebunden, da sie Wasser nicht trinken, sondern vor allem über ihre Haut aufnehmen. Daher bevorzugen sie feuchte Lebensräume wie Uferregionen, feuchte Wiesen und Wälder. Zudem sind viele ihrer Vertreter nachtaktiv und halten so den Wasserverlust über die Haut gering.

WÜSTENTIERE · Wüsten sind Lebensräume mit extremen Umweltbedingungen. Die hier lebenden Tiere müssen mit Wasserknappheit und Hitze auskommen. Dabei helfen besondere Angepasstheiten. Kamele und Trampeltiere gewinnen zum Beispiel einen hohen Anteil des notwendigen Wassers, indem sie das Fettgewebe aus ihren Höckern abbauen. Dagegen legen Elefanten und Antilopen in großen Tierwanderungen weite Strecken zurück, um an verfügbare Wasserstellen zu kommen. Eine besonders trickreiche Angepasstheit findet man beim Nebeltrinkerkäfer. Zieht Nebel in der Wüste auf, strecken sie ihren Hinterleib in die Höhe, sodass der Nebel in kleinen Tröpfchen an ihrer Körperoberfläche kondensiert. So decken sie einen großen Anteil ihres Wasserbedarfs.

06 Grasfrosch: **A** Gestalt, **B** Haut mit Schleimdrüsen

07 Nebeltrinkerkäfer

Material A ► Wasserverfügbarkeit und Pflanzenwachstum

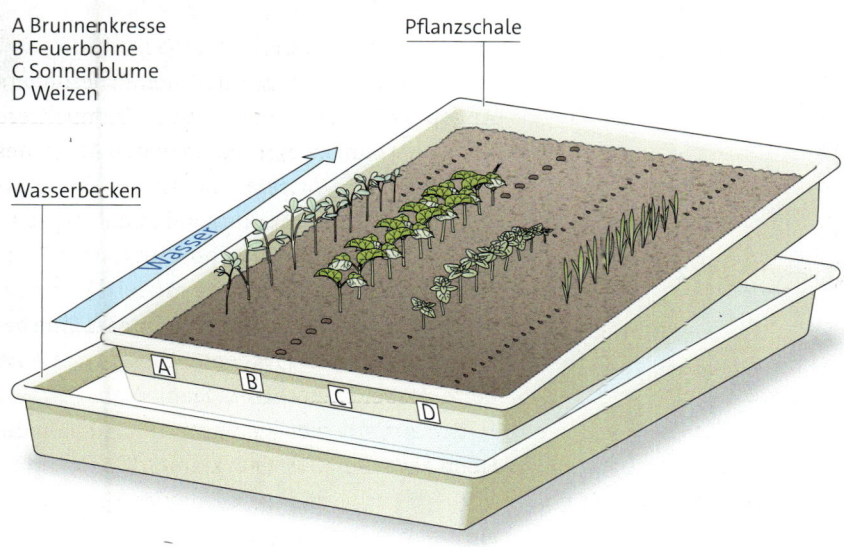

A Brunnenkresse
B Feuerbohne
C Sonnenblume
D Weizen

Pflanzschale

Wasserbecken

Wasser

A B C D

Unter der Pflanzenerde liegt ein saugfähiges Papier, welches das Wasser in der Pflanzschale nach oben befördert. Im oberen Viertel der Pflanzschale liegt kein Papier mehr. Nach einigen Wochen wird das Pflanzenwachstum in der Pflanzschale überprüft.

A1 Formuliere eine Hypothese, die mit diesem Versuch überprüft werden soll!

A2 Beschreibe die Versuchsergebnisse!

A3 Erläutere den Zusammenhang zwischen Wasserverfügbarkeit und Wachstum der Pflanzen!

In dem Versuch wird Saatgut von vier Pflanzenarten reihenweise in eine Pflanzenschale gepflanzt: Brunnenkresse, Feuerbohne, Sonnenblume und Weizen. Die Pflanzschale steht in Schräglage in einem Wasserbecken.

An der unteren Kante der Pflanzschale befinden sich Löcher, durch die das Wasser aus dem Wasserbecken aufgenommen wird. Das Wasserbecken wird regelmäßig mit Wasser gefüllt, sodass es nie trockenfällt.

Material B ► Transpiration bei der Sonnenblume

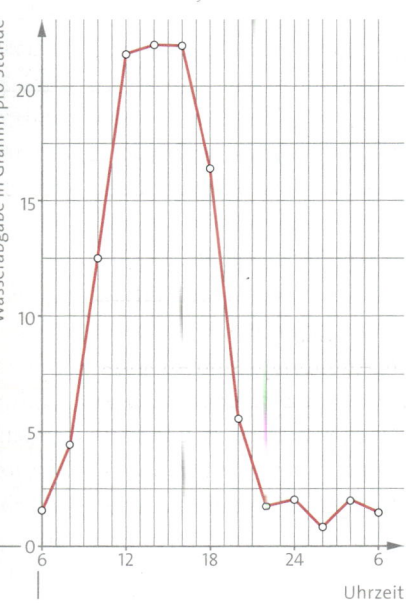

Wasserabgabe in Gramm pro Stunde

Uhrzeit

Die Transpiration von Pflanzen wird dadurch reguliert, dass sich die Spaltöffnungen der Laubblätter öffnen und schließen können. Der Mechanismus wird auf Seite 36 beschrieben.

B1 Beschreibe das Diagramm zur Transpiration bei der Sonnenblume!

B2 Erkläre den Verlauf der Kurve!

B3 Erläutere die Regulation der Transpiration im Tagesverlauf!

01 „Badetag" bei den Rotgesichtsmakaken

Umweltfaktor Temperatur

Im Norden der japanischen Insel Honshu liegt mehrere Monate im Jahr meterhoch Schnee. Die hier lebenden Rotgesichtsmakaken haben eine außergewöhnliche Strategie gefunden, die kalte Jahreszeit zu überstehen: Sie verbringen viele Stunden der Wintertage in dem bis zu 40 Grad Celsius heißen Wasser der vulkanischen Thermalquellen von Yudanaka. Wie lässt sich dieses Verhalten erklären?

TIERE UND TEMPERATUR · Lebewesen können Schwankungen in den Umweltbedingungen mehr oder weniger gut ertragen. Das heißt, sie besitzen eine gewisse **Toleranz** gegenüber Umweltfaktoren wie der Temperatur. Jede Art hat in Bezug auf die Umweltfaktoren einen Wertebereich, in dem sie am besten leben kann. Dieser Bereich wird als **Optimum** bezeichnet. Die Rotgesichtsmakaken können die winterlichen Temperaturen besser ertragen, indem sie sich im heißen Wasser der Thermalquellen aufwärmen. Sie haben ihr Verhalten an die Umweltbedingungen angepasst und so eine wirksame Überlebensstrategie entwickelt.

WECHSELWARM UND GLEICHWARM · Bei vielen Tiere richtet sich die Körpertemperatur unmittelbar nach der Umgebungstemperatur. Da sich die Körpertemperatur mit den Schwankungen der Außentemperatur verändert, werden diese Tiere als **wechselwarm** bezeichnet. Dazu gehören Reptilien, Amphibien, Fische und Wirbellose wie Schnecken und Würmer. Sie steuern ihre Körpertemperatur durch ihr Verhalten, indem sie sonnige oder schattige Plätze aufsuchen. Mit der Körpertemperatur steigt die Aktivität der Tiere. In den frühen Morgenstunden sind sie oft noch völlig regungslos und werden aktiv, sobald die Sonne sie aufgewärmt hat. Vögel und Säugetiere sind in der Lage, ihre Körpertemperatur weitgehend unabhängig von der Außentemperatur zwischen 32 und 43 Grad Celsius zu halten. Sie werden daher als **gleichwarm** bezeichnet. Bei sinkende Außentemperaturen wird in ihren Körpern mehr chemische Energie zu Wärme umgewandelt. Zudem wird die Körpertemperatur durch Schwitzen und Hecheln oder durch ein isolierendes Fell oder Federkleid reguliert.

TIERGEOGRAFISCHE REGELN · Verschiedene Tierforscher stellten bei ihren Beobachtungen der Tierwelt fest, dass nah verwandte Arten sich in bestimmten Merkmalen unterscheiden, wenn sie in verschiedenen Regionen der Erde leben. Diese Unterschiede beruhen auf den klimatischen Umweltbedingungen, die sich von den Tropen zu den Polen stark verändern und zu verschiedenen Angepasstheiten führen. Dabei spielt vor allem die Temperatur eine Rolle. Es gibt aber auch immer Ausnahmen, die zeigen, dass neben der Temperatur weitere Faktoren entscheidend sind.

Der Zoologe JOEL A. ALLEN stellte fest, dass bei gleichwarmen Tierarten aus kalten Klimazonen Körperanhänge wie Ohren, Beine und Schwanz im Vergleich zu ihrer Körpergröße kürzer sind, als bei verwandten Arten in wärmeren Zonen. Die allgemeingültige Regel wird **ALLENsche Regel** genannt. Man erkennt diesen Zusammenhang zum Beispiel, wenn man Schneeschuhhasen und Eselhasen vergleicht. Schneeschuhhasen verlieren über ihre kurzen Ohren und Beine weniger Wärme. Diese Angepasstheit ist in kalten Regionen überlebenswichtig. Der in warmen Regionen heimische Eselhase gibt über seine langen Ohren und Beine dagegen mehr Wärme ab und entgeht so der Überhitzung.

Der Physiologe CARL BERGMANN beobachtete, dass gleichwarme Tierarten aus kalten Klimazonen größer sind als verwandte Arten in wärmeren Zonen. Diese Regel heißt **BERGMANNsche Regel**. Mit der Körpergröße nimmt das Körpervolumen mehr zu als die Körperoberfläche. Im Körperinneren wird durch den Stoffwechsel Wärme erzeugt. Über ihre Oberfläche verlieren Tiere Wärme. Mit der verringerten relativen Körperoberfläche nimmt der Wärmeverlust somit ab. Dies lässt sich an verschiedenen Pinguinarten erkennen. Der in den Tropen heimische Galapagospinguin ist deutlich kleiner, als der am Südpol lebende Kaiserpinguin und die anderen Arten liegen dazwischen.

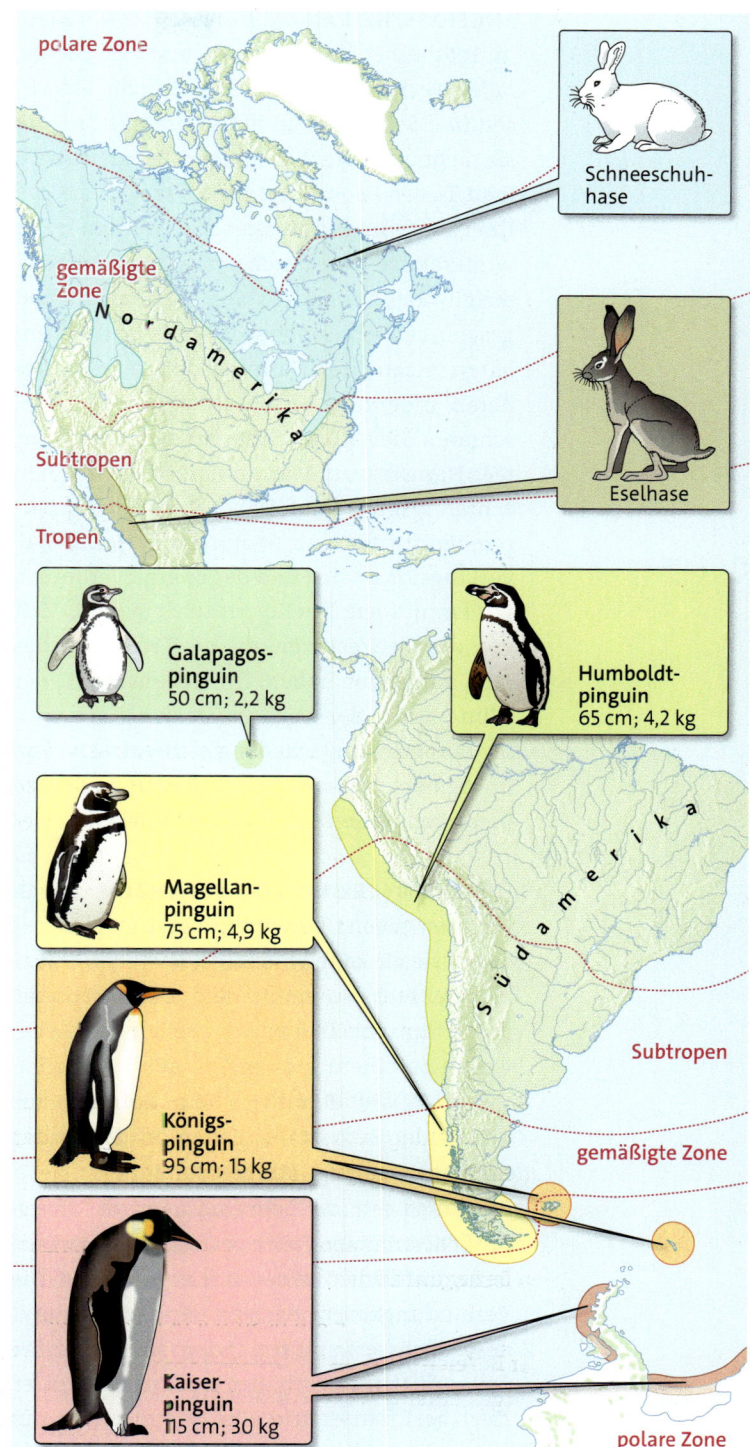

02 Tiergeografische Regeln

1 Fasse die Aussagen der beiden Regeln zusammen!

ANGEPASSTHEIT AN DIE JAHRESZEITEN · Wenn im Spätherbst die Außentemperaturen sinken, fallen wechselwarme Tiere wie Frösche, Eidechsen und Schnecken in eine **Winterstarre,** die sie nicht unterbrechen können. Bei gleichwarmen Tieren beobachtet man dagegen andere Überwinterungsstrategien. So werden viele winteraktive Tiere durch ein isolierendes Winterfell oder Federkleid vor Wärmeverlusten geschützt. Eichhörnchen, Dachse und Braunbären setzen ihren Nahrungsbedarf im Winter herab, indem sie selten aktiv sind und viel schlafen. Sie halten **Winterruhe.** Fledermäuse, Igel, Hamster und Murmeltiere fallen in einen echten **Winterschlaf.** Dabei sinkt ihre Körpertemperatur stark ab, Atmung und Herzschlag verlangsamen sich und der Energieverbrauch wird minimiert. Der Körper zehrt in dieser Zeit von den Fettreserven, die die Tiere über das Jahr aufgebaut haben. Im Gegensatz zu der Winterstarre der wechselwarmen Tiere, wird die Körpertemperatur der gleichwarmen Tiere im Winterschlaf weiterhin reguliert und bei zu niedrigen Außentemperaturen erhöht.

ÜBERWINTERUNG VON PFLANZEN · Auch Pflanzen haben Überwinterungsstrategien, mit denen sie die kalten Monate überstehen. Pflanzen sind sehr frostempfindlich. Das liegt daran, dass Pflanzenzellen wie die Zellen aller Lebewesen zu einem großen Teil aus Wasser bestehen. Wasser dehnt sich beim Gefrieren aus und bildet Eiskristalle. Zellen, in denen das Zellwasser gefriert, sterben daher ab. Pflanzenarten, die Lebensräume mit jahreszeitlichen Kälteperioden besiedeln, lagern Kohlenhydrate wie Glukose in ihre Zellen ein. Die Verbindungen erniedrigen den Gefrierpunkt des Zellwassers und verhindern somit, dass die Zellen durch Frostschäden zerstört werden. Auch bei Pflanzen tritt eine Winterruhe ein, in denen der Stoffwechsel eingeschränkt und das Wachstum eingestellt wird. Krautige Pflanzen, die mehrere Jahre leben, sterben zu Beginn der kalten Jahreszeit oberirdisch ab.

03 Siebenschläfer im Winterschlaf

04 Frühblüher Alpenglöckchen

Sie überdauern in unterirdischen Wurzeln und Speicherorganen wie Knollen und Zwiebeln und treiben im Frühjahr wieder aus. Diese Überwinterungsstrategie findet man zum Beispiel bei den Frühblühern wie Buschwindröschen, Schneeglöckchen und Alpenglöckchen. Einjährige Pflanzen wie Klatschmohn, Kapuzinerkresse und Kamille keimen, wachsen, blühen und bilden Samen innerhalb eines Sommers. Im Herbst stirbt die Pflanze ab. Nur ihre Samen überdauern die Walnussbaum im Boden und keimen im Frühjahr neu aus. Die meisten Laubbäume werfen zur Überwinterung ihre Laubblätter ab.

VERSUCH A ▸ Modellversuch zur BERGMANNschen Regel

Material:
eine große gekochte Kartoffel,
eine kleine gekochte Kartoffel,
zwei Thermometer, Stoppuhr

Durchführung:
Stecke ein Thermometer so in jede Kartoffel, dass sich die Thermometerspitze in der Mitte der Kartoffel befindet. Warte bis die Temperatur nicht mehr steigt.

Lies die Temperatur einmal pro Minute ab und trage die Werte in eine Tabelle ein. Beende die Messungen nach 15 Minuten.

A1 Stelle die Messwerte grafisch dar!

A2 Deute die Ergebnisse und stelle Bezüge zu den realen Verhältnissen her!

Minuten	1	2	3	4	...	14	15
Temperatur kleine Kartoffel in Grad Celsius	?	?	?	?	?	?	?
Temperatur große Kartoffel in Grad Celsius	?	?	?	?	?	?	?

VERSUCH B ▸ Modellversuch zur ALLENschen Regel

Material:
zwei Bechergläser, zwei Edelstahllöffel, zwei Thermometer, Styroporbox

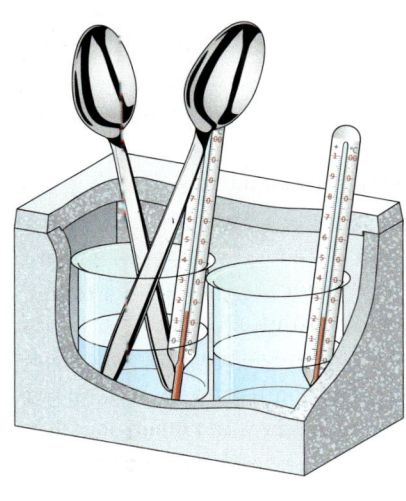

Durchführung:
Fülle warmes Wasser in die Bechergläser. Stelle die beiden Löffel mit dem Stiel nach unten in eines der Bechergläser. Stelle ein Thermometer in jedes Becherglas. Lies die Wassertemperaturen an beiden Thermometern zu Beginn, nach zwei, fünf, zehn und fünfzehn Minuten ab und notiere die Werte in einer Tabelle.

B1 Übertrage die Messwerte in ein Koordinatensystem!

B2 Deute das Ergebnis!

B3 Begründe mithilfe des Modellversuchs das unterschiedliche Aussehen von Polarfuchs und Wüstenfuchs!

Polarfuchs
Schulterhöhe: 30 cm
Kopf-Rumpf-Länge: 45 cm
Schwanzlänge: 25 cm
Lebensraum: Arktis

Wüstenfuchs
Schulterhöhe: 25 cm
Kopf-Rumpf-Länge: 35 cm
Schwanzlänge: 25 cm
Lebensraum: Wüste

Minuten	0	2	5	10	15
Wassertemperatur in Gefäß mit Löffeln in Grad Celsius	?	?	?	?	?
Wassertemperatur in Gefäß ohne Löffel in Grad Celsius	?	?	?	?	?

01 „Lange Anna"
von Helgoland

Interspezifische Beziehungen

Die Nordseeinsel Helgoland ist bekannt für den Felsen „Lange Anna". Auf dem Felsen leben viele Seevögel wie Trottellumme und Basstölpel auf engstem Raum. Wie gestaltet sich das Zusammenleben verschiedener Arten?

KONKURRENZ · Das Angebot an Nahrung, Wasser, Raum und anderen Ressourcen ist in einem Lebensraum begrenzt. Daher stehen die Lebewesen untereinander im Wettbewerb. Besteht der Wettbewerb zwischen Individuen verschiedener Arten, spricht man von **interspezifischer Konkurrenz**. Die Seevögel auf der „langen Anna" konkurrieren zum Beispiel um Nahrung und um Nist- und Ruheplätze.

Jedes Lebewesen braucht Zugang zu ausreichenden Ressourcen, um sein Überleben zu sichern und sich fortzupflanzen. Bei Pflanzen ist interspezifische Konkurrenz ebenfalls stark ausgeprägt, da verschiedene Arten sich in ihren Ansprüchen an Boden, Licht und Wasser sehr ähneln. Zudem sind Pflanzen standortgebunden und von den unmittelbar verfügbaren Ressourcen abhängig. Um den Konkurrenzdruck zu verringern gibt es verschiedene Strategien bei Tieren und bei Pflanzen.

KONKURRENZVERMEIDUNG · In der afrikanischen Savanne grasen pflanzenfressende Großsäugetiere dicht nebeneinander. Dennoch lassen sich bei der Ernährung Unterschiede erkennen. Gnus und Gazellen fressen hauptsächlich Gras. Gerenuks ernähren sich von Laub. Um an höhere Äste zu gelangen, stellen sie sich auf die Hinterbeine und stützen sich mit den Vorderbeinen am Baum ab. Giraffen fressen ebenfalls Laub. Mit ihrem langen Hals gelangen sie aber an höher liegende Äste. Die Tiergruppen haben sich auf verschiedene Nahrungsquellen spezialisiert. Nur so können sie gemeinsam in einem Gebiet leben. Dies bezeichnet man als **Konkurrenzvermeidung.**

Im Pflanzen- und Tierreich findet man vielfältige Strategien zur Konkurrenzvermeidung. Der Bussard jagt tagsüber nach Mäusen und die Eule nachts. Sie weichen sich so zeitlich aus. Waldvögel wie Elster, Buchfink, Buntspecht und Rotkehlchen brüten immer an verschiedenen Stellen des Baumes. Sie weichen sich räumlich aus. Viele Pflanzen wie der Walnussbaum und der Scharfe Hahnenfuß strömen giftige Inhaltsstoffe aus und hemmen so das Wachstum konkurrierender Pflanzen an ihrem Standort.

ÖKOLOGISCHE NISCHE · Lebewesen nutzen in ihrem Lebensraum nicht alle, sondern nur bestimmte Ressourcen. Alle Beziehungen, die zwischen einer Art und ihrer Umwelt bestehen, werden unter dem Begriff der **ökologischen Nische** zusammengefasst. Die ökologische Nische umfasst alle abiotischen und biotischen Umweltfaktoren, die für die Existenz einer Art wichtig sind. Optimale Bedingungen findet eine Art in der Natur jedoch nicht vor. Da es hier Konkurrenz und Räuber gibt, können die Lebewesen immer nur einen Teil aller Angebote nutzen. Ihre potentielle ökologische Nische wird also beschränkt.

EINNISCHUNG · Spezialisiert sich eine Art auf eine bestimmte Nutzung der Umwelt, spricht man von **Einnischung.** Die Einnischung hat sich in der Evolution der Arten ereignet. Arten sind somit auf ihre ökologische Nische sehr festgelegt und wechseln diese nicht je nach Umweltbedingung.
Beobachtet man an der Nordseeküste bei Ebbe Wattvögel, so kann man Unterschiede bei der Nahrungssuche feststellen. Die Individuen verschiedener Arten suchen unterschiedliche Wattbereiche wie Sandflächen, Seichtwasser oder Muschelbänke ab. Zudem suchen sie ihre Nahrung in unterschiedlicher Bodentiefe und jede Art hat ihr eigenes Nahrungsspektrum. Die Einnischung führt zu Angepasstheiten. Die Vogelarten sind in der Form, Länge und Biegsamkeit ihrer Schnäbel und in anderen Merkmalen wie der Beinlänge und den Sinnesfunktionen an ihre Ernährungsweise angepasst. Die Einnischung dient der Konkurrenzvermeidung.

KONKURRENZAUSSCHLUSSPRINZIP · Der Biologe G. F. GAUSE errechnete in einem mathematischen Modell, dass zwei Arten mit völlig identischen ökologischen Nischen niemals dauerhaft im selben Lebensraum vorkommen können. Eine Art wird sich immer gegen die andere durchsetzen. Die im Vergleich konkurrenzschwächere Art muss auf andere öko-

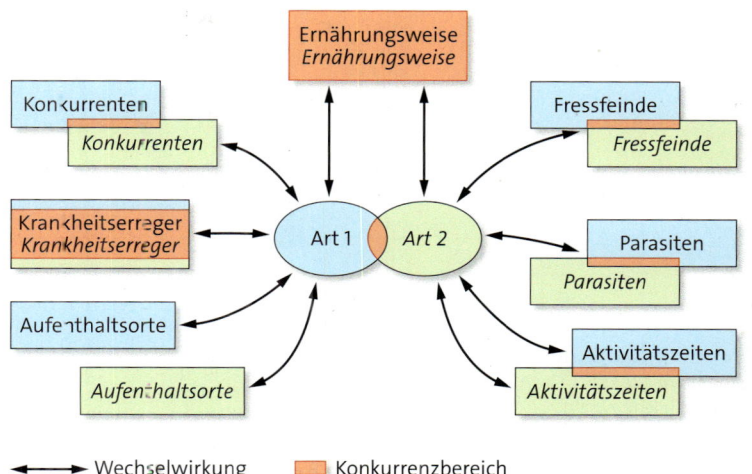

Wechselwirkung ◼ Konkurrenzbereich

02 Schematische Darstellung der Konkurrenzsituation zwischen zwei beliebigen Arten

03 Wattvögel und die Orte ihrer Nahrung: **A** Sandregenpfeifer, **B** Knutt, **C** Austernfischer, **D** Brachvogel, **E** Brandgans

logische Nischen ausweichen oder den Lebensraum wechseln. Diese Gesetzmäßigkeit nennt man **Konkurrenzausschlussprinzip.** Ist das nicht möglich, stirbt die Art in dem Gebiet aus.

1 Erläutere den Begriff ökologische Nische!

2 Erkläre den Zusammenhang zwischen Einnischung und Konkurrenzvermeidung!

3 Begründe anhand von Abbildung 03 die Mechanismen, die ein Zusammenleben der Wattvögel im selben Gebiet ermöglichen!

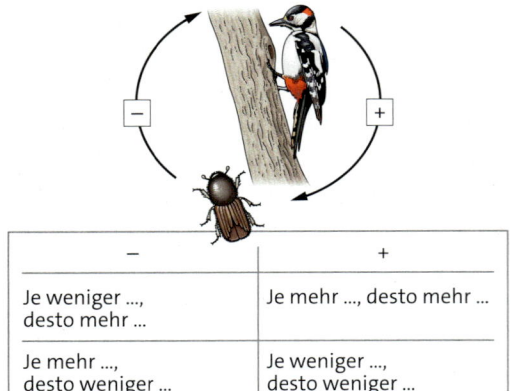

–	+
Je weniger ..., desto mehr ...	Je mehr ..., desto mehr ...
Je mehr ..., desto weniger ...	Je weniger ..., desto weniger ...

04 Räuber und Beute stehen im ökologischen Gleichgewicht.

05 Stabschrecke

RÄUBER-BEUTE-BEZIEHUNG · Borkenkäfer legen ihre Eier unter die Borke von Laub- und Nadelbäumen. Ihre Larven fressen Gänge in die Bereiche des Stammes, in denen die Produkte der Photosynthese transportiert werden. Buntspechte können mit ihrem Schnabel die Borke aufhacken und mit ihrer langen, klebrigen Zunge die Larven und Käfer aus den Gängen holen. Borkenkäfer sind die Hauptnahrungsquelle der Buntspechte. Da sich die Spechte von den Borkenkäfern ernähren, werden die Borkenkäfer als **Beute** und die Spechte als **Räuber** bezeichnet.

In manchen Jahren ist die Anzahl der Borkenkäfer höher als in anderen. Auch die Anzahl der Spechte ist nicht jedes Jahr gleich. Gibt es in einem Jahr viele Borkenkäfer, haben die Spechte viel Nahrung und können viele Jungtiere versorgen. Daraufhin steigt die Anzahl der Spechte. Die vielen Spechte fressen viele Borkenkäfer, sodass die Anzahl der Borkenkäfer sinkt. Gibt es weniger Borkenkäfer, können die Spechte nur wenige Jungtiere großziehen und nicht alle Spechte finden ausreichend Nahrung. Die Anzahl der Räuber sinkt. Da nun weniger Borkenkäfer gefressen werden, steigt ihre Anzahl wieder an. Die Vermehrung der Räuber wird vom Beutevorkommen beschränkt. Ebenso wird die Vermehrung der Beutetiere durch die Räuber eingeschränkt. Zwischen Räuber und Beute herrscht ein **ökologisches Gleichgewicht.**

TARNEN UND TÄUSCHEN · Eine Räuber-Beute-Beziehung wird durch Angriff und Abwehr geprägt. Auf einen Angriff kann ein Beutetier nur noch mit Flucht oder Gegenwehr reagieren. Es gibt jedoch trickreiche Strategien, die das Risiko eines Angriffes im Vorfeld vermindern. Viele Beutetiere sehen ihrer Umgebung sehr ähnlich. So sind zum Beispiel Heuschrecken und Raupen durch ihre Grünfärbung auf Pflanzen gut versteckt. Einige Tiere wie Chamäleons und Laubfrösche können ihre Körperfärbung aber auch bei akuter Gefahr ändern und sich so den Farben ihrer Umgebung anpassen. In den Tropen findet man Insekten, die in ihrer gesamten Körperform Pflanzenteilen ähneln, wie die zweigförmigen Stabschrecken. Solche Strategie nennt man **Tarnung.**

Viele Tiere ähneln in ihrer Farbe und Gestalt anderen Tieren und vermeiden dadurch einen Angriff. Giftige oder wehrhafte Tiere tragen meist auffällige Körperfarben als *Warntrachten.* Diese findet man aber auch bei harmlosen Tieren. Schwebfliegen ähneln in ihrem Aussehen zum Beispiel Wespen, Bienen und Hummeln. Von Räubern werden sie daher häufig gemieden. Solche Strategien nennt man **Täuschung.** Auch Räuber täuschen ihre Beute. Spinnenfresser zupfen an den Netzen anderer Spinnen und imitieren so im Netz gefangene Beute. Dann fressen sie die so angelockte Spinne.

4) Formuliere vier Je-desto-Sätze zur Räuber-Beute-Beziehung von Buntspechten und Borkenkäfern!

SYMBIOSE · Die Wurzelenden vieler Bäume sind von einer dünnen Schicht fadenförmiger Fortsätze, den *Hyphen,* von verschiedenen Pilzen umgeben. Das Geflecht aus den Feinwurzeln des Baumes und den Pilzhyphen wird *Mykorrhiza* genannt. Der enge Kontakt der beiden Strukturen ermöglicht den gegenseitigen Stoffaustausch. Der Pilz versorgt die Wurzel mit Wasser und Mineralstoffen aus dem Boden. Im Gegenzug gibt der Baum über die Wurzeln Kohlenhydrate an den Pilz ab, die dieser zur Energiegewinnung benötigt. Sowohl der Baum als auch der Pilz profitieren davon. Eine solche Lebensgemeinschaft von Lebewesen verschiedener Arten, in der beide Partner voneinander profitieren, wird **Symbiose** genannt. *Flechten* entstehen aus der langfristigen Symbiose zwischen Algen und Pilzen. Auch hier kommt es zum Austausch von Wasser, Mineralstoffen und Kohlenhydraten. Durch diese Symbiose können Flechten an Standorten mit extremen Umweltbedingungen wachsen, an denen Algen und Pilze getrennt nicht überlebensfähig sind. Bei Tieren sind *Putzsymbiosen* häufig. Madenhacker sitzen auf den Rücken von Gnus und Büffeln. Dort finden sie Nahrung und Schutz vor Feinden. Dabei befreien sie das Fell von Schmutz und Parasiten.

PARASITISMUS · Zecken ernähren sich von Blut. Auf Grashalmen sitzend lauern sie auf vorbeilaufende Säugetiere. Werden sie berührt, klammern sie sich im Fell fest und suchen Körperstellen auf, an denen sie leicht stechen können. Mit ihrem Stich können sie Krankheiten übertragen. Ein solches Verhalten, bei dem ein Lebewesen einen Vertreter einer anderen Art schädigt und selbst davon profitiert, wird als **Parasitismus** bezeichnet. *Parasiten* sind Lebewesen – Pflanzen, Tiere oder Mikroorganismen – die sich auf Kosten ihrer *Wirte* ernähren und fortpflanzen. Da sie auf ihren Wirt angewiesen sind, wird dieser nicht unmittelbar getötet. Befallene Wirte erleiden aber Nachteile in ihrer Gesundheit, ihrem Wachstum und ihrer Fortpflanzung. Parasiten, die sich von außen an ihre Wirte heften, nennt man *Ektoparasiten*. Dazu gehören auch Flöhe, Läuse, Blutegel und Milben. Als Parasiten, die sich im Inneren ihres Wirtes einnisten, heißen *Endoparasiten*. Dazu zählen Fuchsbandwurm, Madenwurm und Leberegel. In ihrer Entwicklung vollziehen viele Endoparasiten einen *Wirtswechsel*.

5 ⌡ Erläutere den wesentlichen Unterschied zwischen Symbiose und Parasitismus!

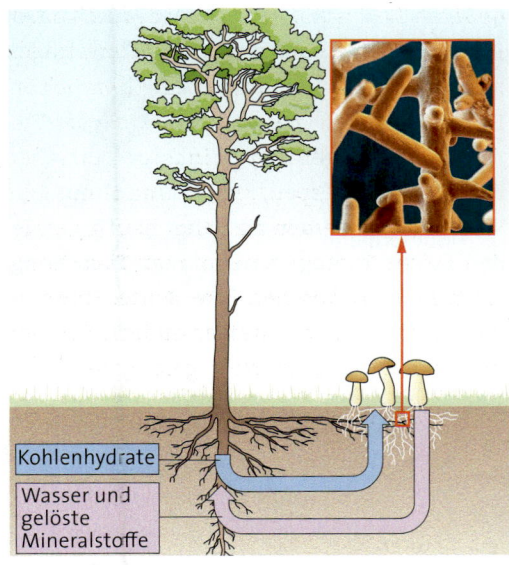

07 Mykorrhiza – Symbiose zwischen Baum und Pilz

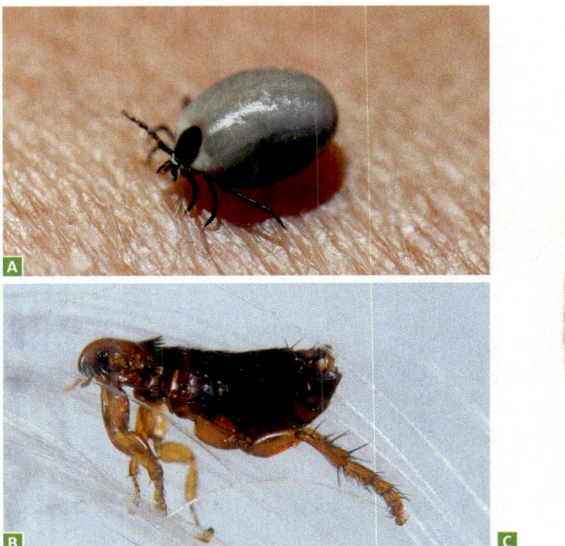

08 Ektoparasiten: **A** Zecke, **B** Hundefloh und Endoparasit: **C** Leberegel

Material A ▸ Räuber-Beute-Beziehungen

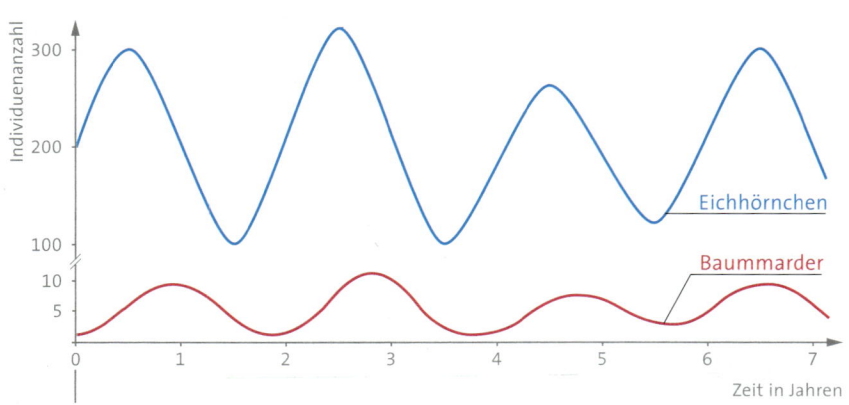

A1 Beschreibe die Entwicklung der im Diagramm dargestellten Individuenanzahl von Baummardern und Eichhörnchen!

A2 Erläutere die Gründe für die schwankende Entwicklung der Populationen!

A3 In einem natürlichen Wald folgt die Entwicklung einer Eichhörnchen- und einer Baummarderpopulation nicht dem dargestellten Kurvenverlauf.
Stelle eine Vermutung über die Gründe dafür auf!

Auf einer Versuchsfläche werden Eichhörnchen und Baummarder gehalten. Den Eichhörnchen wird eine konstante Menge Nahrung zur Verfügung gestellt. Baummarder fressen Eichhörnchen. In regelmäßigen Abständen werden die Tiere gezählt. Die Anzahl der Individuen wird in einem Kurvendiagramm dargestellt.

Material B ▸ Beutefang bei Meisen

X Blaumeise X Sumpfmeise X Kohlmeise

Ort des Beutefangs	Größe der gefangenen Beute in Millimeter		
Blätter	1–8	–	–
Zweige	1–5	2–8	–
Äste	1–3	2–8	6–8
Sträucher	–	2–6	4–8
Boden	–	–	2–8
Meisenart	Blaumeise	Sumpfmeise	Kohlmeise
Körpermasse	11 Gramm	12 Gramm	22 Gramm

Die meisten Meisenarten leben in baumreichen Lebensräumen. Sie ernähren sich vor allem von Insekten, aber auch von Samen. Für drei Meisenarten wurden die bevorzugten Fangorte und die Größe ihrer Beutetiere bestimmt.

B1 Beschreibe die dargestellten Ergebnisse!

B2 Erläutere den Zusammenhang zwischen eigener Körpermasse, Beutegröße und bevorzugtem Fangort der drei Meisenarten im Hinblick auf ihre Konkurrenz!

Material C ▸ Einnischung bei Reiherente und Löffelente

Reiherente

Löffelente

1. Nahrungszusammensetzung (in Prozent)

	Reiherente	Löffelente
Pflanzen	10	50
Schnecken/Muscheln	60	50
andere Kleintiere	30	0

2. Orte der Nahrungssuche

Reiherente

Löffelente

Reiherenten und Löffelenten haben ähnliche Ansprüche an ihren Lebensraum. Große Konkurrenz entsteht aber nicht.

C1 Beschreibe die beiden Entenarten in Bezug auf Gestalt, Nahrung und Ernährungsweise!

C2 Begründe das Zusammenleben beider Arten mit dem Konkurrenzausschlussprinzip!

Material D ▸ Konkurrenz zwischen Raubvögeln

	Waldohreule	Waldkauz	Habicht
Aufenthalts-ort	Rand von Misch- und Nadelwäldern mit angrenzenden Wiesen und Feldern	Laub- und Mischwälder mit angrenzenden Wiesen und Feldern	Laub- und Mischwälder mit angrenzenden Wiesen und Feldern
Brutplatz	verlassene Nester von Greifvögeln, Krähen oder Elstern	Baumhöhlen	Kronen hoher alter Bäume
Ernährungs-weise (selten)	Feld- und Rötelmäuse (kleine Vögel)	Feld- und Rötelmäuse (Wanderratten, Eichhörnchen, Kaninchen, kleine Vögel)	kleine bis mittelgroße Vögel (Feld- und Rötelmäuse, Kaninchen)
Aktivitäts-zeit	Dämmerung, Nacht	Dämmerung, Nacht	Tag
Körperbau	bis 370 g, bis 36 cm	bis 630 g, bis 42 cm	bis 1500 g, bis 63 cm

Die Tabelle enthält neben Angaben zu Körperbau und -größe Informationen zu wichtigen Wechselwirkungen der drei Vogelarten mit ihrer Umwelt.

D1 Stelle die Umweltwechselwirkungen „Aufenthaltsort", „Ernährungsweise", „Aktivitätszeit" und „Brutplatz" von Waldkauz und Habicht in einer Grafik entsprechend der Abbildung 02 auf Seite 75 dar!

D2 Beschreibe die theoretische Konkurrenzsituation zwischen diesen drei Vogelarten!

D3 Stelle eine Vermutung an, ob diese drei Arten in einem Gebiet dauerhaft gemeinsam leben könnten!

01 Kolonie von
Kaiserpinguinen

Intraspezifische Beziehungen

Die Antarktis ist ein Lebensraum mit extremen klimatischen Bedingungen. In der Fortpflanzungszeit sind die Küsten von riesigen Pinguinkolonien bevölkert. Die Pinguine pflanzen sich einander fort und kümmern sich um ihren Nachwuchs. Welche Beziehungen bestehen sonst noch zwischen den Individuen einer Art?

POPULATIONEN · Die Gesamtheit der Individuen einer Art, die zur selben Zeit in einem Gebiet leben und sich untereinander fortpflanzen können, nennt man **Population.** So bilden zum Beispiel die Hechte im See, die Wasserrallen auf dem See und der Schilfgürtel, der den See umgibt, jeweils eigene Populationen. Die Mitglieder einer Population stehen untereinander in vielfältigen Wechselbeziehungen. Diese Beziehungen zwischen den Lebewesen einer Art werden **intraspezifische Beziehungen** genannt. Dazu zählen das Zusammenleben in Gruppen, die Beziehungen zu Fortpflanzungspartnern und Nachkommen und auch der Wettbewerb untereinander.

FORTPFLANZUNG · Tiere haben verschiedene Paarungssysteme. Graugänse oder Biber gehen eine lebenslange *Dauerehe* ein. Kaiserpinguine leben in getrennten Geschlechtergruppen. Zur Paarungszeit treffen sich Männchen und Weibchen an ihrer Brutstätte. Hier pflanzen sich dieselben Paare gemeinsam fort wie im Vorjahr. Nachdem die Weibchen ein Ei gelegt haben, bleiben die Männchen zurück und bebrüten es. Nach einiger Zeit lösen die Weibchen sie ab. Männchen und Weibchen bilden eine *Saisonehe.* Nach der Jungenaufzucht trennen sich ihre Wege bis zur nächsten Paarungszeit. Viele Wirbellose, Fische und Lurche legen ihre Eier ab, ohne sich weiter darum zu kümmern. Viele ihrer Nachkommen werden gefressen. Da sie aber bei jeder Eiablage sehr viele Nachkommen hervorbringen, fallen Verluste nicht sonderlich ins Gewicht. Andere Tiere ergreifen Maßnahmen zum Schutz ihrer Nachkommen. Sie pflegen ihren Nachwuchs in Form von Füttern, Säugen oder Reinigen. Eine solche *Brutpflege* betreiben vor allem Vögel und Säugetiere, die nur wenige Nachkommen hervorbringen.

Brutpflege wird meistens nur von den Weibchen betrieben. Sie führt zu einer engen Beziehung zwischen Eltern und Nachkommen. Die Brutpflege erhöht die Überlebenschancen der Nachkommen. Für die Eltern ist dieses Verhalten jedoch sehr energieaufwändig.

Werden elterliche Leistungen nur vor dem Schlüpfen oder vor der Geburt erbracht, spricht man von *Brutfürsorge*. Dies findet man bei vielen Insekten. Zum Beispiel legen Schmetterlinge ihre Eier an spezielle Nahrungspflanzen, damit die Larven nach dem Schlupf sofort Nahrung finden. Derartige Tätigkeiten verbessern zwar die Entwicklungschancen der Nachkommen, eine direkte Beziehung entsteht daraus aber nicht.

TIERVERBÄNDE · Bleiben Tiere länger als zur Aufzucht nötig mit Eltern und Geschwistern zusammen, entstehen soziale Gruppen, deren Mitglieder sich untereinander kennen. Diese Gruppen nennt man **individualisierte Verbände.** Man findet solche Verbände zum Beispiel bei Primaten, Wölfen, Hühnern und Delphinen. Die Gruppenmitglieder erkennen sich an Merkmalen wie Geruch und Stimme. Sind die Mitglieder nah miteinander verwandt, handelt es sich um eine *Familie*. Leben auch entferntere Verwandte im Verband und sind die Gruppen größer, spricht man von einer *Sippe*.

Viele Vögel, Fische und Insekten bilden große Gruppen, die als *Schwärme* bezeichnet werden. Diese dienen vor allem dem Schutz vor Fressfeinden. Die Mitglieder eines Schwarms erkennen sich nicht individuell. Daher spricht man von einem **anonymen Verband.** Ein Schwarm ist ein offener Verband. Tiere können jederzeit neu hinzukommen oder die Gruppe verlassen. Eine besondere Form des Zusammenlebens bilden **Tierstaaten,** wie man sie bei Bienen, Ameisen, Wespen oder Termiten findet. Die Mitglieder sind miteinander verwandt und versorgen sich in Arbeitsteilung gegenseitig. Einzeltiere sind alleine nicht lebensfähig.

02 Haubentaucher mit Nachwuchs

03 Tierverband Wolfsrudel

RANGORDNUNG · In einer neu zusammengestellten Hühnerschar gehen die Tiere mit Schnabelhieben aufeinander los und kämpfen um Nahrungszugang. Nach einigen Tagen lässt dieses Verhalten nach. Es hat sich eine *Rangordnung* herausgebildet. Im Wolfrudel entsteht die Rangordnung aus der Familienstruktur. Die Elterntiere sind dominant, während die jüngsten Nachkommen in der Rangordnung ganz unten stehen. Ranghohe Tiere genießen Vorrang bei der Wahl der Fortpflanzungspartner oder beim Fressen. Nur der Ranghöchste darf sich mit der Leitwölfin paaren.

1 Beschreibe den Zusammenhang zwischen Anzahl der Nachkommen und Grad der Brutpflege bei verschiedenen Tiergruppen!

INTRASPEZIFISCHE KONKURRENZ · Wenngleich das Zusammenleben von Tieren in Gruppen einen erheblichen Schutz und somit einen Überlebensvorteil für das Individuum bietet, sind damit auch Nachteile verbunden. Das Angebot an Raum, Nahrung, Wasser, Fortpflanzungspartnern, Nist- und Ruheplätzen ist begrenzt, sodass die Mitglieder einer Gruppe in Konkurrenz stehen. Diese Form der Konkurrenz, die zwischen Individuen der gleichen Art entsteht, wird als **intraspezifische Konkurrenz** bezeichnet.

Bei vielen Tierarten wird der Konkurrenzdruck reduziert, indem der verfügbare Raum in *Reviere* aufgeteilt wird. Dies kommt bei allen Wirbeltieren, aber auch bei Spinnen und Insekten vor. Ein Revier gehört einem Einzeltier, einem Paar oder einer Gruppe. Um es gegen andere Reviere abzugrenzen, markieren viele Tiere ihr Revier mit Körpersekreten. Auch Rufe wie das Heulen von Wölfen dienen der Reviermarkierung.

Zur Verteidigung ihres Revieres zeigen Tiere ihren Rivalen gegenüber Droh- oder auch Kampfverhalten. All diese Verhaltensweisen, die mit der Markierung und Verteidigung von Revieren zusammenhängen, beschreibt man mit dem Begriff **Territorialverhalten.**

INTRASPEZIFISCHE KONKURRENZ BEI PFLANZEN · Pflanzen konkurrieren mit anderen Individuen ihrer Art sehr stark um Licht, Wasser und die Mineralstoffe des Bodens. Da Pflanzen an ihren Standort gebunden sind, können sie der Konkurrenz nicht ausweichen. Dies führt dazu, dass in einer Pflanzenpopulation nicht alle Keimlinge überleben können. Pflanzen, die schneller wachsen, können sich mehr Ressourcen erschließen. Nur sie können bei hohem Konkurrenzdruck überleben. Sie bekommen mehr Sonnenlicht ab und können mit ihren Wurzeln mehr Wasser und Mineralstoffe aufnehmen. Dadurch verdrängen sie andere Pflanzenkeimlinge ihrer Art, wodurch sich der Konkurrenzdruck vermindert.

04 Revierkampf bei Alaskaschafen

05 Konkurrenz bei Buchen um Sonnenlicht

In einem Buchenwald gelangt nur ein Zehntel des Sonnenlichtes bis zum Boden. Dies führt in jungen Baumbeständen dazu, dass sich im Verlauf der Waldentwicklung nur die stärksten Bäume durchsetzen und hochwachsen können, während die weniger konkurrenzfähigen nach und nach absterben. Natürliche Ereignisse wie das Absterben alter Bäume oder Windschlag führen dazu, dass in einem Wald ständig Lichtungen entstehen. An diesen Stellen gelangt viel Licht zum Boden. Hier können neue Buchenkeimlinge gut wachsen.

2 ⌡ Nenne Vorteile und Nachteile, die aus dem Zusammenleben in Tierverbänden entstehen!

3 ⌡ In einem angepflanzten Fichtenforst mit einer einheitlichen Baumhöhe findet man nur wenige Fichtenkeimlinge. Erkläre diesen Sachverhalt!

VERSUCH A ► Gruppenbildung bei Pinguinen

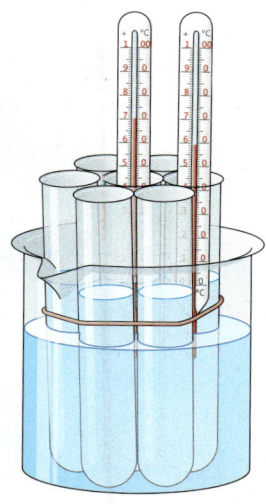

Durchführung:

Fülle das Becherglas halbhoch mit Wasser und einigen Eiswürfeln. Erwärme Wasser im Wasserkocher auf 60 Grad Celsius und befülle alle Reagenzgläser damit. Binde sieben der Reagenzgläser mit einem Gummiband zusammen und stelle sie in das Becherglas mit dem Eiswasser. Belasse das achte Reagenzglas im Reagenzglasständer. Miss über einen Zeitraum von vier Minuten alle 20 Sekunden die Wassertemperaturen:

- in dem Reagenzglas im Reagenzglasständer
- in dem mittigen Reagenzglas im Becherglas
- in einem anderen Reagenzglas im Becherglas

A1 Stelle die Messergebnisse in einem Diagramm dar!

A2 Werte den Modellversuch aus!

A3 Erkläre das Verhalten der Pinguine mithilfe des Modellversuchs!

A4 Nenne weitere Vorteile, die aus der Gruppenbildung entstehen!

Material:

großes Becherglas, 8 Reagenzgläser, Reagenzglasständer, Gummiband, 3 Thermometer, Wasser, Wasserkocher, Eiswürfel, Stoppuhr

Material B ► Sexualdimorphismus im Tierreich

Sexual dimorphism
is a common condition in many animals. It means that females and males of the same species look different. Male birds and mammals are often larger and more colourful. In this way they attract females and can reproduce more often. A popular example is the male peacock with its pretty feathers. Reproduction is an important aim for all living creatures. Males can reproduce more often than females, because they don't have to breed the offspring. For this reason, it is more meaningful for males to attract as many females as possible. Sexual dimorphism also means that males and females have different genitals. Furthermore, it describes behavioural differences. In many animals, males are more aggressive because they compete for sexual partners. Females care more for the offspring because they cannot reproduce that often.

Pfauen

Löwen

Seeelefanten

B1 Erläutere den Begriff Sexualdimorphismus!

B2 Erläutere den entscheidenden Unterschied in der Fortpflanzungsstrategie von Männchen und Weibchen!

B3 Stelle Vermutungen über die Ausprägung von Sexualdimorphismus beim Menschen an!

01 Seeufer

Zonierung eines Sees

Die Ufer naturnaher, im Flachland vorkommender Seen zeigen oft eine typische Abfolge verschiedener Pflanzen. Während am Uferrand Bäume und Büsche wachsen, erstrecken sich in den See hinein Flächen mit Schilf und Seerosen. Wie lässt sich dies erklären?

ÖKOSYSTEM SEE · Kleine stehende Gewässer natürlichen Ursprungs, die ganzjährig mit Wasser gefüllt sind, nennt man *Weiher.* Stehende Kleingewässer, die von Zeit zu Zeit austrocknen, bezeichnet man als *Tümpel* und künstlich angelegte stehende Kleingewässer als *Teiche.* Ein stehendes Binnengewässer mit einer Mindestfläche von etwa 10 000 Quadratmetern, das tiefer als zwei Meter ist, nennt man **See.** Viele Seen in Deutschland bildeten sich nach der Eiszeit in vom Gletschereis geformten Becken. Einige entstanden in Kratern von Vulkanen, wie die Eifelmaare. Daneben gibt es zahlreiche künstliche, vom Menschen geschaffene Seen wie Stauseen oder Baggerseen. Wie alle Ökosysteme besteht auch ein See aus einem Lebensraum, dem *Biotop,* und einer Lebensgemeinschaft, der *Biozönose.* Der Lebensraum See umfasst den Seeboden und das Freiwasser. Mit zunehmender Tiefe verändern sich die abiotischen Umweltfaktoren. Deshalb unterteilt man den Seeboden in eine *Uferzone,* die bis in etwa acht Meter Tiefe reicht, und eine *Tiefenzone.* Ebenso wird das Freiwasser in eine vom Licht durchflutete *Oberflächenwasserzone* und eine dunkle *Tiefenwasserzone* gegliedert.

Neben klimatischen Faktoren, wie Lufttemperatur, Sonneneinstrahlung, Niederschläge und Wind, kennzeichnen vor allem Form und Tiefe des Seebeckens, die Beschaffenheit des Seebodens sowie die Wasserzufuhr und der Wasserabfluss dieses Biotop. Diese Faktoren beeinflussen weitere abiotische Umweltfaktoren wie Wassertemperatur, Sauerstoffgehalt, Mineralstoffgehalt und pH-Wert des Wassers.

1 Beschreibe die in Abbildung 02 dargestellte Einteilung eines Sees!

PFLANZENZONEN · Bei naturnahen Seen mit flach abfallenden Ufern zeigt sich mit zunehmender Tiefe eine Abfolge typischer Pflanzengesellschaften, die **Pflanzenzonen.** Die oberste Zone wird bei starkem Hochwasser überschwemmt und weist auch sonst einen sehr hohen Grundwasserspiegel auf. Weil sich in den Böden dieser Zone das Wasser staut, sind sie sauerstoffarm. Die Pflanzen sind an diese Bedingungen durch flache Wurzeln und zusätzliche Einrichtungen zur Sauerstoffversorgung der Wurzeln angepasst. Da in dieser Pflanzenzone vor allem Waldpflanzen vorkommen, nennt man sie **Bruchwaldzone.** An diese Bedingungen sind auch die Pflanzen der folgenden Zone angepasst. Sie fällt nur bei Niedrigwasser trocken. Nach den hier häufigen Sauergräsern, den Seggen, wird sie als **Seggenzone** bezeichnet. Dauerhaft in bis zu einem Meter tiefen Wasser wachsen Schilfrohr und Rohrkolben. Mit biegsamen Halmen und einer festen Verankerung im Seegrund sind sie an Wind und Wellenschlag angepasst. Sie sind die typischen Pflanzen der **Röhrichtzone.** Auch die mit ihren Blättern auf der Wasseroberfläche schwimmenden See- und Teichrosen sitzen mit kräftigen Wurzeln fest im Untergrund. Ihre Wurzeln sind über lange, elastische Stängel mit den Blättern verbunden. So können die

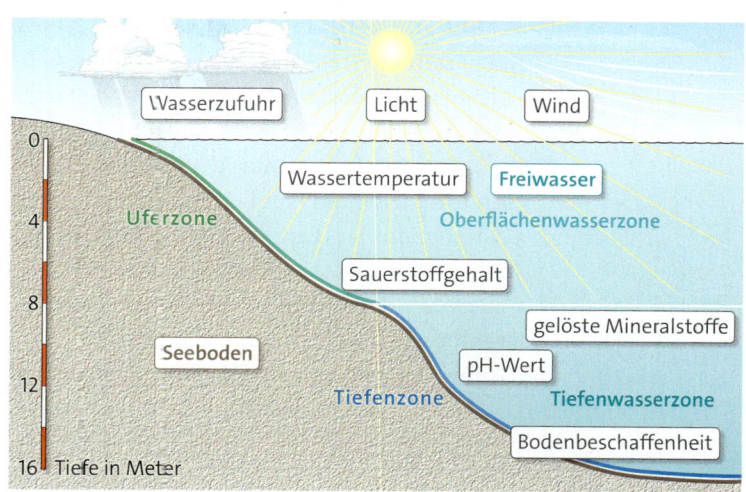

02 Abiotische Umweltfaktoren im See

Pflanzen dieser **Schwimmblattzone** unterschiedliche Wasserstände ausgleichen. Vollständig untergetaucht und nur locker verwurzelt ist die Wasserpest. Diese Pflanze und weitere untergetauchte Pflanzen nehmen sowohl das Kohlenstoffdioxid als auch die Mineralstoffe mit den Blättern direkt aus dem Wasser auf. Sie bilden die **Tauchblattzone.** Nur in sehr klaren Seen findet man in Tiefen von acht bis zehn Metern Armleuchteralgen. In dieser **Armleuchteralgenzone** sind nur noch wenige Pflanzen an die geringe Lichteinstrahlung und den hohen Wasserdruck angepasst.

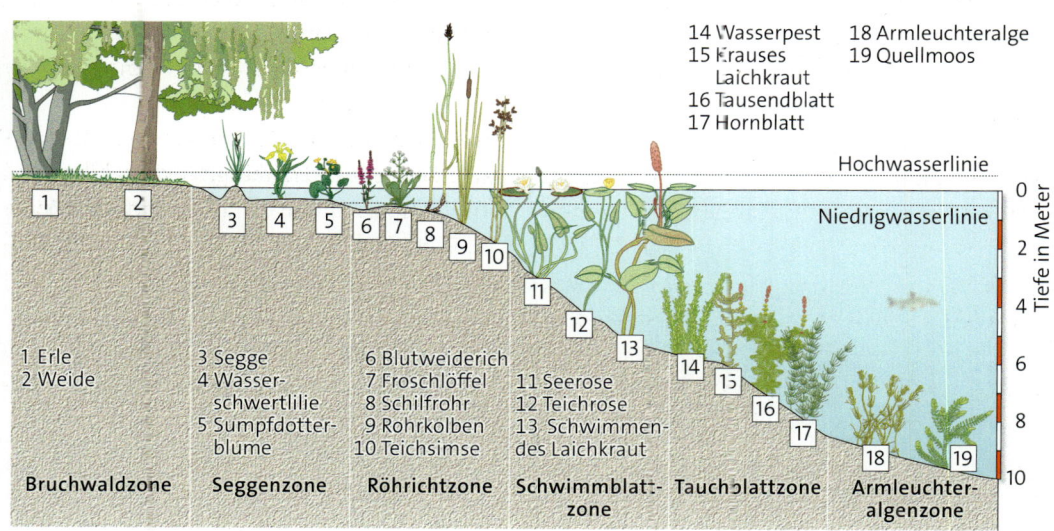

14 Wasserpest
15 Krauses Laichkraut
16 Tausendblatt
17 Hornblatt
18 Armleuchteralge
19 Quellmoos

1 Erle
2 Weide
3 Segge
4 Wasserschwertlilie
5 Sumpfdotterblume
6 Blutweiderich
7 Froschlöffel
8 Schilfrohr
9 Rohrkolben
10 Teichsimse
11 Seerose
12 Teichrose
13 Schwimmendes Laichkraut

Bruchwaldzone · Seggenzone · Röhrichtzone · Schwimmblattzone · Tauchblattzone · Armleuchteralgenzone

03 Pflanzenzonen eines Seeufers

LEBENSGEMEINSCHAFTEN IM SEE · Neben den zahlreichen Pflanzenarten umfasst die Lebensgemeinschaft der Uferzone viele Arten der Tiergruppen Einzeller, Platt- und Ringelwürmer, Schnecken, Muscheln, Wassermilben, Krebse, Insekten und ihre Larven sowie Amphibien. In der deutlich artenärmeren Tiefenzone des Seebodens findet man vor allem Schalenamöben, Schlammwürmer, Erbsenmuscheln und Zuckmückenlarven.

Arten, die auf oder direkt unter der Wasseroberfläche leben, und solche, die sich im Wasser aufhalten, bilden die Lebensgemeinschaft des Freiwassers. Zum Beispiel können die zu den Wanzen gehörenden Wasserläufer auf der Wasseroberfläche laufen, ohne unterzugehen, und Stechmückenlarven hängen kopfunter mit ihren Atemröhren an der Wasseroberfläche. Bei den im Freiwasser vorkommenden Arten unterscheidet man zwischen mikroskopisch kleinen, im Wasser schwebenden Arten, dem *Plankton*, und sich aktiv im Wasser bewegenden Arten wie Fische. Das Plankton umfasst einzellige Algen und Algenkolonien, das *Pflanzenplankton*, sowie Wimpertierchen, Rädertierchen, Wasserflöhe und Hüpferlinge, das *Tierplankton*. Während die Oberflächenwasserzone sehr artenreich ist, findet man in der dunklen Tiefenwasserzone nur einige Arten des Tier-planktons und vereinzelt Fische. Man kann also die Gesamtheit der Lebewesen eines Sees, die *Biozönose*, in verschiedene Lebensgemeinschaften unterteilen.

NAHRUNGSBEZIEHUNGEN · Die Lebewesen der Biozönose See sind durch vielfältige Nahrungsbeziehungen miteinander verbunden. Die Grundlage dafür bilden die Pflanzen der Uferzone und die Algen des Pflanzenplanktons, die durch Fotosynthese Nährstoffe produzieren. Von diesen *Produzenten* ernähren sich die *Konsumenten erster Ordnung* wie das Tierplankton. Dieses wird wiederum von *Konsumenten zweiter Ordnung*, zum Beipiel von Fischen wie der Plötze, gefressen. Die Plötze ist wieder ein Beutetier des Hechts, der als *Konsument dritter Ordnung* am Ende dieser **Nahrungskette** steht. Da die Plötze wie viele Tierarten nicht nur eine Nahrungsquelle nutzt, sondern beispielsweise auch Pflanzen frisst, sind mehrere Nahrungsketten zu einem **Nahrungsnetz** verknüpft. Tierkot und tote Lebewesen werden schließlich von Bakterien und Pilzen, den *Destruenten*, so abgebaut, dass nur noch Mineralstoffe übrig bleiben.

2 Vergleiche tabellarisch die verschiedenen Lebensgemeinschaften des Freiwassers!

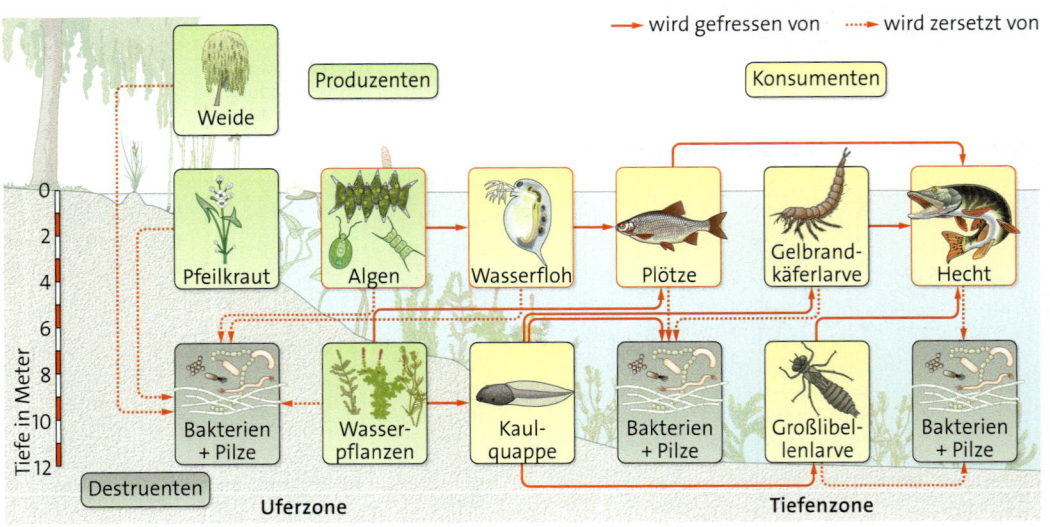

04 Nahrungsbeziehungen im Ökosystem See

Material A ▸ Seezonierung

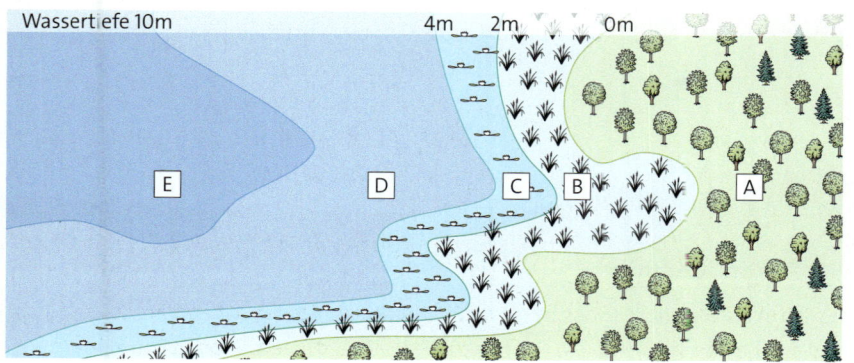

A1 Nenne die mit A bis C bezeichneten Bereiche und ordne jedem Bereich zwei typische Pflanzen zu!

A2 Beschreibe die abiotischen Umweltfaktoren im Bereich B!

A3 Begründe das Vorkommen von Pflanzen in den Bereichen D und E!

Material B ▸ Wasserpflanzen

B1 Vergleiche tabellarisch den Bau der Laubblätter von Landpflanzen, Seerosen und der Wasserpest!

B2 Erläutere den Zusammenhang von Struktur und Funktion am Beispiel des Baus der abgebildeten Laubblätter!

B3 Stelle Vermutungen an, aus welchem Stoff die bei der Wasserpest sichtbaren Gasbläschen bestehen, und beschreibe, wie es zu ihrer Bildung kommt!

Material C ▸ Nahrungsbeziehungen

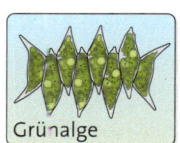

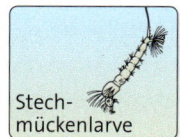

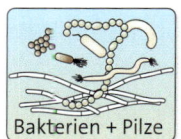

C1 Fertige eine beschriftete Skizze eines Seebeckens an und ordne die abgebildeten Arten den Seezonen zu!

C2 Entwirf durch Einfügen von Pfeilen ein Schema der vermutlichen Nahrungsbeziehungen dieser Arten!

01 Zugefrorener See

Der See im Jahresverlauf

> In einem kalten Winter frieren auch in Deutsch-
> land Seen zu. Bohrt man ein Loch ins Eis, findet
> man unter der Eisdecke eine Vielzahl von Lebe-
> wesen, die auch die frostige Jahreszeit über-
> leben. Wie ist das möglich?

*lateinisch stagnare
= still stehen*

WINTERSCHICHTUNG · Wenn zu Beginn des
Winters die Lufttemperatur sinkt, kühlt sich
zunächst das Oberflächenwasser eines Sees ab.
Bei vier Grad Celsius hat Wasser seine größte
Dichte. Deshalb sammelt es sich im Tiefenbereich des Sees. Sinkt die Lufttemperatur unter
null Grad, bildet sich an der Wasseroberfläche
Eis. Im Unterschied zu anderen Stoffen, die im
festen Zustand eine höhere Dichte haben als
im flüssigen Zustand, hat Eis eine geringere
Dichte als flüssiges Wasser. Es sinkt deshalb
nicht auf den Seeboden, sondern schwimmt
oben. Bei anhaltender Kälte bildet sich eine
geschlossene und zunehmend dicker werdende
Eisdecke. Diese verhindert, dass das darunter-
liegende Wasser weiter abkühlt. Im Winter
kann man deshalb häufig eine Schichtung des

Wassers im See beobachten. Unmittelbar unter
der Eisdecke hat das Wasser eine Temperatur
von null bis einem Grad Celsius. Zwischen dieser Schicht und dem vier Grad kühlen Wasser
des Tiefenbereichs folgen Wasserschichten mit
Temperaturen zwischen einem und vier Grad.
Diesen Zustand nennt man **Winterschichtung.**
Da wegen der Eisdecke eine Durchmischung
des Oberflächenwassers durch den Wind nicht
möglich ist und auch die von null nach vier
Grad zunehmende Dichte des Wassers einen
Austausch zwischen den Schichten verhindert,
spricht man auch von der **Winterstagnation.**
Wegen der besonderen Dichteeigenschaften
des Wassers steht den Lebewesen eines Sees
auch im Winter unter der Eisdecke flüssiges
Wasser zur Verfügung, in dem sie überleben
können. Zu einem begrenzenden Faktor kann
jedoch der Sauerstoffgehalt des Wassers werden. Da im Winter keine Durchmischung des
Wassers stattfindet und auch kaum Sauerstoff
durch Fotosynthese entsteht, nimmt vor allem
im Tiefenbereich der Sauerstoffgehalt ab.

FRÜHJAHRSZIRKULATION · Im Frühjahr wird die Sonneneinstrahlung stärker, die den See bedeckende Eisdecke schmilzt. Wenn sich das Oberflächenwasser auf eine Temperatur von vier Grad erwärmt, sinkt es aufgrund seiner höheren Dichte nach unten. Da nun das gesamte Wasser im See die gleiche Temperatur und Dichte besitzt, durchmischt es sich vollständig. Wind, der das Oberflächenwasser bewegt, verstärkt diesen kreisförmigen Wasseraustausch zwischen Oberflächenwasser und Wasser des Tiefenbereichs. Man nennt diesen Prozess **Frühjahrszirkulation.** Durch die Frühjahrszirkulation gelangt wieder sauerstoffreiches Wasser aus der oberen Schicht in den Tiefenbereich.

SOMMERSCHICHTUNG · Im Sommer kann sich das Oberflächenwasser auf über 20 Grad erwärmen. Da die Dichte des Wassers mit zunehmender Erwärmung über vier Grad abnimmt, bildet das erwärmte Wasser eine obere Wasserschicht, die *Deckschicht*. In ihr kann das vom Wind bewegte Wasser zirkulieren. Ein Austausch mit dem kühleren Wasser darunter findet nicht statt, da dieses Wasser eine höhere Dichte hat. Zwischen der Deckschicht und der aus vier Grad kühlem Wasser bestehenden *Tiefenschicht* liegt eine Schicht, in der sich das Wasser sprunghaft abkühlt. Sie wird als *Sprungschicht* bezeichnet. Im Sommer bildet sich also wieder eine Abfolge unterschiedlich warmer Wasserschichten, zwischen denen kein Austausch stattfindet. Man spricht deshalb von der **Sommerschichtung** oder **Sommerstagnation.** Während die Deckschicht gut mit Sauerstoff versorgt wird, nimmt der Sauerstoffgehalt in der Sprungschicht stark ab und ist in der Tiefenschicht sehr gering.

HERBSTZIRKULATION · Kühlt sich im Herbst das Oberflächenwasser bis auf die Temperatur des Tiefenwassers ab, findet erneut eine vollständige Durchmischung statt, die **Herbstzirkulation.** Dabei gelangt wieder sauerstoffreiches Wasser von oben in den Tiefenbereich.

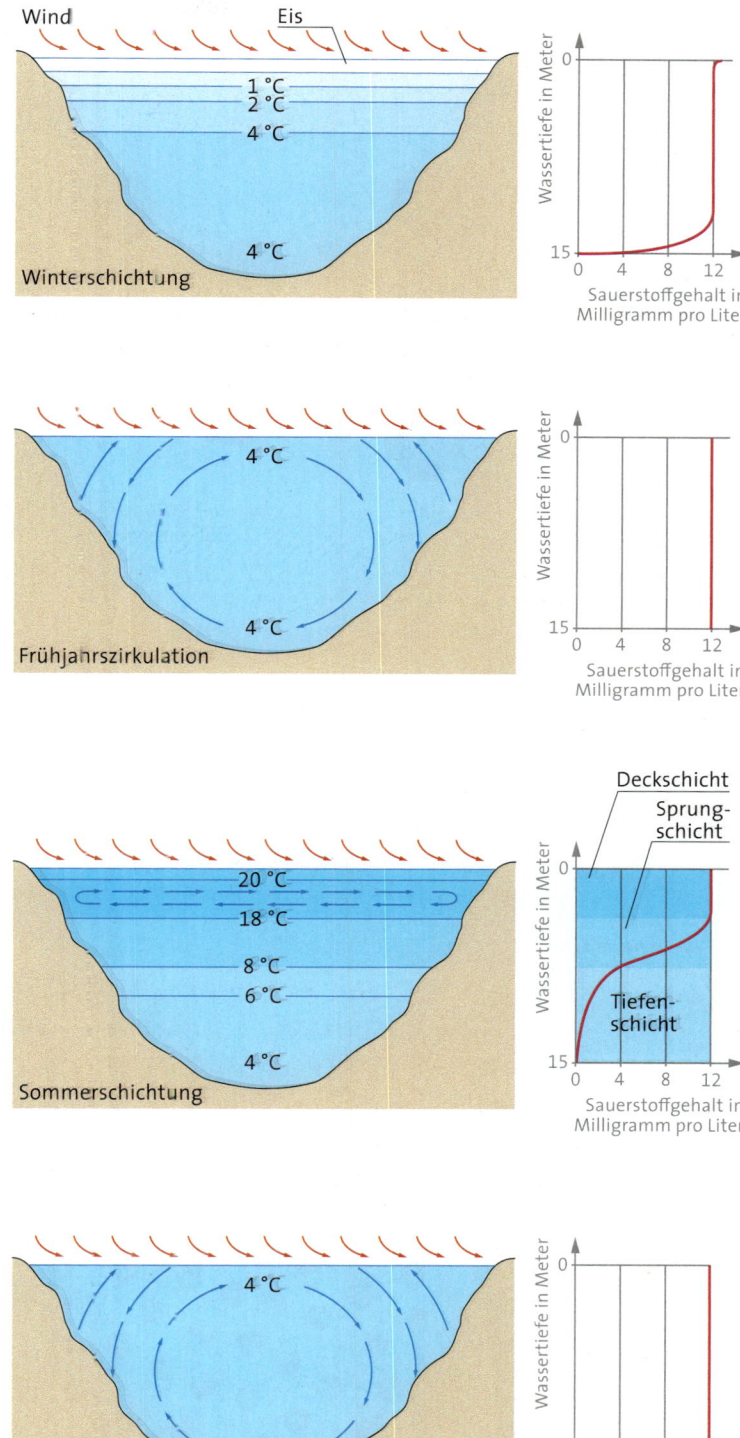

02 Wassertemperatur und Sauerstoffgehalt eines Sees im Jahresverlauf

⁄⁄⁄ IM BLICKPUNKT CHEMIE ⁄⁄⁄

Wasser

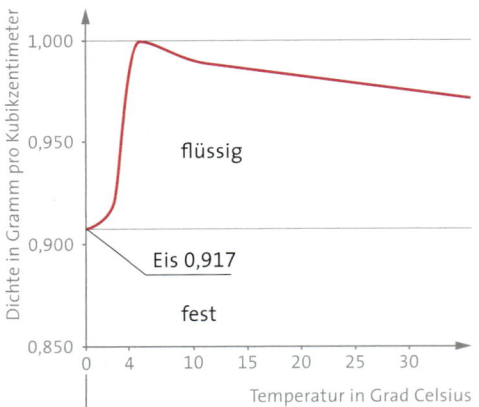

δ^-

Wassermolekül

δ^+ δ^+

−

Dipol

+

Wasserstoffbrücken-bindungen

01 Wassermolekül und Wasserstoff-brückenbindungen

BAU DES WASSERMOLEKÜLS · Ein Wassermolekül besteht aus zwei Wasserstoffatomen, die mit einem Sauerstoffatom durch kovalente Bindungen verbunden sind. Die beiden Bindungselektronenpaare werden vom Sauerstoffatom etwas stärker angezogen. Deshalb besitzt dort das Wassermolekül eine negative Teilladung und an den Wasserstoffatomen positive Teilladungen. Die unterschiedlichen Teilladungen befinden sich wegen des gewinkelten Baus an den entgegengesetzten Enden des Moleküls und bilden so einen *Dipol*. Weil Wassermoleküle Dipole sind, treten sie miteinander in Wechselwirkung. Die positiv teilgeladenen Wasserstoffatome eines Moleküls und die freien Elektronenpaare des Sauerstoffatoms eines anderen Moleküls ziehen sich an. Dabei bilden sich *Wasserstoffbrückenbindungen*.

Dichte = Masse/ Volumen, $\rho = m/V \, [g/cm^3]$

02 Dichte von Wasser bei unterschiedlichen Temperaturen

Dichte in Gramm pro Kubikzentimeter

1,000

0,950

flüssig

0,900 — Eis 0,917

fest

0,850

0   4   10   15   20   25   30

Temperatur in Grad Celsius

DICHTEANOMALIE DES WASSERS · Normalerweise haben Stoffe im festen Zustand ihre höchste Dichte. Im flüssigen Zustand nimmt die Dichte mit steigender Temperatur ab. Wasser hat seine höchste Dichte im flüssigen Zustand bei vier Grad Celsius. Kühlt man es weiter ab, sinkt die Dichte stark und erreicht im festen Zustand, als Eis, den geringsten Wert. Erwärmt man es über vier Grad, nimmt die Dichte langsam ab. Diesen Verlauf bezeichnet man als **Dichteanomalie.** Im Eis sind die Wassermoleküle über Wasserstoffbrückenbindungen zu einem weitmaschigen Gitter mit großen Hohlräumen verbunden. Deshalb ist die Dichte gering. Beim Schmelzen brechen Gruppen von Molekülen, *Cluster* genannt, aus diesem Gitter heraus. Diese füllen bei vier Grad die Hohlräume noch vorhandener Gitterreste. Dadurch ergibt sich die hohe Dichte. Bei Erwärmung bricht das Gitter weiter auf, die Cluster werden kleiner und entfernen sich voneinander. Die Dichte nimmt ab.

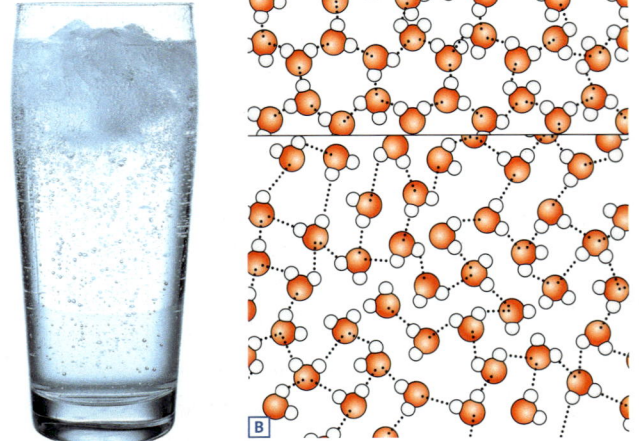

A

B

03 Eis auf Wasser: **A** im Glas, **B** molekularer Aufbau von Eis und Wasser

Material A ▸ Dichteanomalie des Wassers

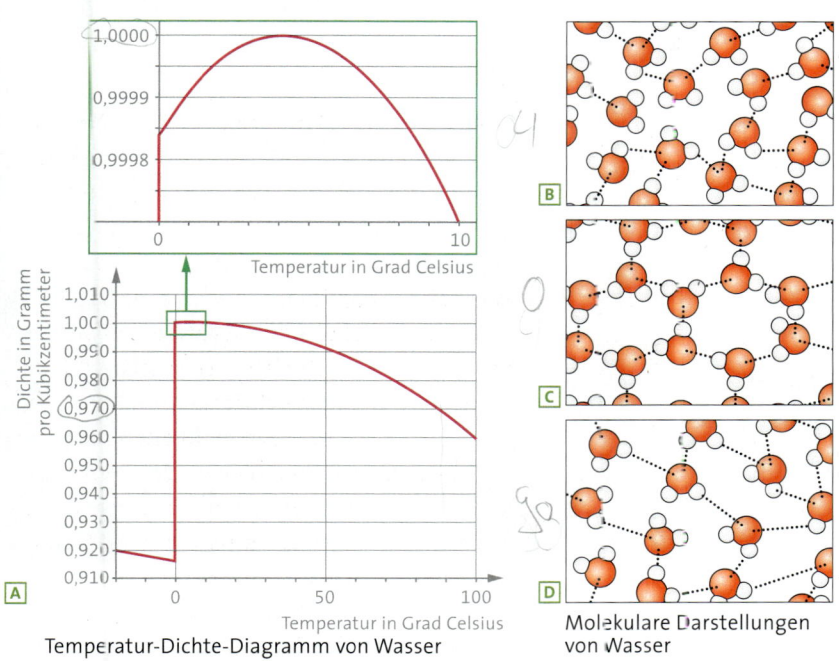

Temperatur-Dichte-Diagramm von Wasser

Molekulare Darstellungen von Wasser

A1 Ordne die drei molekularen Darstellungen von Wasser (B, C und D) den Temperaturen 0 °C, 4 °C und 90 °C zu und begründe!

A2 Nenne jeweils den genauen Dichtewert zu den drei Temperaturen!

A3 Erläutere die Dichteanomalie des Wassers anhand von Diagramm A!

A4 Begründe das Überleben von Tieren in einem zugefrorenen See!

A5 Berechne das Volumen von einem Kilogramm Eis!

Material B ▸ Jahresverlauf im See

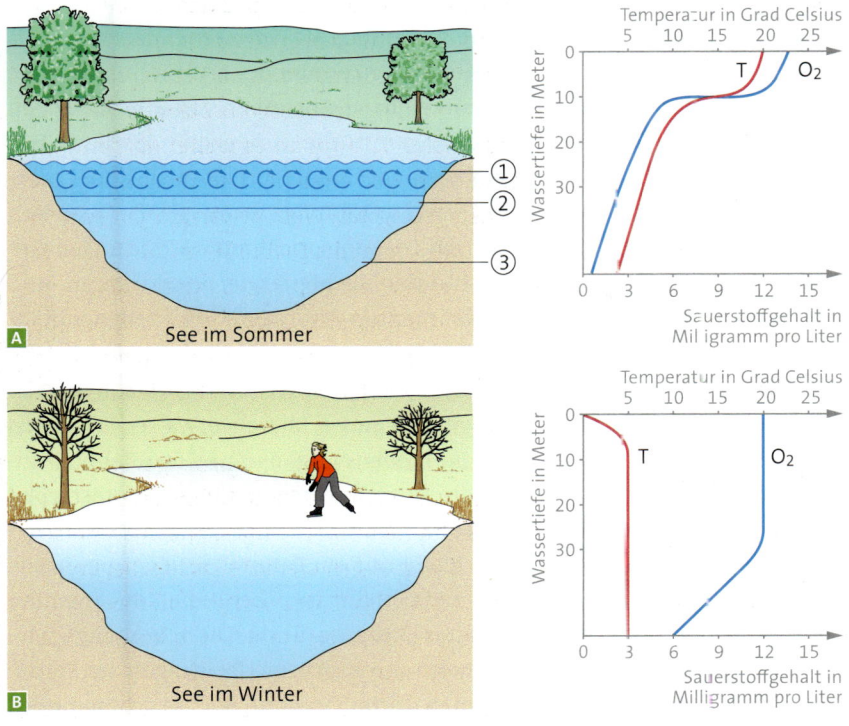

See im Sommer

See im Winter

B1 Benenne die Schichten 1 bis 3 der Abbildung A!

B2 Nenne die Wassertemperaturen der Schichten 1 bis 3 sowie im See der Abbildung B!

B3 Begründe die teilweise Durchmischung des Wassers im Sommer und die ausbleibende Durchmischung im Winter!

B4 Vergleiche die Veränderung des Sauerstoffgehalts mit der Wassertiefe im Sommer und im Winter!

B5 Stelle Vermutungen über die Temperaturverhältnisse in einem Gartenteich im Sommer und im Winter an!

01 Sonneneinstrahlung auf einen See

Energiefluss und Stoffkreisläufe im See

Für das Ökosystem See ist die Sonne die wichtigste Energiequelle. Wie wird diese Energie von den Lebewesen des Sees genutzt?

ENERGIEFLUSS · Das Ökosystem See ist ein offenes System, das auf Energiezufuhr von außen angewiesen ist. Die meisten Seen beziehen ihre Energie vor allem durch das Sonnenlicht. In Mitteleuropa liefert die Sonne im Jahresdurchschnitt täglich etwa 120 000 Kilojoule Energie pro Quadratmeter. Der größte Teil dieser Energie wird von der Wasseroberfläche reflektiert oder vom Wasser aufgenommen. Nur maximal fünf Prozent der eingestrahlten Energie kann von Wasserpflanzen und Pflanzenplankton, den Produzenten des Sees, genutzt werden. Mithilfe der *Lichtenergie* stellen die Produzenten durch Fotosynthese aus den energiearmen Stoffen Wasser und Kohlenstoffdioxid energiereiche organische Stoffe wie Glukose her. Dabei findet also eine Energieumwandlung von Lichtenergie in *chemische Energie* statt.

Etwa fünf Zehntel der so gespeicherten Energie nutzen die Produzenten selbst durch Zellatmung für ihre Lebensvorgänge. Diese Energie wird schließlich als *Wärmeenergie* abgegeben. Weitere vier Zehntel der chemischen Energie gelangen beim Absterben von Pflanzenteilen oder Algen in die Tiefenzone des Sees. Das verbleibende Zehntel erhalten die Konsumenten erster Ordnung, wenn sie Produzenten fressen. Dies entspricht nur 0,5 Prozent der eingestrahlten Lichtenergie. Produzenten und Konsumenten erster Ordnung stellen aufeinanderfolgende Ernährungsebenen dar. Die Konsumenten erster Ordnung nutzen von der aufgenommenen Energie etwa sechs Zehntel für ihre Lebensvorgänge, und drei Zehntel sinken in Ausscheidungen oder beim Absterben dieser Konsumenten auf den Seeboden. Wieder bleibt nur ein Zehntel der Energie für die folgende Ernährungsebene, die Konsumenten zweiter Ordnung, übrig. Diese Vorgänge wiederholen sich auch beim Übergang zu den Konsumenten dritter Ordnung, sodass dort nur noch

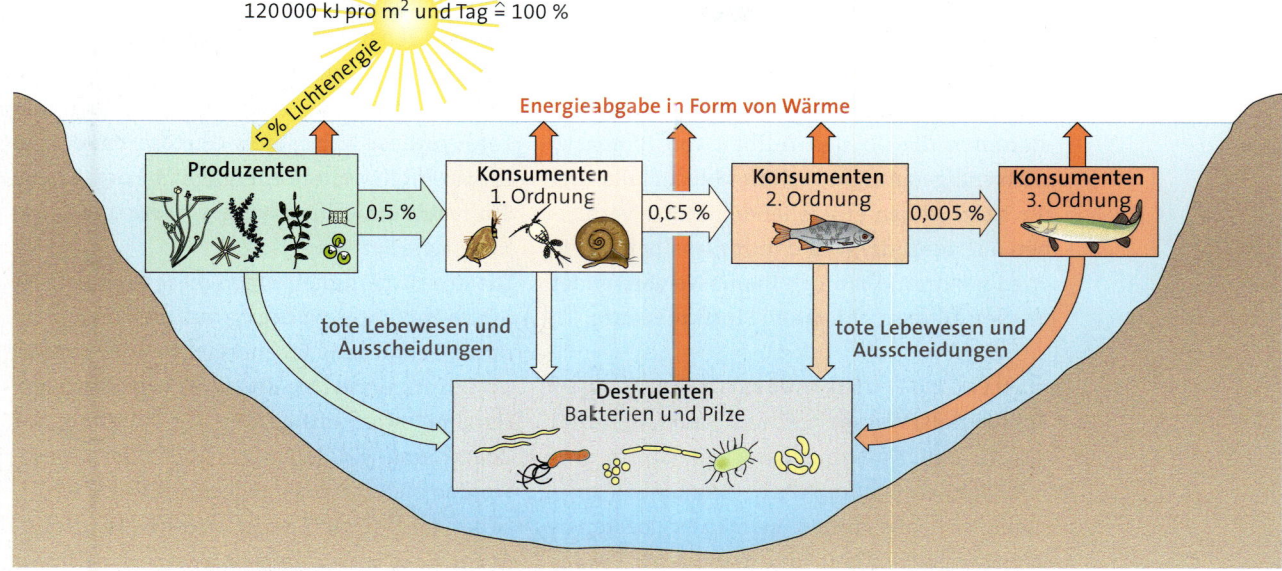

02 Energiefluss im Ökosystem See

0,005 Prozent der Lichtenergie ankommen. Da also jeweils nur ein Zehntel oder zehn Prozent der Energie von einer Ernährungsebene zur nächsthöheren weitergegeben werden, spricht man von der **Zehn-Prozent-Regel.**

Die in den toten Lebewesen und Ausscheidungen noch gebundene Energie wird von den Destruenten beim Abbau zu anorganischen, energiearmen Stoffen freigesetzt. Diese Weitergabe von Energie von Ernährungsebene zu Ernährungsebene nennt man **Energiefluss.**

BIOMASSEPRODUKTION · Der Energiefluss ist mit dem Auf- und Abbau organischer Stoffe verbunden. Die Masse der organischen Stoffe, die in Lebewesen gebunden ist, bezeichnet man als **Biomasse.** Bestimmt man die Biomassen der Lebewesen der verschiedenen Ernährungsebenen auf der Basis von gleich großen Flächen- oder Volumeneinheiten, erhält man eine *Biomassenpyramide.* Bei den meisten Ökosystemen besitzen die Produzenten die größte Biomasse und bilden eine breite Pyramidenbasis. Die Biomassen nehmen aufgrund der Zehn-Prozent-Regel von Ebene zu Ebene stark ab, sodass die Konsumenten dritter Ordnung die Pyramiden-

spitze bilden. Beim Ökosystem See ergibt sich aber für die Produzenten und Konsumenten erster Ordnung eine umgekehrte Pyramide. Dieser angebliche Widerspruch zur Zehn-Prozent-Regel des Energieflusses lässt sich mit der raschen Vermehrung des Pflanzen- und Tierplanktons erklären. Die Neubildung von Biomasse, die **Produktion,** erfolgt in diesen beiden Ernährungsebenen in sehr kurzer Zeit. Vergleicht man die Biomassen der Ernährungsebenen eines Sees, die in einer bestimmten Zeit aufgebaut werden, also die **Biomasseproduktion,** ergibt sich eine Pyramide, die der allgemeinen Biomassenpyramide entspricht.

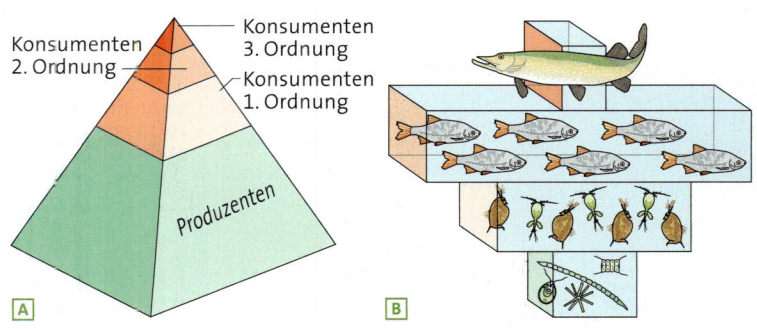

03 Biomassenpyramide: **A** Ökosysteme allgemein, **B** Ökosystem See

STOFFKREISLÄUFE · Die Energie, die im Ökosystem See weitergegeben wird, kommt als Lichtenergie aus dem Weltall und entweicht als Wärmeenergie wieder ins Weltall. Dagegen stammen die für den Aufbau von Biomasse notwendigen Ausgangsstoffe von der Erde, und die beim Abbau entstehenden Stoffe verbleiben auf der Erde. Weil damit dieselben Stoffe wieder zum Aufbau von Biomasse verwendet werden können, entstehen **Stoffkreisläufe.**

KOHLENSTOFF- UND SAUERSTOFFKREISLAUF · Kohlenstoff, Wasserstoff und Sauerstoff sind die für den Aufbau organischer Stoffe entscheidenden chemischen Elemente. Ausschließlich aus diesen Elementen bestehen zum Beispiel Kohlenhydrate und Fette. Bei der Fotosynthese bilden die Produzenten zunächst das Kohlenhydrat Glukose. Der dazu erforderliche Kohlenstoff und Sauerstoff wird mit dem Kohlenstoffdioxid aufgenommen. Dieses ist in der Luft mit etwa 0,04 Prozent enthalten. Es löst sich in Wasser, sodass die Produzenten es direkt aus dem Wasser aufnehmen können. Der Wasserstoff stammt aus dem Wasser, das bei der Fotosynthese aufgenommen wird.

Dabei bleibt Sauerstoff übrig, der ins Seewasser abgegeben wird. Ist dieses mit Sauerstoff gesättigt, entweicht er in die Luft. Dort liegt sein Anteil bei etwa 20 Prozent. Aus der durch Fotosynthese gebildeten Glukose bauen die Produzenten weitere energiereiche organische Stoffe wie die Kohlenhydrate Stärke und Zellulose sowie Fette auf.

Die Konsumenten nehmen diese organischen Stoffe mit ihrer Nahrung auf und bauen sie durch Zellatmung zu energieärmeren Stoffen ab. Dafür müssen sie den im Seewasser gelösten Sauerstoff aufnehmen. Die Produkte der Zellatmung, Kohlenstoffdioxid und Wasser, werden ins Seewasser abgegeben. Diese Schritte des *Kohlenstoff-* und *Sauerstoffkreislaufs* finden in der Oberflächenwasserzone statt. In der Tiefenwasserzone bauen die Destruenten die organischen Stoffe abgestorbener Pflanzen, toter Tiere und Ausscheidungen durch Zellatmung zu anorganischen Stoffen ab. Sie nehmen dazu Sauerstoff auf und als Produkte entstehen Wasser, Kohlenstoffdioxid und Mineralstoffe. Da diese Stoffe wieder den Produzenten als Ausgangsstoffe dienen, sind damit die Stoffkreisläufe geschlossen.

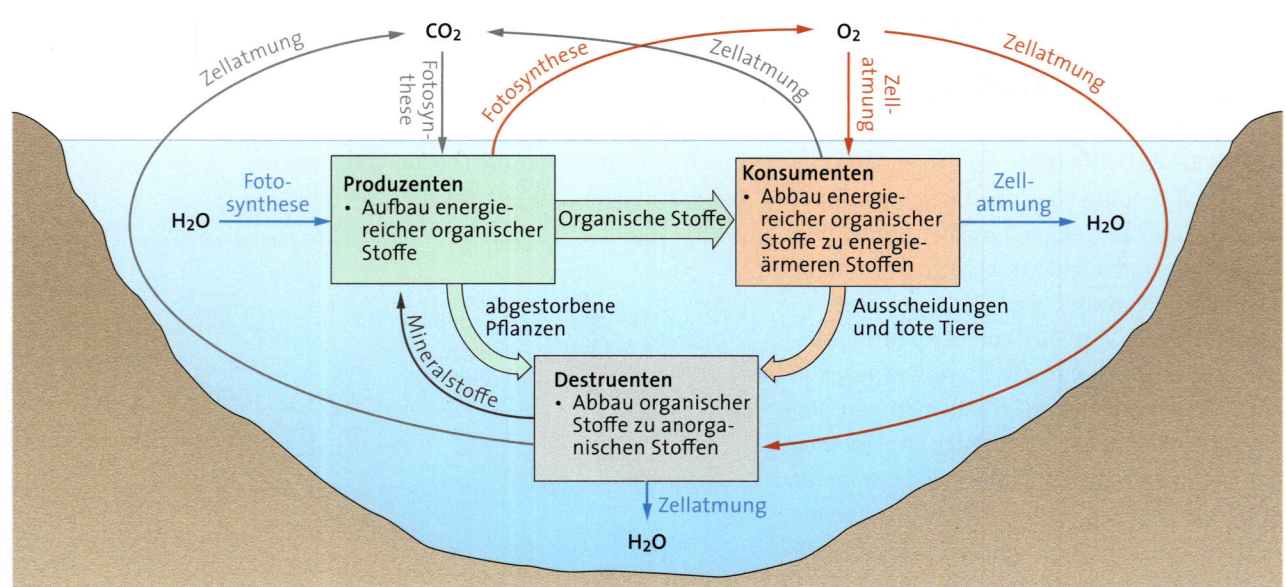

04 Kohlenstoff- und Sauerstoffkreislauf im Ökosystem See

STICKSTOFFKREISLAUF · Für den Aufbau organischer Stickstoffverbindungen wie Proteine und DNA benötigen Lebewesen Stickstoff. In der Luft ist Stickstoff mit 78 Prozent das häufigste Element. Dieser *elementare Stickstoff* ist aber chemisch so stabil und reaktionsträge, dass ihn Pflanzen und Tiere nicht nutzen können. Pflanzen, die Produzenten, sind deshalb auf die Aufnahme der anorganischen Stickstoffverbindungen *Nitrat* und *Ammonium* angewiesen, die im Wasser gelöst vorkommen. Nur mithilfe dieser Salze können sie organische Stickstoffverbindungen aufbauen. Tiere, die Konsumenten, können dies nicht. Sie müssen organische Stickstoffverbindungen, vor allem Proteine, mit ihrer Nahrung aufnehmen und diese in ihre körpereigenen Stoffe umbauen. Beim Abbau dieser Stoffe entstehen energieärmere organische Stickstoffverbindungen wie *Harnstoff* oder *Harnsäure*, die ausgeschieden werden. Ein entscheidender Faktor für den weiteren Kreislauf des Stickstoffs ist der Sauerstoffgehalt in der Tiefenwasserzone. Ist ausreichend Sauerstoff vorhanden, werden die mit den abgestorbenen Pflanzen, toten Tieren und Ausscheidungen in die Tiefenwasserzone gelangten organischen

Stickstoffverbindungen von den Destruenten zu Ammonium abgebaut. Dieses kann zum Teil wieder von den Produzenten aufgenommen werden. Der größere Teil des Ammoniums wird von Bakterien, die auf Sauerstoff angewiesen sind, den *aeroben* Bakterien, zunächst zu *Nitrit* und dann zu Nitrat oxidiert. Nitrat wird von den Produzenten zum erneuten Aufbau organischer Stickstoffverbindungen aufgenommen. Herrscht dagegen Sauerstoffmangel, stoppt der Abbau von organischen Stickstoffverbindungen durch die Destruenten und es kommt zur Ablagerung dieser Stoffe. Außerdem reduzieren *anaerobe* Bakterien das vorhandene Nitrat und Nitrit zu Ammonium und elementarem Stickstoff. Dadurch geht nutzbarer Stickstoff für die Produzenten verloren. Eine Anreicherung des Ökosystems See mit anorganischen Stickstoffverbindungen kann auch durch Eintrag von Nitrat, zum Beispiel Dünger, über Zuflüsse erfolgen. Ebenso erhöhen die bei Gewittern aus Luftstickstoff durch die chemische N_2-Fixierung entstehenden Stickoxide den Nitratgehalt im Seewasser. Außerdem sind *Cyanobakterien* in der Lage, durch die biologische N_2-Fixierung Luftstickstoff in Ammonium zu überführen.

N_2 = elementarer Stickstoff
NH_4^+ = Ammonium
NO_3^- = Nitrat
NO_2^- = Nitrit

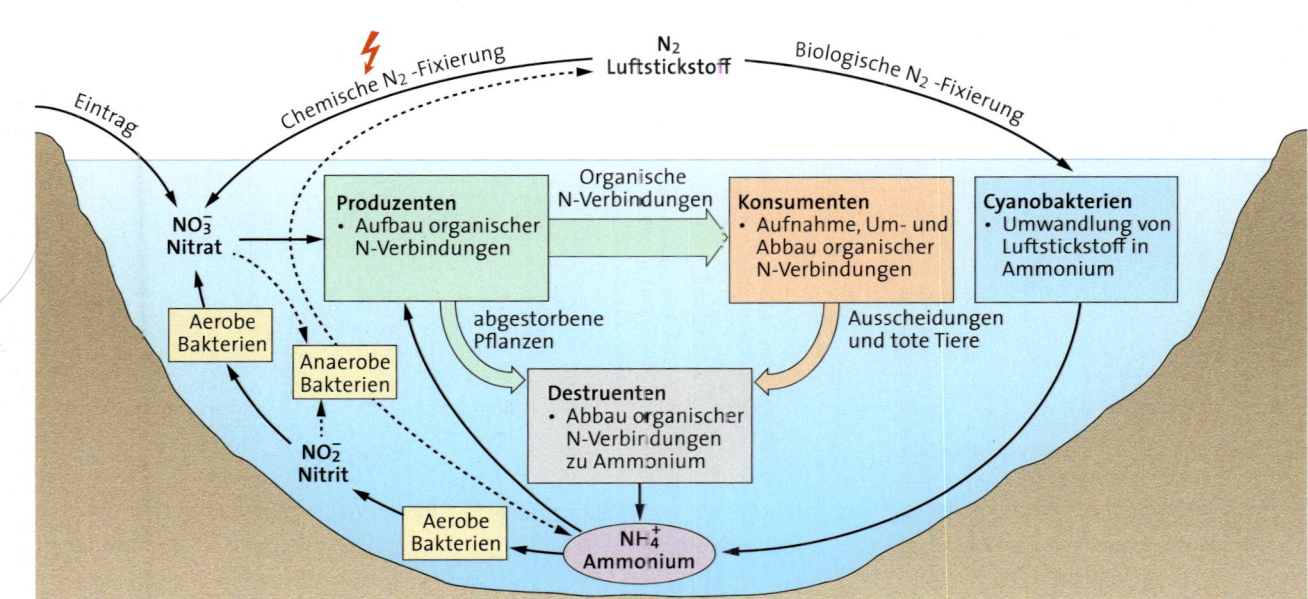

05 Stickstoffkreislauf im Ökosystem See

Material A ▸ Energieflussmodelle

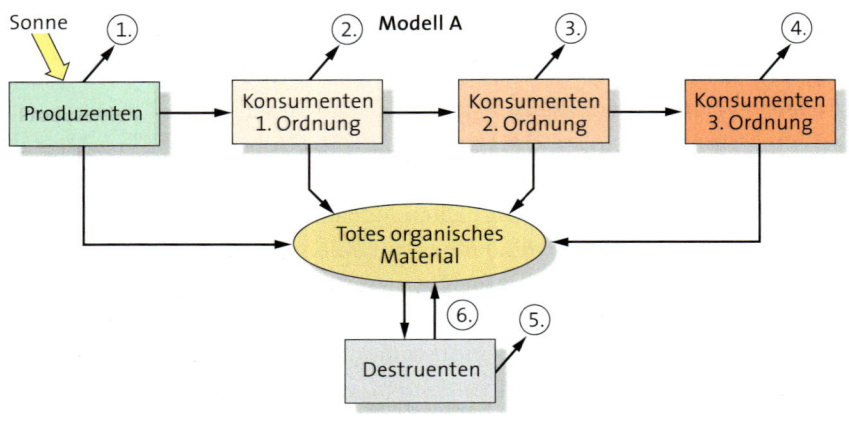

In Energieflussmodellen lassen sich die Verknüpfungen der Lebewesen verschiedener Ernährungsebenen und der Energiefluss im Ökosystem See darstellen. Die Modelle A und B sind vereinfachte Darstellungen mit unterschiedlicher Energiequelle.

A1 Nenne für jede Ernährungsebene von Modell A jeweils ein charakteristisches Lebewesen!

A2 Erkläre die Bedeutung der Pfeile 1 bis 6!

A3 Vergleiche die Modelle A und B!

A4 Stelle Vermutungen zur Lage und Umgebung von Seen an, die ausschließlich Modell A oder B entsprechen!

A5 Zeichne ein Energieflussmodell, das beide Aspekte des Energieeintrags vereinigt!

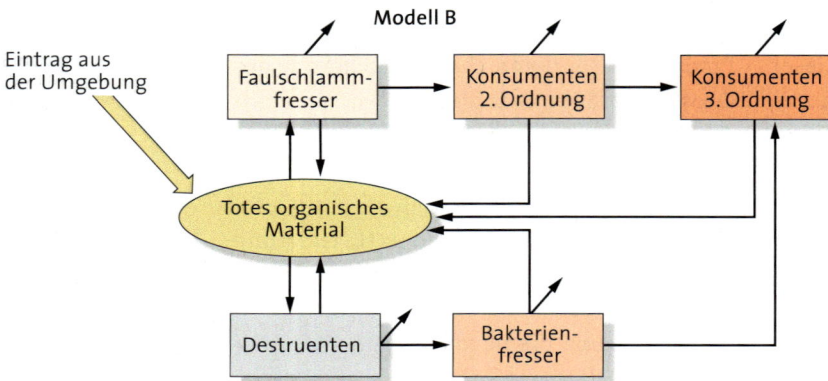

Material B ▸ Biomassenpyramiden

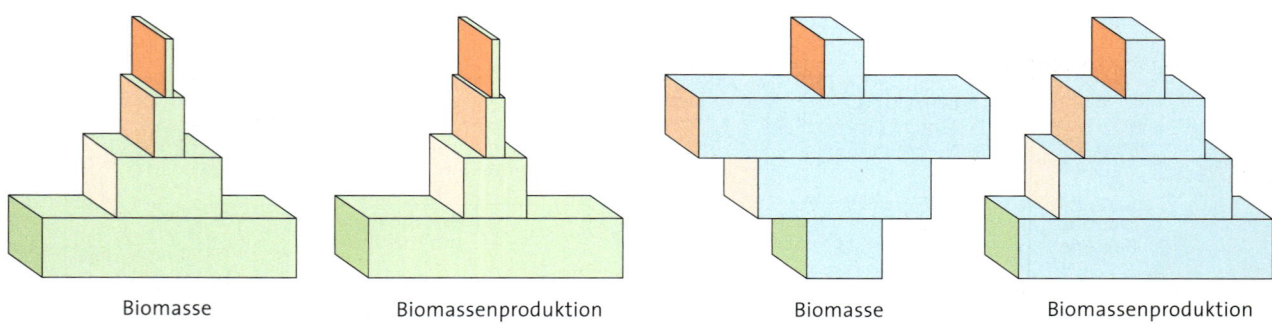

B1 Ordne den Ernährungsebenen der beiden Ökosysteme folgende Lebewesen zu: Grünalgen, Buchfink, Eule, Plötze, Marder, Wasserfloh, Buche, Hecht!

B2 Erläutere die Begriffe Biomasse und Biomasseproduktion!

B3 Vergleiche die Biomasse- und Biomasseproduktionspyramiden der Ökosysteme Wald und See und erkläre die Unterschiede!

Material C ► Phosphorkreislauf

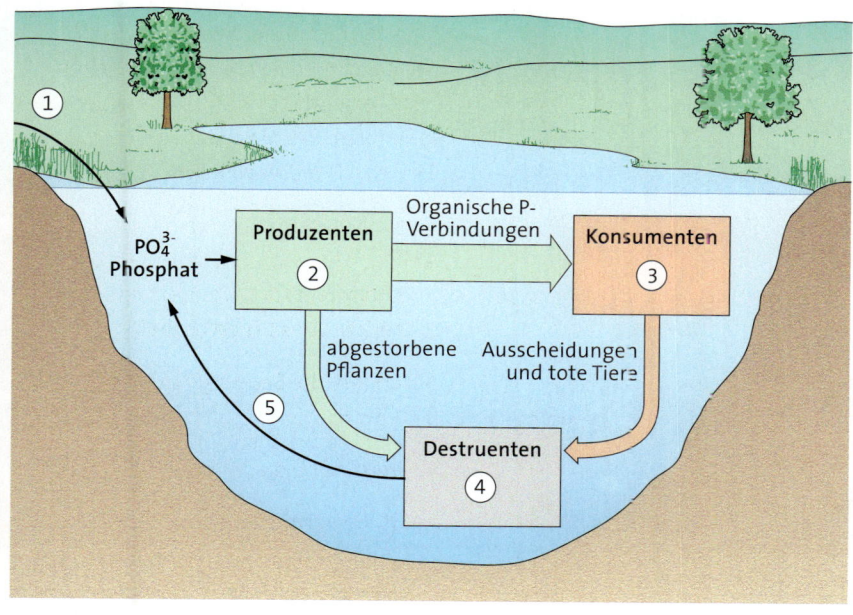

C1 Beschreibe die mit Zahlen markierten Stellen des Phosphorkreislaufs in einem See!

C2 Vergleiche den Phosphorkreislauf mit dem Stickstoffkreislauf!

C3 Recherchiere, wozu Lebewesen eines Sees die Elemente S, Ca, Fe und K benötigen und in welchen chemischen Verbindungen sie aufgenommen werden!

C4 Nenne die Stoffe in Lebewesen, die Phosphor enthalten!

Material D ► Abiotische Umweltfaktoren

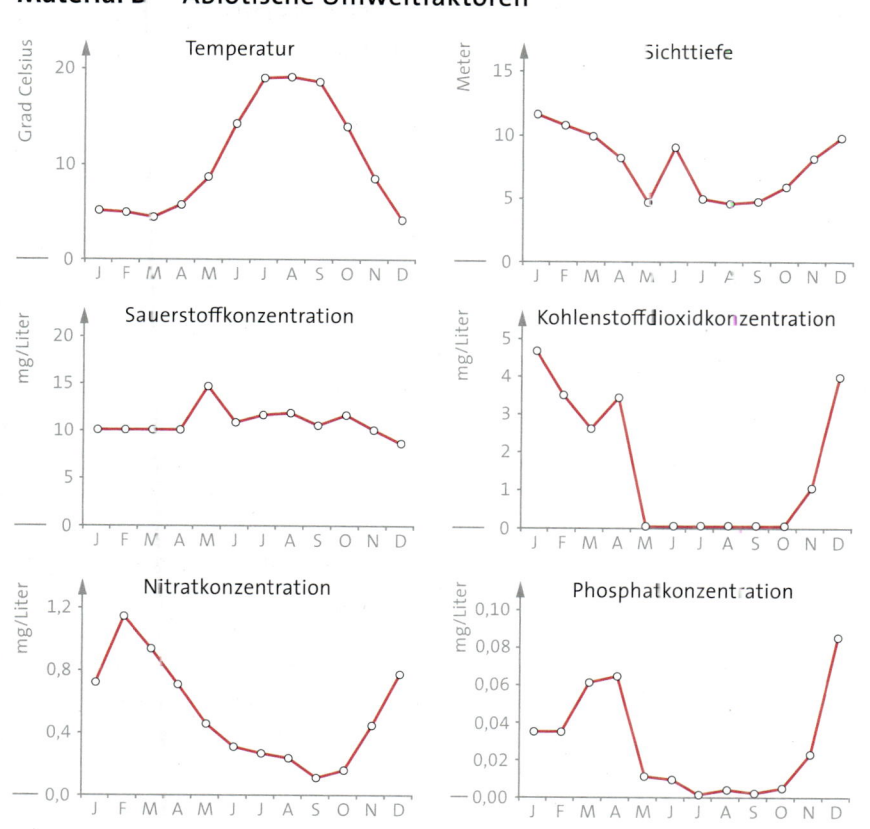

Die Abbildungen zeigen den Jahresverlauf einiger abiotischer Umweltfaktoren im Bodensee.

D1 Stelle mithilfe des Temperaturverlaufs Vermutungen an, in welcher Wasserschicht die abiotischen Umweltfaktoren gemessen wurden!

D2 Vergleiche den Jahresverlauf der Sauerstoff- und Kohlenstoffdioxidkonzentration!

D3 Stelle Vermutungen an, weshalb die Sichttiefe in den Sommermonaten geringer ist!

D4 Erkläre den Rückgang der Kohlenstoffdioxid-, Nitrat- und Phosphatkonzentration in den Monaten Mai bis Oktober!

01 Durch Abwässer eines Kupferbergwerks verschmutzter See

Gefährdung des Ökosystems See

In einem See, in den die Abwässer eines Kupferbergwerks eingeleitet wurden, findet man keine Lebewesen mehr – das Ökosystem ist zerstört. Seen sind aber auch zahlreichen weniger drastischen Gefährdungen ausgesetzt. Welche sind das?

GEFÄHRDUNGEN · Durch die Einleitung ungeklärter *Industrieabwässer* gelangen Giftstoffe in den See, die Lebewesen sofort schädigen. Die Abwässer eines Kupferbergwerks enthalten unter anderem Schwermetalle. Diese blockieren Enzyme, die für alle Lebensvorgänge notwendig sind. Andere Gefährdungen können eine schrittweise Schädigung des Ökosystems See bewirken. Durch eine zu große *Wasserentnahme* aus einem See oder seinem Zufluss schrumpft die Seefläche. Das ist zum Beispiel beim ehemals viertgrößten See der Erde, dem Aralsee in Kasachstan, der Fall. Dabei erhöht sich auch der Salzgehalt des Wassers, sodass die meisten der an das Süßwasser angepassten Lebewesen dort nicht mehr leben können. Die Artenvielfalt des Sees nimmt stark ab. Dies ist auch der Fall beim *Einsetzen fremder Lebewesen* in einen See, die ursprünglich nicht zu dieser Biozönose gehören. So hat sich zum Beispiel die außergewöhnliche Vielfalt an Buntbarschen im Victoriasee in Afrika stark verringert, nachdem dort der Nilbarsch eingesetzt wurde, der Buntbarsche frisst. Die *Nutzung der Seeufer* durch Strandbäder, Campingplätze oder Bebauung zerstört die natürliche Pflanzenzonierung. Auch *Wassersport* wie Surfen, Segeln oder Rudern kann die Wasserpflanzen der Uferzone und die darin brütenden Vogelarten schädigen. Mit der Einleitung ungeklärter *Haushaltsabwässer* und der *Einschwemmung von Düngemitteln* aus landwirtschaftlich genutzten Flächen gelangen oft auch Giftstoffe, zum Beispiel Insektizide, in den See, die viele Lebewesen schädigen. Vor allem werden aber zu viele organische Stoffe und Mineralstoffe wie Phosphat und Nitrat in den See eingetragen.

1 ⌐ Nenne Gefährdungen des Ökosystems See!

OLIGOTROPHER SEE · Neu entstandene Seen haben meistens sehr klares Wasser mit einer großen Sichttiefe und nur schwach ausgebildeten Pflanzenzonen. Sie enthalten nur sehr wenig Biomasse und Mineralstoffe. Tiefe Seen, in die aus dem Umland wenig organisches Material und Mineralstoffe eingetragen werden, bleiben sehr lange Zeit in diesem mineralstoffarmen oder **oligotrophen** Zustand. Oligotrophe Seen findet man zum Beispiel in den Alpen und dem Alpenvorland. Da den Produzenten dieser Seen nur eine begrenzte Menge an Mineralstoffen zur Verfügung steht, können sie auch bei viel Sonnenlicht nur wenig Biomasse aufbauen. Damit bleibt auch die Biomasse der Konsumenten gering und es gelangt nur wenig totes organisches Material in die Tiefe. Dieses kann von den Destruenten unter geringem Sauerstoffverbrauch vollständig zu anorganischen Stoffen abgebaut werden. Der Sauerstoffgehalt bleibt deshalb das ganze Jahr über in allen Schichten hoch. Wegen des vollständigen Stoffkreislaufs weisen auch die Mineralstoffe Nitrat und Phosphat im Tiefenprofil konstant geringe Konzentrationen auf.

EUTROPHER SEE · Seen mit ausgeprägten Pflanzenzonen enthalten mehr Biomasse und Mineralstoffe. Ihr Wasser ist in den Sommermonaten wegen großer Mengen an Pflanzenplankton oft grün gefärbt, und die Sichttiefe ist gering. Zeitweise kann das Algenwachstum so stark sein, dass man von *Algenblüten* spricht. Solche Seen sind oft flach und erhalten aus dem Umland viel organisches Material und Mineralstoffe. Man bezeichnet sie als **eutroph**. Die Produzenten eutropher Seen bauen im Sommer viel Biomasse auf. Den Konsumenten steht somit viel Nahrung zur Verfügung, weshalb auch ihre Biomasseproduktion hoch ist. Dadurch gelangen sehr große Mengen an totem organischem Material in die Tiefe. Als Folge vermehren sich auch die Destruenten stark und verbrauchen viel Sauerstoff. Da im Sommer der Sauerstoffgehalt in der Tiefenwasserzone begrenzt ist, können die Destruenten diese Mengen an organischem Material nicht vollständig abbauen. Es kommt zu einem Mangel an Sauerstoff, der *Sauerstoffzehrung*. Unter solchen anaeroben Bedingungen reichert sich Ammonium an, weil der Sauerstoff für die Oxidation zu Nitrat fehlt. Auch der Phosphatgehalt erhöht sich, da unter anaeroben Bedingungen überdies das im Bodenschlamm gebundene Phosphat freigesetzt wird. Beim Abbau schwefelhaltiger Stoffe wie Proteinen durch anaerobe Bakterien entsteht giftiger Schwefelwasserstoff, H_2S. Werden weiterhin zu viele Mineralstoffe eingetragen, verstärken sich diese Prozesse der *Eutrophierung*. Breitet sich schließlich der giftige Schwefelwasserstoff im gesamten See aus, sterben alle auf Sauerstoff angewiesene Lebewesen ab. Man bezeichnet dies als **Umkippen** des Sees.

griechisch eu = gut, griechisch trophe = Nahrung

griechisch oligos = wenig

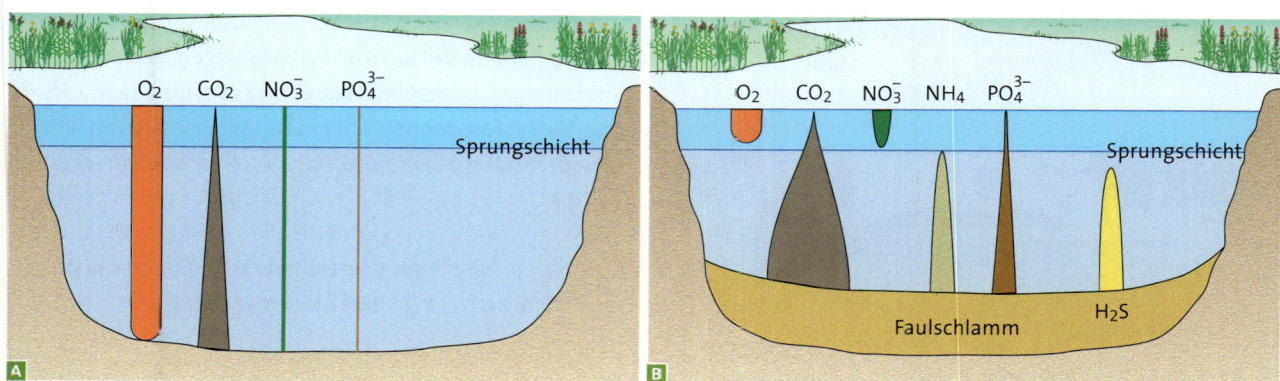

02 Tiefenverteilung von Sauerstoff, Kohlenstoffdioxid, Mineralstoffen und Schwefelwasserstoff im Sommer: **A** oligotropher, **B** eutropher See

Moorbildung

Ohne menschliche Einflüsse verläuft die Eutrophierung eines Sees allmählich. Sie ist ein natürlicher Prozess, der nicht zum plötzlichen Umkippen des Ökosystems See führt. Im Laufe von Jahrtausenden werden oligotrophe Seen zu eutrophen. Diese verlanden schrittweise und bilden **Moore.**

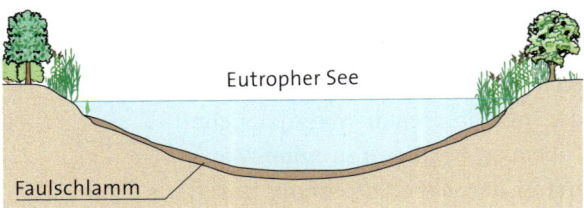

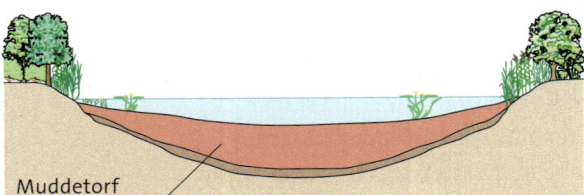

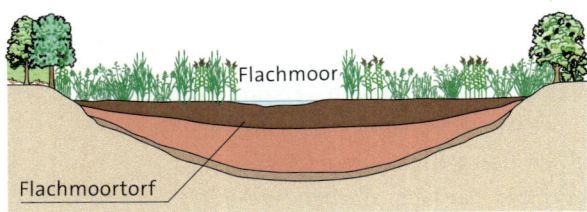

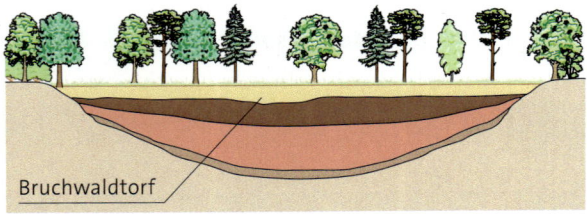

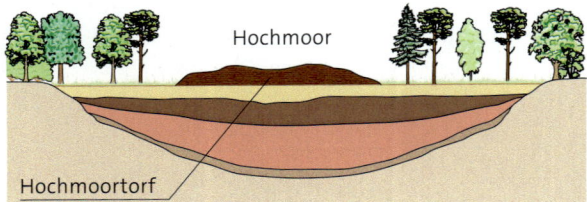

01 Stadien der Entstehung von Mooren

BILDUNG VON MOOREN · Im Laufe der Eutrophierung fällt mehr totes organisches Material an, das nicht vollständig abgebaut werden kann. Im **eutrophen See** lagert es sich als *Faulschlamm* am Seegrund ab.

Der See wird dadurch flacher und Uferpflanzen wie Schilf und Seggen breiten sich in Richtung Seemitte aus. Ihre absinkenden toten Reste lagern sich als *Muddetorf* ab. Unter anaeroben Bedingungen und niedrigen Temperaturen wird der bakterielle Abbau weiter gehemmt, wodurch sich Kohlenstoff anreichert. Aus Muddetorf wird dunkler *Flachmoortorf*. Dieser verdrängt zunehmend das Wasser. Der See verlandet und wird zum **Flach-** oder **Niedermoor.** Das Niedermoor wird vom Grundwasser ständig durchnässt.

Bei geringen Niederschlagsmengen breiten sich in der Folge Bäume wie *Moorbirken, Schwarzerlen* und *Weiden* im Flachmoor aus. Ihre toten Reste bilden eine weitere Torfschicht, den *Bruchwaldtorf*. Sind die Niederschlagsmengen aber hoch, breiten sich Torfmoose aus. Sie sind nicht auf Grundwasser angewiesen, sondern speichern Regenwasser. Deshalb können sie in Schichten übereinanderwachsen. Dabei überwuchern und ersticken sie andere Pflanzen und bewirken eine Ansäuerung des Bodens. Dies hemmt die Tätigkeit der Destruenten. Mit der Zeit wölben sich die Torfmoosschichten immer stärker über dem ursprünglichen Seespiegel auf. Die tote Masse der Torfmoose, der *Hochmoortorf*, bildet ein **Hochmoor.** In Hochmooren herrschen aufgrund ihrer sauren und mineralstoffarmen Böden extreme Lebensbedingungen. Die meisten der hier lebenden Tier- und Pflanzenarten sind seltene Spezialisten. Durch Entwässerung und Torfabbau ist das Ökosystem Moor stark gefährdet. Seine Arten wie der *Sonnentau* oder *Birkhühner* sind vom Aussterben bedroht.

1) Beschreibe den Unterschied zwischen einem Niedermoor und einem Hochmoor!

Material A ▸ Seentypen

Die beiden Eifelmaare Weinfelder Maar, links, und Schalkenmehrener Maar, rechts, sind vor etwa 25 000 Jahren entstanden. Der Seenforscher August THIENEMANN beschrieb an diesen nur 400 Meter voneinander entfernten Seen 1915 die Seentypen: oligotropher und eutropher See.

	Schalkenmehrener Maar	Weinfelder Maar
Wasserfläche	219.000 m²	159.000 m²
Wasservolumen	2,46 Millionen m³	4,31 Millionen m³
Tiefe: max./durchschnittlich	21 m/11,2 m	52 m/27,1 m
Einzugsgebiet	1,30 km²	0,35 km²
Uferlänge	1,7 km	1,5 km
Seeufer	Flach, landschaftlich genutzt, bebaut	Steil, kahl oder mit Bäumen bewachsen

A1 Vergleiche tabellarisch die Biomasse sowie den Sauerstoff- und Mineralstoffgehalt eines oligotrophen und eutrophen Sees!

A2 Stelle mithilfe der abgebildeten Tabelle Vermutungen an, welches Maar eutroph ist!

A3 Nenne mögliche Ursachen für die Eutrophierung dieses Maars!

Material B ▸ Sanierungsverfahren

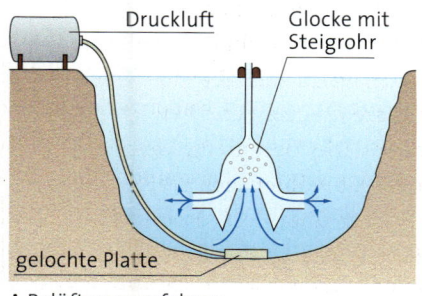

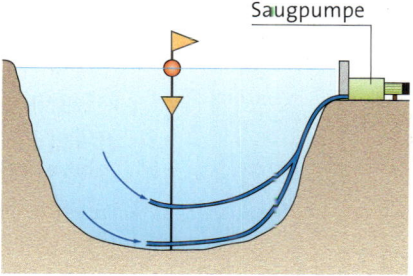

A Belüftungsverfahren

B Tiefenwasserableitungsverfahren

B1 Beschreibe mithilfe der Abbildungen die beiden Maßnahmen zur Sanierung eutropher Seen!

B2 Das Tiefenwasserableitungsverfahren hat eine nachhaltigere Wirkung. Erläutere dies!

Material C ▸ Aralsee und Tschadsee

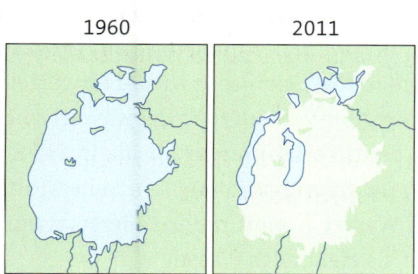

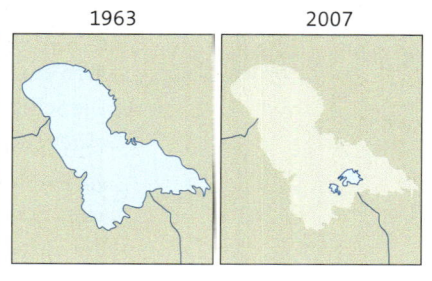

A Aralsee

B Tschadsee

C1 Recherchiere über die beiden Seen zu folgenden Punkten: Lage, Klima, Größe, Tiefe, Ursachen der Veränderungen, Auswirkungen auf das Ökosystem See und sein Umland! Stelle die Informationen in einer Tabelle zusammen!

C2 Stelle das Ergebnis vor!

Kläranlagen

01 Kläranlage

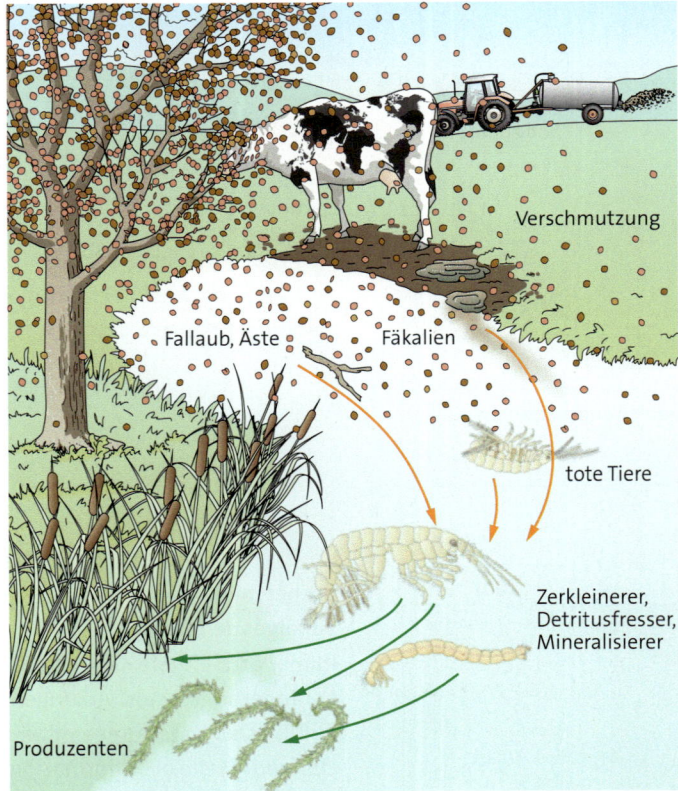

02 Selbstreinigung eines Sees

Die Abwässer der Haushalte und der Industrie fließen nicht einfach zurück in die Gewässer, sondern über die Kanalisation in Kläranlagen, wo sie zunächst gereinigt werden. Die Reinigung in den Kläranlagen ähneln der natürlichen Reinigung, die in den Gewässern stattfindet.

SELBSTREINIGUNG · Der Mensch ist Hauptverursacher für die Gewässerverschmutzung. Doch auch in der Natur fallen Abfallstoffe an, wie abgestorbene Pflanzenteile, tote Tiere und Tierfäkalien. Diese organischen Substanzen werden durch verschiedene Lebewesen eines Gewässers abgebaut und dem Wasser entzogen. Diesen Vorgang nennt man **Selbstreinigung**. Dabei sind Bakterien, Pilze, Algen sowie tierische Ein- und Mehrzeller beteiligt. Lebewesen, die durch den Abbau organischer Abfallstoffe die Selbstreinigung eines Gewässers bewirken, nennt man *Saprobien*. Größere Tier- und Pflanzenreste werden von *Zerkleinerern* wie Köcherfliegenlarven und Flohkrebsen zerteilt. Diese bauen zur Energiegewinnung einen Teil der organischen Substanzen ab. Dabei zerlegen sie die Abfallstoffe in kleine Partikel, die als *Detritus* bezeichnet werden. Die Partikel werden von *Detritusfressern* wie Wasserflöhen, Ruderwanzen und Stechmückenlarven weiter abgebaut. Schließlich sind die organischen Reste für die *Mineralisierer* zugänglich. Das sind Bakterien und Pilze, die alle Stoffe abbauen und Kohlenstoffdioxid und Mineralstoffe ausscheiden. Wasser- und Uferpflanzen nehmen die Mineralstoffe auf und produzieren daraus neue Biomasse. Durch diesen Prozess der Selbstreinigung werden Abfallstoffe aus Gewässern entfernt und als Biomasse wiederverwertet. Die Selbstreinigung verläuft in Stillgewässern wie einem See deutlich langsamer ab, als in Fließgewässern. Die Saprobien brauchen Sauerstoff. Fließendes Wasser nimmt mehr Sauerstoff aus der Luft auf als stehendes Wasser.

TECHNISCHE KLÄRUNG · In einer **Kläranlage** werden die Abwässer der Haushalte und der Industrie technisch gereinigt, bevor das Wasser zurück in die Gewässer geleitet wird. Dabei kommen Prozesse zum Einsatz, die der Selbstreinigung in natürlichen Gewässern entsprechen. Zunächst werden in der **mechanischen Reinigung** größere Bestandteile wie Äste, Müll, Steine und Sand entfernt. Die groben Bestandteile werden über einen *Rechen*, der aus parallel angeordneten Stäben besteht, abgetrennt. Der Sand wird im *Sandfang* entfernt, wo er sich bei verminderter Fließgeschwindigkeit absetzt. Zuletzt verbleibt das Wasser etwa eine Stunde im *Absetzbecken*, wo sich die letzten Festbestandteile absetzen. Dann folgt die **biologische Reinigung** im *Belebungsbecken*. Wie bei der Selbstreinigung natürlicher Gewässer kommen hier Bakterien zum Einsatz. Diese bauen organische Substanzen wie Kohlenhydrate, Proteine und Fette Stoffen wie Wasser, Kohlenstoffdioxid, Phosphat und Nitrat ab. Da sie dabei Sauerstoff verbrauchen, wird Luft in die Anlage geblasen. Im *Nachklärbecken* setzen sich die Bakterien mit den noch nicht abgebauten Resten ab. So entsteht ein Bakterienschlamm, der in *Faultürme* geleitet wird. Dort zersetzen die Bakterien die noch übrigen Stoffe ohne Sauerstoffzufuhr zu *Biogas* und Mineralstoffen. Die Mineralstoffe werden als *Klärschlamm* in der Landwirtschaft zum Düngen verwendet. Durch Verbrennung des Biogases deckt die Kläranlage einen Teil ihres Energiebedarfs. Zum Schluss folgt eine **chemische Reinigung**, bei der Phosphat und Nitrat durch chemische Reaktionen entfernt werden. Nachdem das Abwasser alle Reinigungsstufen durchlaufen hat, wird es in einen benachbarten Bach oder Fluss eingeleitet. Über Zuflüsse gelangt es so auch wieder in die Stillgewässer.

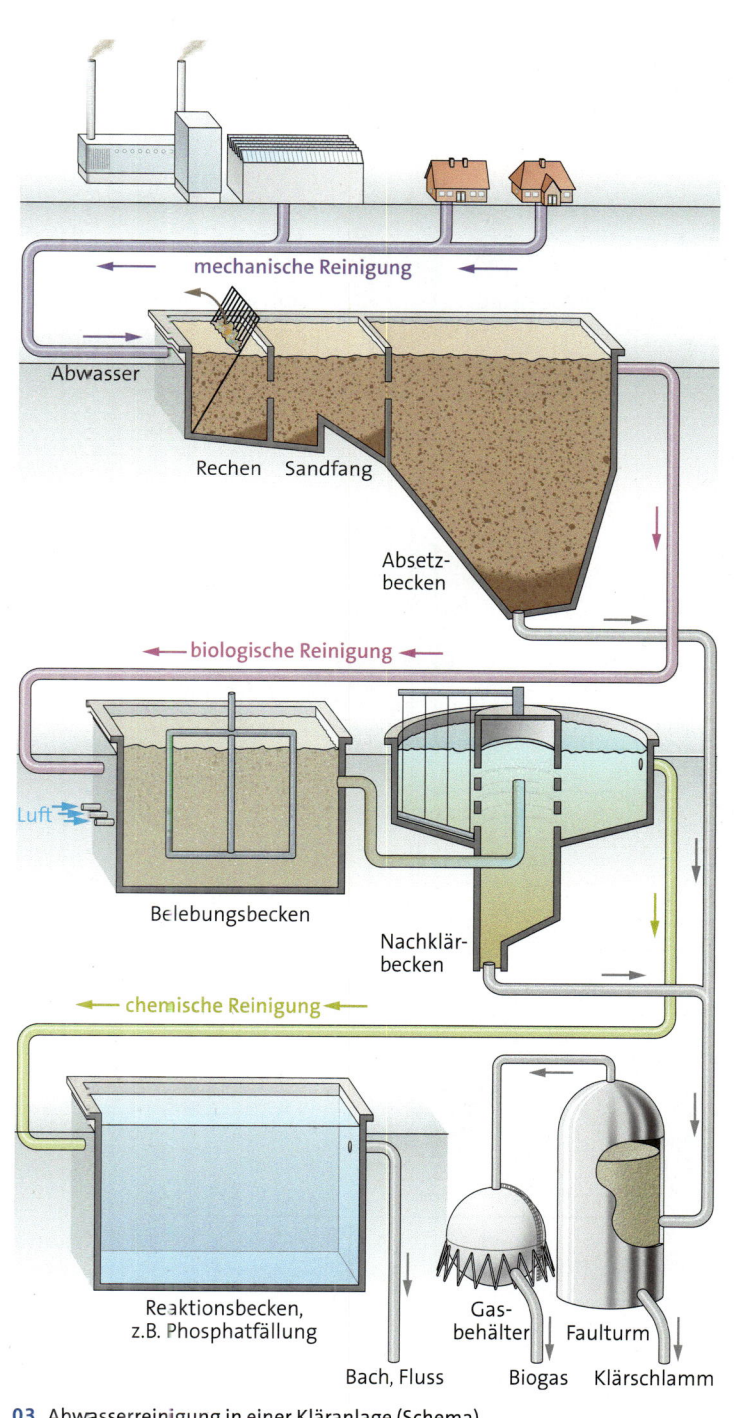

mechanische Reinigung

Abwasser

Rechen   Sandfang

Absetz-
becken

biologische Reinigung

Luft

Belebungsbecken

Nachklär-
becken

chemische Reinigung

Reaktionsbecken,
z.B. Phosphatfällung

Gas-
behälter   Faulturm

Bach, Fluss   Biogas   Klärschlamm

03 Abwasserreinigung in einer Kläranlage (Schema)

////// **METHODE** ///

Tierbestand eines Stillgewässers erfassen

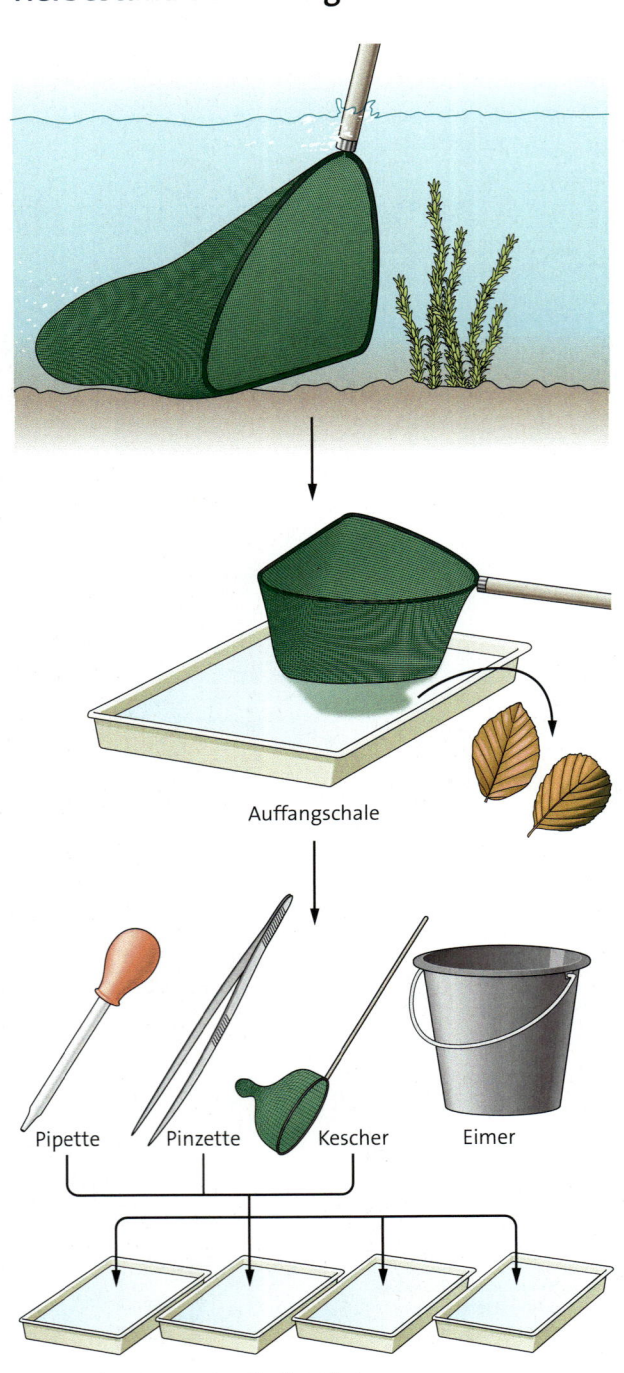

Auffangschale

Pipette   Pinzette   Kescher   Eimer

Sortierschalen

01 Tierbestand erfassen

Um den Bestand aller Tierarten in einem Stillgewässer wie einem See oder einem Teich zu erfassen, fängt man Tiere an mehreren Stellen der Uferzone und bestimmt sie. Zudem zählt man, wie viele Individuen einer Tierart im Fang enthalten sind. So kann man abschätzen, wie stark die Tierarten im untersuchten Gewässer vertreten sind. Für eine verlässliche Schätzung muss man viele Tiere bestimmen.

Material:
Kescher, Eimer, Pipette, Minikescher, Federstahlpinzette, Sortierschalen, Mikroskop, Stereolupe, Bestimmungsschlüssel

Durchführung:
Keschern: Um die Tiere aus dem Wasser zu keschern, streift man den Kescher an mehreren Stellen des Gewässers mehrmals langsam durch das Wasser. Dabei fängt man Tiere knapp über dem Grund, im oberflächennahen Wasser und zwischen den ufernahen Wasserpflanzen. Mit der Kescheröffnung über dem Wasser schwenkt man störenden Schlamm aus dem Netz. Dann stülpt man den Netzbeutel über dem Eimer um und spült den Inhalt ab.

Sortieren: Anschließend muss man den Fang sortieren. Dazu fängt man die Tiere aus dem Eimer mit Minikescher, Federstahlpinzette und Pipette. Man gibt gleich aussehende Tiere zusammen in eine mit Wasser gefüllte Sortierschale. Falsche Zuordnungen fallen dann leicht auf.

Bestimmen und Zählen: Nun muss man die Tiere bestimmen und zählen. Die Bestimmung ist meistens nur unter Einsatz eines Mikroskops oder einer Stereolupe im Labor möglich. Nach der Bestimmung gibt man die Tiere zurück in ihren Lebensraum.

Auswertung:
Die Zusammensetzung des Tierbestandes gibt Aufschluss über den Zustand des Gewässers. Bestimmte Tierarten sind besonders häufig vertreten, wenn das Wasser verunreinigt ist.

Tier- und Pflanzenarten, die durch ihr Vorkommen Rückschlüsse auf die Umweltbedingungen zulassen, nennt man **Zeigerarten.** Findet man in einem Gewässer viele Zerkleinerer, Detritusfresser und Mineralisierer, ist das Gewässer durch organischen Abfallstoffe belastet. In der Naturschutzarbeit nutzt man diese Zeigerarten vor allem für die Bestimmung der Gewässergüte bei Fließgewässern.

Viele der Tiere sind aber auch im Hinblick auf ihre Lebensweise interessant. Einzelne Tiere kann man kurze Zeit im Aquarium halten, um ihre Entwicklung und ihr Verhalten zu beobachten. Einige Larven entwickeln sich zu flugfähigen Tieren und wechseln ihren Lebensraum. Unterschiede kann man außerdem in der Ernährungsweise und in der Atmungsweise erkennen.

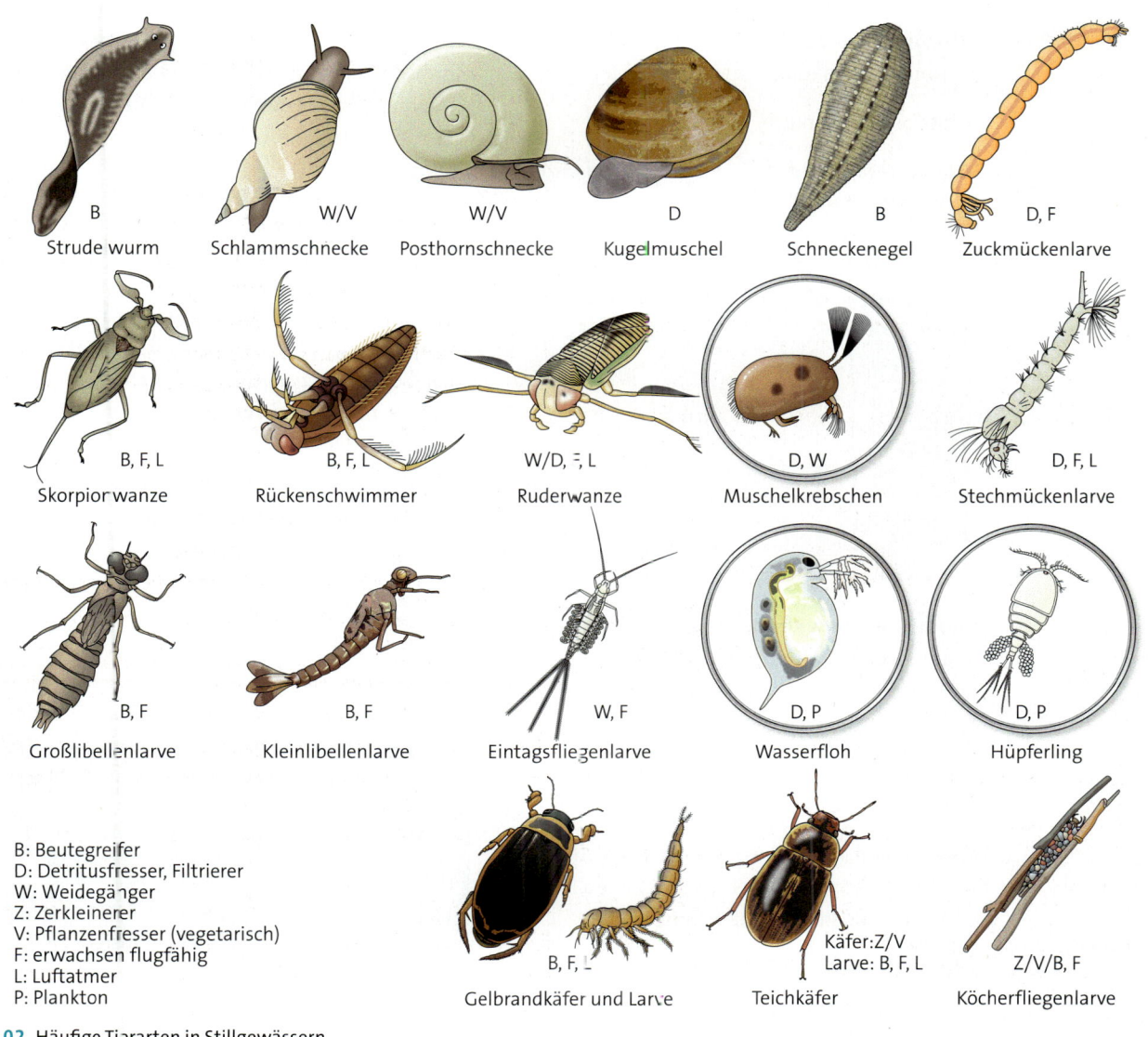

B	W/V	W/V
Strudelwurm	Schlammschnecke	Posthornschnecke

D	B	D, F
Kugelmuschel	Schneckenegel	Zuckmückenlarve

B, F, L	B, F, L	W/D, F, L
Skorpionwanze	Rückenschwimmer	Ruderwanze

D, W	D, F, L
Muschelkrebschen	Stechmückenlarve

B, F	B, F	W, F
Großlibellenlarve	Kleinlibellenlarve	Eintagsfliegenlarve

D, P	D, P
Wasserfloh	Hüpferling

B: Beutegreifer
D: Detritusfresser, Filtrierer
W: Weidegänger
Z: Zerkleinerer
V: Pflanzenfresser (vegetarisch)
F: erwachsen flugfähig
L: Luftatmer
P: Plankton

B, F, L	Käfer: Z/V Larve: B, F, L	Z/V/B, F
Gelbrandkäfer und Larve	Teichkäfer	Köcherfliegenlarve

02 Häufige Tierarten in Stillgewässern

A ▸ Einführung in die Ökologie

Population: Gesamtheit der Individuen einer Art, die gleichzeitig in einem Gebiet leben.

Biozönose: Lebensgemeinschaft aller Populationen, die in einem Lebensraum leben.

Biotop: Lebensraum

Ökosystem: Einheit aus einem Biotop und der dort lebenden Biozönose.

B ▸ Abiotische Umweltfaktoren

abiotische Umweltfaktoren: Faktoren, die von unbelebten Größen wie dem Klima ausgehen. Dazu zählen Licht, Wasser, Temperatur.

Fotoperiodismus: Beeinflussung tages- und jahreszeitlicher Aktivitäten von Pflanzen und Tieren durch die Tageslänge.

24-Stunden-Rhythmus: Regelmäßige Aktivitätsmuster, die durch den täglichen Hell-Dunkel-Wechsel reguliert werden.

Hydrophyten, Hygrophyten, Xerophyten: Pflanzen, die an das Leben im oder auf dem Wasser, beziehungsweise an feuchte oder trockene Standorten angepasst sind.

Winterstarre: Überwinterungszustand wechselwarmer Tiere, bei der die Körpertemperatur auf die der Umgebungstemperatur abfällt.

Winterruhe und Winterschlaf: Überwinterungsstrategien von gleichwarmen Tieren, bei denen Körpertemperatur und Körperfunktionen herabgesetzt werden. Winterruhe meint auch die Überwinterung von Pflanzen.

ALLENsche Regel: Besagt, dass bei gleichwarmen Tierarten aus kalten Klimazonen Ohren, Beine und Schwanz relativ zur Körpergröße kürzer sind als bei verwandten Arten in wärmeren Zonen. So verkleinert sich die Körperoberfläche, über die Wärme verloren geht.

BERGMANNsche Regel: Besagt, dass gleichwarme Tierarten aus kalten Klimazonen größer sind als verwandte Arten in wärmeren Zonen. Mit der Körpergröße nimmt das Körpervolumen mehr zu als die Oberfläche. Große Tiere erzeugen mehr Wärme im Körperinnern und verlieren weniger über ihre Oberfläche.

Toleranzbereich: Gesamtbereich der Werte eines Faktors wie der Temperatur, die eine Art langfristig aushalten kann.

C ▸ Biotische Umweltfaktoren

biotische Umweltfaktoren: Faktoren, die von Lebewesen ausgehen.

interspezifische Beziehungen: Beziehungen zwischen Individuen verschiedener Arten.

intraspezifische Beziehungen: Beziehungen zwischen Individuen einer Art.

Konkurrenzausschluss: Arten können nicht gemeinsam im Lebensraum leben, wenn ihre Ressourcennutzung identisch ist.

Konkurrenzvermeidung: Unterschiedliche Ressourcennutzung durch verschiedene Arten, die ermöglicht, dass die Arten gemeinsam im selben Lebensraum existieren können.

Einnischung: Spezialisierung einer Art auf eine bestimmte Nutzung von Ressourcen.

Räuber-Beute-Beziehung: Beziehung zwischen Arten, bei der eine Art als Nahrung für die andere dient. Die Anzahl der Räuber reguliert die Anzahl der Beutetiere und umgekehrt.

Symbiose: Wechselbeziehung zwischen zwei Arten mit beidseitigem Nutzen.

Parasitismus: Beziehung zwischen zwei Arten, bei der die eine Art auf Kosten der anderen Art einseitigen Nutzen zieht.

Brutpflege: Elterliche Versorgung der Nachkommen nach der Geburt.

Tierverband: Dauerhaftes Zusammenleben von Individuen einer Art in einer Gruppe. In individualisierten Verbänden kennen sich die Mitglieder, in anonymen Verbänden nicht.

D ▶ Ökosystem See

Pflanzenzonen: Charakteristische Pflanzengesellschaften eines Seeufers.

Nahrungsbeziehungen: Pflanzen sind Produzenten, die durch Fotosynthese Nährstoffe herstellen. Die Pflanzen werden von Konsumenten gefressen, die von anderen Konsumenten gefressen werden. So entstehen Nahrungsketten zwischen verschiedenen Arten, die sich zu Nahrungsnetzen verbinden.

Zehn-Prozent-Regel: Besagt, dass in einer Nahrungskette von Konsument zu Konsument nur 10 Prozent der chemischen Energie übertragen wird. Der Rest wird in Körperfunktionen verbraucht oder ausgeschieden.

Sommer- und Winterssichtung: Durch Temperaturunterschiede verursachte Bildung von Wasserschichten in einem See.

Frühjahrs- und Herbstzirkulation: Kreisförmige Durchmischung von Seewasser mit gleicher Temperatur.

Energiefluss: Energieweitergabe zwischen den Ebenen einer Nahrungskette. Pflanzen wandeln Lichtenergie in chemische Energie um, die als Nahrung weitergegeben wird und letztlich als Wärmeenergie entweicht.

Biomasse: Organische Stoffmasse eines Lebewesens.

Stoffkreisläufe: Kreisläufe von Stoffen, die zum Aufbau von Biomasse verwendet werden. In einem See spielen Kohlenstoff, Sauerstoff und Stickstoff eine wichtige Rolle. Die Stoffe werden in verschiedenen Prozessen von Pflanzen zu Nährstoffen umgewandelt, von Konsumenten mit der Nahrung aufgenommen und letztlich wieder ausgeschieden.

Eutrophierung: Anreicherung von Mineralstoffen wie Nitrat und Phosphat in einem Ökosystem, die zu einer starken Vermehrung von Pflanzen und Tieren führt. Dies bringt einen See aus dem ökologische Gleichgewicht.

Selbstreinigung: Abbau und Verwertung von Abfallstoffen durch die Lebewesen eines Sees.

Wahlbereiche

In diesem Kapitel beschäftigst du dich mit

▶ den abiotischen und biotischen Umweltfaktoren, die die Lebensräume Rasen und Wiese prägen. Du lernst, wie sich eine Wiese von einem Rasen und einer Weide unterscheidet und wie Pflanzen an diese Lebensräume angepasst sind. Zudem erfährst du, wie man die Ökologie dieser Lebensräume untersuchen kann.

▶ der Vielfalt der Pilze und ihrer Nutzung durch den Menschen. Du lernst etwas über die Lebensweise verschiedener Pilze. Zudem lernst du ihre Einsatzmöglichkeiten zur Lebensmittelherstellung kennen. Dabei beschäftigst du dich näher mit dem Prozess der Bierherstellung mithilfe von Hefepilzen.

01 Rasen wird regelmäßig kurz gemäht.

Pflanzen im Lebensraum Rasen

Rasenflächen werden regelmäßig gemäht – auch wenn Gänseblümchen und Weißklee blühen. Wie können die Pflanzen nach dem Schnitt weiterwachsen?

DER RASEN · Kurze grüne Grashalme bestimmen das Bild vom Rasen. Bei genauerem Hinsehen entdeckt man allerdings Unterschiede in der **Wuchsform** verschiedener Gräser. Einige Graspflanzen wie die Wiesenrispe und der Rot-

schwingel bilden *Ausläufer*. Oft verlaufen die Ausläufer unter der Erde. Daneben gibt es Graspflanzen ohne Ausläufer. Hierzu gehört das Ausdauernde Weidelgras. Es wächst in kleinen Büscheln, den *Horsten*.

Beim Aussäen eines Rasens wird darauf geachtet, dass Gräser mit den verschiedenen Wuchsformen vorkommen. Die Horste des Weidelgrases sind erwünscht, weil sie einen teppichartigen Rasen bilden. Wenn aber einzelne dieser Pflanzen zertreten werden, kann Weidelgras nicht in die entstandene Lücke wachsen, weil es keine Ausläufer bildet. Daher werden immer auch Ausläufer bildende Grasarten ausgesät.

Alle Grasarten vertragen es, wenn ihre Blätter teilweise abgeschnitten oder abgefressen werden. Das liegt zum einen daran, dass ihre Blätter an Stellen weiterwachsen können, die nah am Boden sind. Zum anderen liegt die Spitze ihres Sprosses geschützt zwischen den Blättern. Sie wird nicht abgemäht. Diese Merkmale sind eine Angepasstheit an Tierfraß, die auch Schnittverträglichkeit zur Folge hat.

02 Ausdauerndes Weidelgras

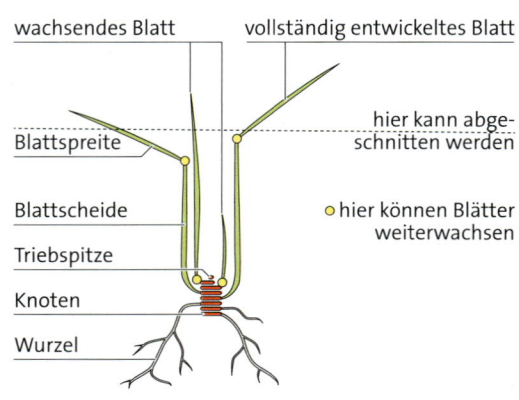

03 Wachstumsbereiche bei Gräsern

04 Pflanzen zwischen Graspflanzen: **A** Braunelle, **B** Persischer Ehrenpreis, **C** Gänseblümchen, **D** Löwenzahn, **E** Weißklee

KONKURRENZ IM RASEN · Die Graspflanzen bedecken den Boden dicht. Nur Pflanzen mit bestimmten Angepasstheiten können dazwischen wachsen: Die Sprosse von Braunelle, Persischem Ehrenpreis und Weißklee wachsen nah am Boden. Ihre Blätter und Blüten reichen nach oben aus dem Rasen. Werden sie abgeschnitten, überdauern die niederliegenden Sprosse und bilden neue Blätter aus. Daher halten diese Pflanzen den Schnitt aus. Löwenzahn, Gänseblümchen und auch Breitwegerich haben kurze Sprossachsen und breite Blätter. Diese liegen dicht am Boden. Wo sie wachsen, wächst kein Gras. Da sie so niedrig wachsen, werden sie beim Mähen nicht zerstört. So ertragen sie den Schnitt.

BETRETEN ERLAUBT · Weil Graspflanzen neue Blätter aus ihren kurzen Sprossen nah am Boden ausbilden, überleben sie auch dann, wenn man auf sie tritt. Auch die niederliegenden Sprosse ihrer Konkurrenten Braunelle, Ehrenpreis und Weißklee werden nicht beschädigt. Sie sind durch die darüber liegenden Graspflanzen geschützt. Die Blätter von Breit-

wegerich, Löwenzahn und Gänseblümchen liegen zwar frei, sind aber unempfindlich gegen Tritt. Die genannten Eigenschaften der Pflanzen ermöglichen es, dass ein Rasen ohne große Schädigung häufig betreten werden kann.

LEBENSRAUM RASEN · Der Rasen ist ein von Menschen eingerichteter und gepflegter **Lebensraum** für bestimmte Gräser. Er bietet aber auch weiteren Pflanzenarten Lebensmöglichkeit. Sie müssen nur die von Menschen und Tieren ausgehenden Faktoren Tritt, Fraß und Schnitt sowie die Konkurrenz untereinander und mit den Gräsern aushalten.
Da die Faktoren Tritt, Fraß, Schnitt und Konkurrenz von Lebewesen ausgehen, gehören sie zu den *biotischen Umweltfaktoren*.

1 Beschreibe die Entstehung und Weiterentwicklung eines Rasens!

2 Erläutere die Konkurrenz zwischen Gräsern und anderen Pflanzen!

3 Erläutere die Wirkung des Menschen als biotischen Faktor im Rasen!

05 Wiesenrispe

06 Rotschwingel

07 Rasenpflanzen im feuchten oder trockenen Boden: **A** Gundermann, **B** Sternmoos, **C** Kranzmoos, **D** Schafgarbe

LICHT UND BODENFEUCHTE · Wiesenrispe, Rotschwingel und Weidelgras wachsen am besten, wenn sie sonnig stehen. Im Schatten wachsen sie nicht so dicht beieinander. Daher sieht ein Rasen im Schatten eines Baumes oder Hauses anders aus als ein Rasen, der mehr Sonne ausgesetzt ist. Ebenso unterscheidet sich der Rasen zwischen trockenen und feuchten Standorten. Licht und Bodenfeuchte sind bedeutsame Faktoren für das Pflanzenwachstum im Rasen. Sie gehören zu den *abiotischen Umweltfaktoren* und prägen das **Mikroklima.**

Als Mikroklima bezeichnet man das Klima der bodennahen Schichten. Die Zusammensetzung des Rasens verändert sich abhängig vom Mikroklima. Gundermann und Gewelltes Sternmoos wachsen an feuchten, schattigen Stellen; Schafgarbe und Kranzmoos an sonnigen, trockenen.

MINERALSTOFFE IM BODEN · Pflanzen benötigen Mineralstoffe wie Stickstoff und Phosphor für ihr Wachstum und ihre Lebensfunktionen. Sie nehmen sie mit dem Bodenwasser über ihre Wurzeln auf. Pflanzenarten unterscheiden sich in ihren Ansprüchen an den Mineralstoffgehalt des Bodens. Rotschwingel findet man oft an Stellen, an denen wenige Mineralstoffe vorhanden sind. Weidelgras und Wiesenrispe wachsen vor allem an Standorten mit mittelmäßigem Mineralstoffgehalt und Brennnesseln an Standorten mit besonders hohem. Die Zusammensetzung des Rasens hängt also auch von den Mineralstoffen im Boden ab.

biotische Faktoren		abiotische Faktoren
Fraß		Licht
Tritt		Bodenfeuchte
Schnitt		Mineralstoffe
Konkurrenten		

08 Wiesenrispenpflanze mit bedeutsamen Faktoren im Rasen

4 ⌡ Erläutere die Aussage von Abbildung 08 mithilfe der Informationen aus dem Text!

Material A ▸ Rasen bei unterschiedlichen Lichtverhältnissen

Angetroffene Grasarten	Unbeschatteter Bereich		Beschatteter Bereich	
	Deckung	Gesamt-deckung	Deckung	Gesamt-deckung
	alle Angaben erfolgen in Prozent der Bereichsfläche			
Weidelgras	41	98	0	15
Rotschwingel	23		9	
Wiesenrispe	18		0	
Einjähriges Rispengras	13		6	
Straußgras	3		0	

Betrachtet man mehrere Rasenflächen von oben, kann man unterschiedlich viel vom Boden sehen. Der Anteil des Bodens, der von Pflanzen verdeckt ist, wird Deckungsgrad genannt. Man unterscheidet die Gesamtdeckung durch alle Pflanzen und die Deckung durch einzelne Pflanzenarten. Auf mehreren Rasenflächen wurde die Deckung erfasst. Dabei wurden jeweils durch Bäume beschattete (B) und unbeschattete (A) Bereiche eines Rasens verglichen. In beiden Bereichen eines jeden Rasens war dieselbe Mischung von Grasarten ausgesät worden. Die Ergebnisse der Untersuchung eines Rasens sind in der Tabelle dargestellt. Untersuchungen bei anderen Flächen und Grasmischungen führten zu ähnlichen Ergebnissen.

A1 Beschreibe die in der Tabelle dargestellten Ergebnisse!

A2 Erläutere die Auswirkungen des abiotischen Faktors Licht auf einzelne Rasenarten!

A3 Erläutere den möglichen Einfluss biotischer Faktoren auf das Ergebnis!

Material B ▸ Beobachtung an Breitwegerichpflanzen

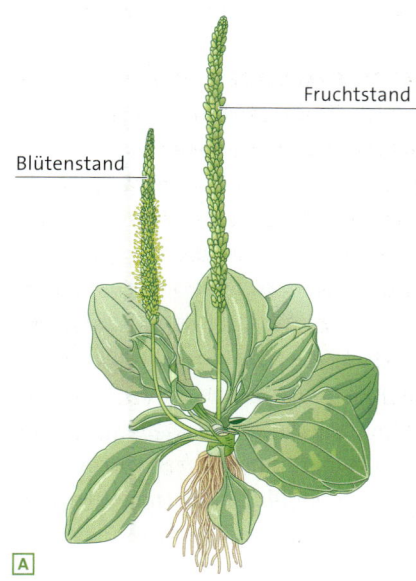

Fruchtstand

Blütenstand

Breitwegerichpflanzen (A) haben einen kurzen Spross, an dem die Blätter sitzen.

Die Seitensprosse mit jeweils einem Blütenstand sind blattlos. Im Rasen werden die Blütenstände regelmäßig abgemäht.

B1 Beschreibe die unterschiedlichen Wuchsformen der Wegerichpflanzen in einem Rasen (B) und am Wegrand (C)!

B2 Nenne biotische Faktoren für Rasen und Wegrand, die gleich oder unterschiedlich sind! Begründe deine Nennungen!

B3 Nenne biotische Faktoren, die im Rasen wahrscheinlich verhindern, dass die Wuchsform des Wegerichs in Abbildung C entstehen! Begründe deine Nennungen!

01 Rasen und Wiese

Rasen – Wiese – Weide

> *Der Rasen im Vordergrund ist frisch gemäht, die Wiese dahinter nicht. Aber auch eine Wiese muss irgendwann gemäht werden. Welche Unterschiede zwischen Rasen und Wiese ergeben sich durch die Häufigkeit des Mähens?*

LEBENSGEMEINSCHAFTEN · Rasen entsteht, wenn man bestimmte Gräser aussät und dann regelmäßig und häufig mäht. Für eine Wiese und eine Weide werden ebenfalls erwünschte Gräser ausgesät. Eine Wiese wird seltener gemäht, nur einige Male im Jahr. Die Weide entsteht durch Tierfraß. Es gibt also einen entscheidenden biotischen Faktor, der wichtig dafür ist, ob ein Rasen, eine Wiese oder eine Weide entsteht. Man könnte an ein und derselben Stelle, dem *Wuchsort,* jeden der drei Grünlandtypen schaffen.

Dieser jeweils bestimmende Faktor hat zum Beispiel Einfluss darauf, wie viel Licht bis auf den Boden kommt. In einer hochgewachsenen Wiese ist dies weniger als beim Rasen und der Weide. Also haben hier biotische Faktoren Einfluss auf einen abiotischen. Weil solche Zusammenhänge in der Natur häufig sind, muss man zum Vergleich von Lebensräumen sämtliche am jeweiligen Wuchsort vorhandenen abiotischen Faktoren, das **Biotop,** und sämtliche Lebewesen, die **Biozönose,** betrachten. Abiotische Faktoren wie das Licht, die Bodenbeschaffenheit und die Bodenfeuchte haben Einfluss darauf, welche Pflanzenarten vorkommen. Daher kann man verallgemeinernd sagen, dass das Biotop die Biozönose beeinflusst und die Biozönose das Biotop. Durch diese wechselseitige Beeinflussung entsteht ein jeweils besonderes Ganzes, zum Beispiel eine Wiese, allgemein ein **Ökosystem.**

02 Wuchshöhe einer Wiese im Jahresverlauf

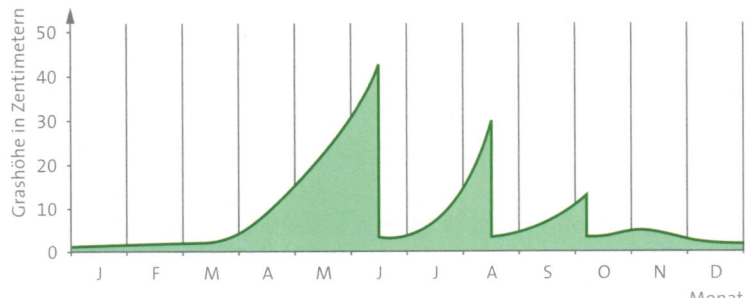

03 Rinderherde auf der Weide

ÖKOSYSTEME RASEN, WIESE, WEIDE · Der *Rasen* im Garten hat nur wenige Lebensbereiche. Kurze Graspflanzen geben ihm ganzjährig eine gleichmäßige Struktur. Die Wuchshöhe der *Wiese* ändert sich dagegen im Verlauf des Jahres stark. Wenn man ihr Zeit zur Entwicklung lässt, sodass Gräser und andere Pflanzen wachsen und zum Blühen kommen, können in einer Wiese viele Tierarten leben. Die Biozönose in der Wiese ist dann artenreicher als die im Rasen.

Die *Weide* enthält ebenfalls mehr Strukturen als der Rasen, weil die Weidetiere nicht alle Pflanzen fressen. Rinder meiden zum Beispiel Gräser in der Nähe ihrer Fladen. Es entsteht ein Mosaik aus kurz gefressenen Bereichen und Stellen, in denen Pflanzen höher wachsen. Darüber hinaus bilden Kuhfladen Teillebensräume, die für viele Tiere wichtig sind. Dungfliegen und Mistkäfer legen hierin ihre Eier ab. Der Neuntöter frisst häufig Tiere aus den Fladen.

1 ⌐ Stelle das Ökosystem Wiese in einem Kurzvortrag vor! Benutze die Abbildungen 01, 02 und 04!

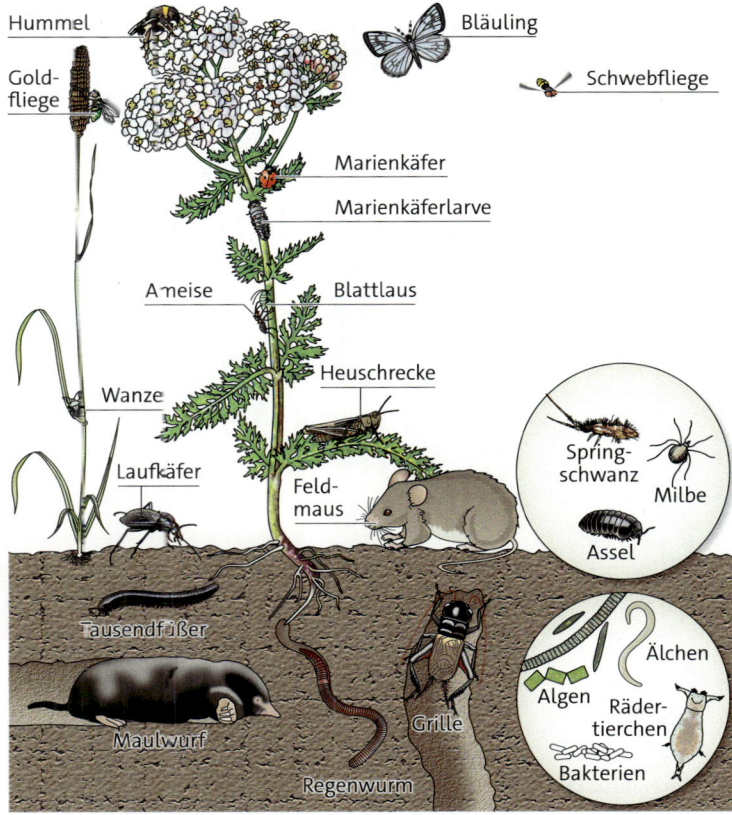

04 Strukturen in einer Wiese und zugeordnete Tiere

Material A ▸ Veränderung der Artenzusammensetzung auf Wiese und Weide

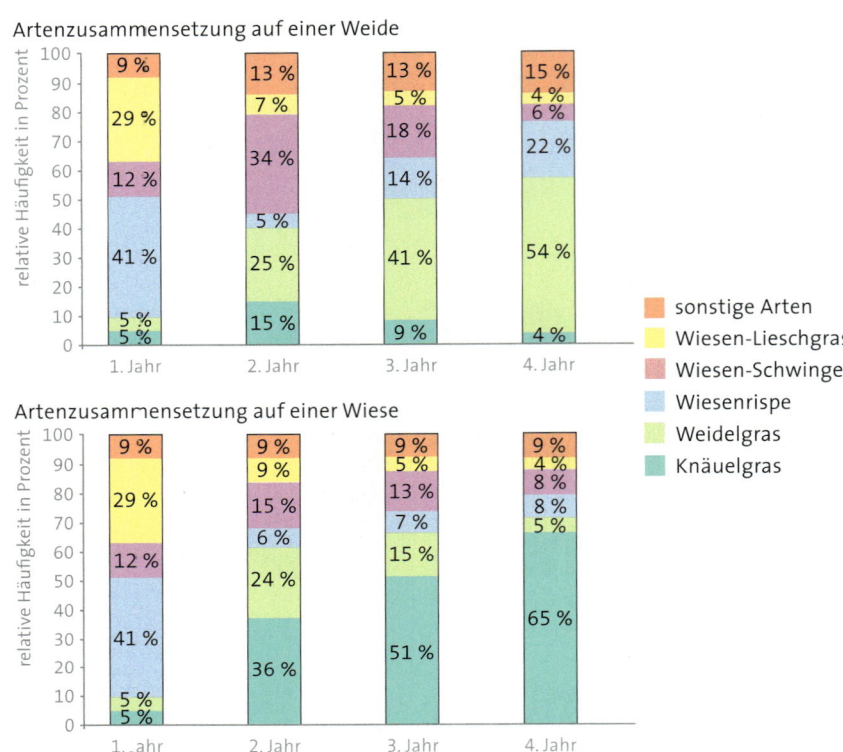

Artenzusammensetzung auf einer Weide

relative Häufigkeit in Prozent

	1. Jahr	2. Jahr	3. Jahr	4. Jahr
	9 %	13 %	13 %	15 %
		7 %	5 %	4 %
	29 %		18 %	6 %
		34 %		22 %
	12 %		14 %	
		5 %		
	41 %	25 %	41 %	54 %
	5 %	15 %	9 %	4 %
	5 %			

- sonstige Arten
- Wiesen-Lieschgras
- Wiesen-Schwingel
- Wiesenrispe
- Weidelgras
- Knäuelgras

Artenzusammensetzung auf einer Wiese

relative Häufigkeit in Prozent

	1. Jahr	2. Jahr	3. Jahr	4. Jahr
	9 %	9 %	9 %	9 %
		9 %	5 %	4 %
	29 %	15 %	13 %	8 %
		6 %	7 %	8 %
	12 %	24 %	15 %	5 %
	41 %	36 %	51 %	65 %
	5 %			
	5 %			

Auf zwei benachbarten Standorten mit gleichen Bodenverhältnissen wurden im ersten Jahr dieselben Grasarten ausgesät. Ab dem zweiten Jahr wurden die Flächen unterschiedlich genutzt. Jeweils am Ende des Sommers wurden die Arten der Biozönose in ihrer relativen Häufigkeit erfasst. Die Grasarten wurden dabei einzeln benannt.

A1 Beschreibe die dargestellten Versuchsergebnisse!

A2 Ziehe Schlussfolgerungen zu den besonderen Eigenschaften, die Weidelgras und Knäuelgras haben!

A3 Erstelle Hypothesen, weshalb die sonstigen Arten in einer Weide einen größeren Anteil haben als in einer Wiese!

Material B ▸ Werte abiotischer Faktoren in einer ungemähten Wiese und einem Rasen

Wiese　Rasen

Lichtmenge zehn Zentimeter über dem Boden in Lux	5 000	20 000
Bodentemperatur zwei Zentimeter im Boden in Grad Celsius	18	21
Luftfeuchtigkeit zehn Zentimeter über dem Boden in Prozent	58	50
Wasserverdunstung zehn Zentimeter über dem Boden in Milliliter pro Stunde	0,2	0,5

Individuen des Rüsselkäfers *Protapion fulvipes* wurden häufiger in einem Rasen als in einer Wiese gefangen. Die Tiere entwickeln sich in den Blütenständen des Klees. In der Tabelle sind

Werte abiotischer Faktoren dargestellt, die an einem sonnigen Tag gemessen wurden.

B1 Ordne die Spalten der Tabelle begründet Wiese und Rasen zu!

B2 Entwickle mit Bezug auf die abiotischen Faktoren eine Hypothese zum Vorkommen des Rüsselkäfers!

B3 Entwirf einen Laborversuch, der die Hypothese überprüfen kann!

Material C ▸ Feldmauszyklen

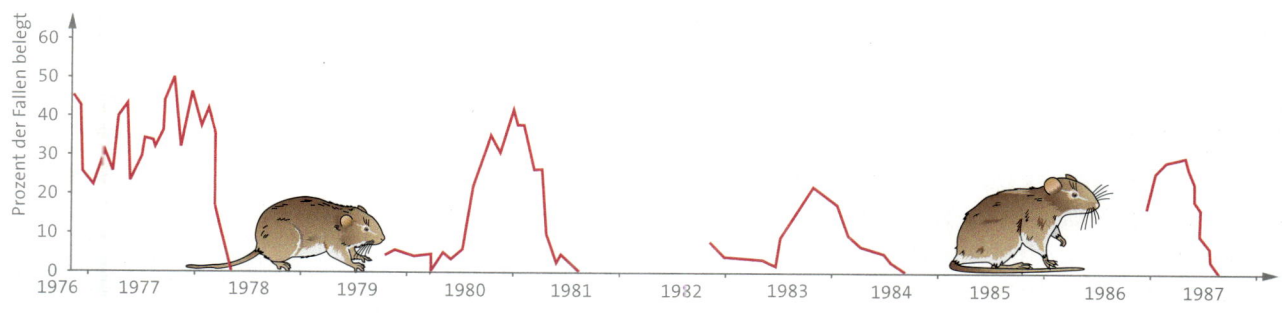

In einer mehrjährigen Untersuchung wurden Feldmäuse in Fallen gefangen. Das Gebiet bestand aus Wiesen und Weiden und bot reichlich Nahrung für Mäuse.

In jedem Jahr wurden mehrmals an denselben Stellen Fallen aufgestellt und regelmäßig kontrolliert. Die Zeit nach dem Aufstellen der Falle bis zur Kontrolle war jedes Mal gleich lang. Um die Mäusepopulation nicht dauerhaft zu stören, wenn nur wenig Mäuse

vorkommen, hat man Stichprobenfänge gemacht. Deren Daten sind im Diagramm nicht enthalten. So wurde kontrolliert, ob sich die genauere Messung lohnt.

Bei jeder Fallenkontrolle wurde notiert, wie viel Prozent der Fallen Mäuse enthielten. Daraus hat man die Feldmausdichte, also die Anzahl der Feldmäuse im Untersuchungsgebiet, geschätzt.

C1 Beschreibe die Untersuchungsergebnisse!

C2 Aus den Untersuchungsergebnissen kann man die Gesamtanzahl der vorkommenden Mäuse abschätzen. Erläutere!

C3 Begründe die Ergebnisse!

C4 Nach den Untersuchungen kann man von einem „Dichtezyklus" bei den Feldmäusen sprechen. Erläutere dies!

Material D ▸ Regenwurmgedicht

Unterm Rasen

Es laufen die Kinder
und raufen und spielen,
und unter ihnen
im Erdreich wühlen
die Würmer, die vielen.
Doch was sie da unten
im Dunkeln, im Kühlen,
die Würmer, die vielen,
beim Wühlen fühlen —
keine Sprache beschreibt es.
Es ist ein Geheimnis und bleibt es.

(Josef Guggenmos)

D1 Gib den Text des Gedichts mit eigenen Worten wieder!

D2 Erläutere den Einfluss der spielenden Kinder auf die Regenwürmer!

D3 Benenne die Eigenschaft von Regenwürmern, für die sich der Dichter Guggenmoos interessiert!

D4 Entwirf einen Versuch, in dem untersucht wird, ob Regenwürmer den Unterschied zwischen Sand- und Lehmboden feststellen können!

D5 Entwirf einen Versuch, in dem untersucht wird, ob Regenwürmer Erschütterungen feststellen können!

D6 Entwirf einen Versuch, in dem untersucht wird, ob Regenwürmer Licht- und Temperaturreize erkennen!

D7 Diskutiere, ob die drei Versuche das Geheimnis zumindest teilweise lüften können, das der Dichter angesprochen hat!

Untersuchungen auf dem Rasen

Beispiel Trittpflanzen

ENTWICKLUNG DER UNTERSUCHUNGSFRAGE · *Rasen soll betreten werden können. Wenn allerdings häufig immer über dieselben Stellen gelaufen wird, wachsen dort bald nur noch wenige Rasengräser und einige charakteristische Pflanzen, die Trittpflanzen. Ihr Vorkommen hängt mit dem biotischen Faktor Tritt zusammen. Die erste Untersuchungsfrage lautet: „Welche Pflanzenarten kommen auf den betretenen Flächen vor?" Weil ein Weg durch einen Rasen an den Rändern weniger häufig betreten wird als in der Mitte, wird die Frage erweitert: „Welche Pflanzenarten kommen auf den unterschiedlich intensiv betretenen Flächen vor?" Um auch über die einzelnen Arten Informationen zu erhalten, stellt man die Frage: „Welche Pflanzenarten, die auf dem Weg wachsen, kommen wie häufig auf den unterschiedlich intensiv betretenen Flächen vor?"*

UNTERSUCHUNGSMETHODE · *Man erstellt zunächst eine Liste der Pflanzenarten und wählt dann verschieden intensiv betretene Bereiche des Weges aus. Hier legt man jeweils einen oder mehrere Zählrahmen so aus, dass man eine Fläche von einem Quadratmeter untersuchen kann. Wenn man an einem Wegrand untersucht, kann dies eine rechteckige Fläche mit den Seitenlängen zehn Zentimeter und zehn Meter sein.*

Man schaut die Untersuchungsfläche von oben an und schätzt, welcher Anteil des Erdbodens nicht zu sehen ist, weil er von Pflanzen verdeckt wird. Dieser Anteil heißt Deckungsgrad und wird in Prozent angegeben.

Nun bestimmt man mithilfe der folgenden Werteskala die Häufigkeit des Vorkommens für jede Pflanzenart. Sie wird ebenfalls als Deckungsgrad angegeben.

Deckungsgrad von Pflanzenarten	
+	vereinzelt vorkommend
1	weniger als 5 % der Fläche bedeckend
2	5 % bis 25 % der Fläche bedeckend
3	25 % bis 50 % der Fläche bedeckend
4	50 % bis 75 % der Fläche bedeckend
5	mehr als 75 % der Fläche bedeckend

ERGEBNIS · *Bei einem Weg wurden auf sieben Flächen folgende Schätzwerte ermittelt.*

Untersuchungsfläche	A	B	C	D	E	F	G
Deckungsgrad aller Pflanzen in Prozent	50	50	35	30	30	10	10
Englisches Raygras (Weidelgras)	3	2	2	1	2	1	1
Strahlenlose Kamille	2	+	+	1	1	1	+
Vogelknöterich	+	–	1	+	1	1	+
Einjähriges Rispengras	1	3	1	2	2	2	1
Breitwegerich	1	1	+	1	1	1	1
Löwenzahn	1	–	+	+	1	–	–
Kriechender Weißklee	+	+	–	–	+	1	–
– bedeutet, dass die Pflanzenart fehlt.							

Bei den meisten Schulen sind zum Vergleich eigene Untersuchungen möglich. Darüber hinaus kann man mit den folgenden Messungen klären, welche besonderen abiotischen Faktoren diese Pflanzen ertragen: Man steckt ein Kunststoffrohr wenige Zentimeter in den Boden, gießt einen Liter Wasser hinein und stoppt die Zeit, bis sämtliches Wasser versickert ist. Man misst an den Standorten, an denen die Pflanzenarten aus der Tabelle vorkommen, die relative Lichtmenge. Man misst bei sonnigem Wetter die Oberflächentemperatur des Bodens auf und neben dem Weg.

1) *Ordne anhand der Ergebnistabelle die Untersuchungsflächen den Wuchsorten Wegmitte und Wegrand zu!*

2) *Erläutere den Einfluss der Wuchsorte Wegmitte und Wegrand auf das Vorkommen einzelner Arten!*

3) *Vermute die zu erwartenden Ergebnisse, wenn man weiß, dass viele Trittpflanzen verdichtete Böden, hohe Temperaturen und volles Sonnenlicht ertragen!*

Beispiel Beziehungen zwischen Blüten und Insekten

ENTWICKLUNG VON UNTERSUCHUNGSFRAGEN ·
Auch auf einem kurz geschorenen Rasen kommen zwischen den Gräsern einige Pflanzen zum Blühen. Zur Zeit ihrer Blüte stellt man fest, dass verschiedene Insekten auf ihnen Pollen und Nektar suchen. Einige Insekten stecken ihren Rüssel in die Blüte, andere kriechen mit dem Kopf und dem Brustbereich in die Blüten hinein. Es gibt auch Insekten, die Blütenteile abbeißen und fressen. Die Pflanzen stellen den Insekten Pollen und Nektar zur Verfügung. Die Insekten transportieren Pollen von Blüte zu Blüte und sorgen so für deren Bestäubung. Daraus lassen sich die folgenden Fragen ableiten: „Fliegt ein Insekt, das an der Blüte einer Pflanze beobachtet wird, zu einer anderen Pflanze derselben Art?" „Wird die Braunelle lediglich von Hummeln besucht oder sind weitere Arten anzutreffen?" „Aus welchen Insektengruppen kommen die Blütenbesucher?"

UNTERSUCHUNGSMETHODE · *Man stellt zunächst die Blütezeit der verschiedenen Arten im Rasen fest. In dieser Zeit dokumentiert man mit einer Kamera die blütenbesuchenden Insekten. Nach und nach erhält man so eine Liste der Blütenbesucher, die man nach Insektengruppen sortiert. Ab und zu beobachtet man ein einzelnes Insekt, zum Beispiel eine Hummel, wenn sie von Blüte zu Blüte fliegt. Dabei schreibt man auf, welche Pflanzenarten sie anfliegt. Man notiert auch, ob sie mehrere Blüten einer Pflanze besucht oder von einer Pflanze zur anderen fliegt.*

ERGEBNISSE · *Die Kleine Braunelle blüht von Juni bis Oktober, die Schafgarbe von Ende Mai bis Oktober, das Gänsefingerkraut von Mai bis August und der Kriechende Weißklee von Mai bis Oktober. Hummeln besuchen häufig nacheinander Blüten einer Pflanzenart, bei Wespen und Fliegen ist dies nicht so häufig der Fall. Auf den offenen Blüten der Schafgarbe und des Gänsefingerkrauts landen Insekten verschiedener Gruppen, bei Weißklee und Braunelle beobachtet man häufig nur Wild- und Honigbienen sowie Hummeln, die in die Blüten hineinkriechen.*

01 Blütenbesuchende Insekten: **A** Hummel auf Kleiner Braunelle, **B** Hummel auf Schafgarbe, **C** Hummel auf Kriechendem Weißklee, **D** Schwebfliege auf Gänsefingerkraut, **E** Wespe auf Schafgarbe, **F** Fliege auf Schafgarbe

4) *Erläutere die Ableitung der Untersuchungsfragen aus den gegebenen Informationen!*

5) *Entwirf einen Beobachtungsplan, mit dem man die nebenstehenden Ergebnisse zum Blütenbesuch verschiedener Insektenarten erhalten hat!*

01 Fliegenpilze

Mannigfaltigkeit der Pilze

Im Herbst leuchtet einem der rote Hut des Flie-genpilzes bereits von Weitem entgegen. Auch auffällig viele andere Pilze erscheinen plötzlich zur gleichen Jahreszeit. Woher kommen sie?

BAU DER PILZE · Pilze sind weder Tiere noch Pflanzen, sondern eine ganz eigene Gruppe von Lebewesen. Der Fliegenpilz ist ebenso wie andere Pilze giftig. Es gibt auch zahlreiche un-giftige Pilze, die ausgesprochen schmackhaft sind: Champignon, Pfifferling, Steinpilz, Trüffel.

02 Pilzmyzel

Stiel und Hut sind nur Teile des Organismus Fliegenpilz. Der Hut, den man auch Schirm nennt, ist ein *Sporenträger*. Hier reifen die Sporen heran, die der Fortpflanzung dienen. Sie wachsen im Boden zu einem weitläufigen Geflecht feiner Pilzfäden heran, das man als **Myzel** bezeichnet. Die einzelnen Zellfäden nennt man **Hyphen**. Das Myzel ist der zentrale Teil des Pilzkörpers. Bei vielen, aber durchaus nicht allen Pilzarten wächst aus dem Myzel zu bestimmten Zeiten ein Stiel mit Hut empor. Die Zellen der Pilze haben wie diejenigen der Pflanzen Vakuolen und Zellwände, aber keine Chloroplasten, sodass sie keine Fotosynthese leisten. Die Zellwände bestehen nicht aus *Zellulose* wie bei Pflanzen, sondern aus *Chitin*, dem Stoff, aus dem die Außenskelette von Insekten und Spinnen gebaut sind. In ihren Zellen speichern Pilze keine Stärke wie die Pflanzen, sondern *Glykogen* wie Tiere. Pilze sind also eine ganz eigenständige Organis-mengruppe.

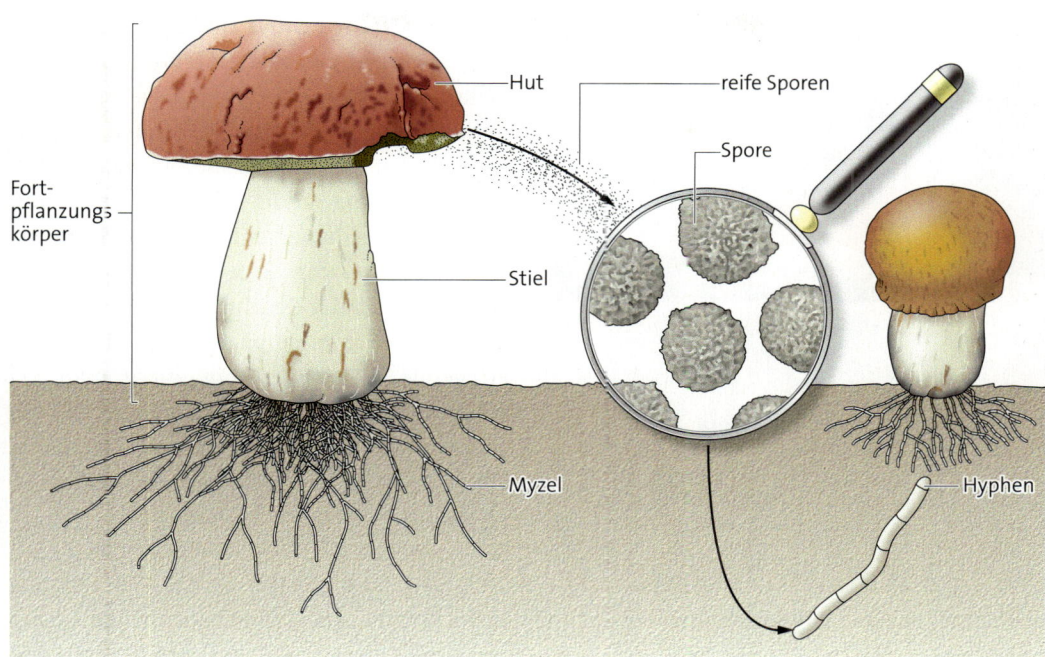

Hut

reife Sporen

Spore

Fort-
pflanzungs-
körper

Stiel

Myzel

Hyphen

LEBENSWEISEN VON PILZEN · Pilze können keine energiereichen Substanzen aus energie-armen aufbauen und müssen daher wie Tiere Nahrung aufnehmen. Es gibt drei Typen des Nahrungserwerbs, zwischen denen man aber nicht immer ganz genau unterscheiden kann. **Saprophyten** sind Fäulnisbewohner, die sich von toter organischer Substanz ernähren. **Parasiten** gedeihen auf lebenden Pflanzen und Tieren. In Bäumen lösen sie zum Beispiel die Verbindungen zwischen einzelnen Holzzellen auf, sodass das Holz morsch wird und zerbröselt. Parasitische Pilze wie der Buchenschwamm bilden das ganze Jahr über Sporenträger.

Der dritte Typus bildet eine Lebensgemein-schaft mit Pflanzen, die beiden „Partnern" nützt. Eine solche **Symbiose** heißt **Mykorrhiza**, in der der Pilz mit organischen Stoffen versorgt wird. Die Pflanze erhält vom Pilz zusätzliches Wasser und Mineralstoffe, die im weit reichen-den Myzel transportiert werden. Verbindet sich eine Pflanzenwurzel mit einem Pilzmyzel, vergrößert sich der Bodenraum, aus dem die Pflanze Wasser und Mineralstoffe aufnehmen kann, um ein Vielfaches.

PFLANZEN UND PILZE IM JAHRESLAUF · Die Sporenträger der meisten Mykorrhizapilze er-scheinen nur im Spätsommer und Herbst. Das ist beim Fliegenpilz genauso wie bei Pfifferling und Steinpilz. Dann nämlich lagern Bäume organische Substanzen in den Wurzeln ein. Die Pilze beziehen diese Stoffe aus der Pflanze und verwenden sie zum Aufbau der Sporenträger. Im Frühjahr und Frühsommer werden dagegen durch die immer im Boden vorhandenen Myzele Wasser und Mineralstoffe zur Pflanze geleitet. Bäume brauchen dann besonders viel von diesen Substanzen, weil sich die Blätter entfalten und entwickeln. Die feinen Myzele der Mykorrhizapilze sind also stets vorhanden, während manche Sporenträger nur zu be-stimmten Jahreszeiten zu sehen sind.

1 Vergleiche die Ernährungsweisen von Pflanzen, Tieren und Pilzen!

2 Begründe in Bezug auf den Bau eines Pilzes die Notwendigkeit, den Sporen-träger bei der Ernte nur sehr behutsam mit dem Messer abzuschneiden!

04 Schimmel **A** Brotschimmel, **B** Schimmelkäse, **C** verschimmeltes Obst, **D** Köpfchenschimmel

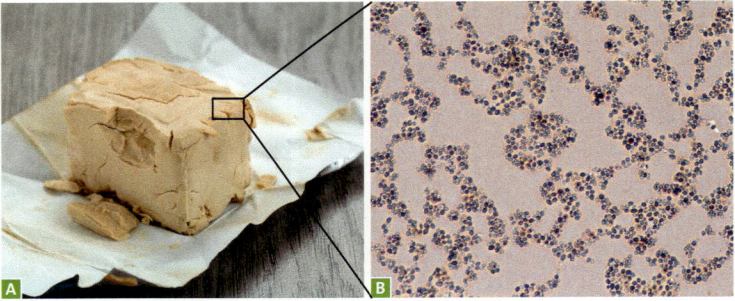

05 Hefe: **A** Hefewürfel, **B** mikroskopische Aufnahme

06 Hallimasch

GANZ KLEIN UND GANZ GROSS · Nur wenige Pilze sehen so aus wie ein Fliegenpilz. Sehr viele winzig kleine einzellige Pilze kann man nur unter einem Mikroskop erkennen. Sie nehmen ebenso wie ihre größeren Verwandten Nährstoffe von anderen Organismen auf. Schimmelpilze bauen energiereiche Stoffe ab, beispielsweise von Brot oder Obst. Dabei verändert sich der Geschmack der Nahrungsmittel. Weil Schimmelpilze giftige oder krebserregende Stoffe bilden können, darf man verschimmelte Lebensmittel nicht essen. Andere Schimmelpilze, die man durchaus essen kann, braucht man zur Herstellung von Camembert, Roquefort oder anderen Käsesorten.

Bäckerhefe ernährt sich von Zucker. Setzt man sie einem Teig zu, also einem Gemisch aus Mehl, Wasser und Zucker, baut sie den Zucker ab. Dabei bildet sich Kohlenstoffdioxid, das den Teig zum „Gehen" bringt. Brot oder Kuchen werden dadurch locker. Bierhefe lässt Malz, das mit Wasser versetzt wurde, gären. Diese und weitere Hefepilze braucht man zur Zubereitung von alkoholischen Getränken. Dabei wird immer Glukose zu Alkohol und Kohlenstoffdioxid abgebaut. Die dabei frei werdende Energie wird vom Pilz genutzt.

Für die kleinen gilt also genau das Gleiche wie für die großen Pilze: Einige werden ausgesprochen gerne gegessen, andere sind ungenießbar. Weitere Pilzarten enthalten Giftstoffe, sodass man in Lebensgefahr gerät, wenn man sie isst.

Es gibt auch sehr große Pilze. Vor allem das im Boden oder im Holz verborgene Myzel kann gewaltige Ausmaße annehmen. In Oregon in Nordamerika fand man einen Hallimasch, der eine Ausdehnung von beinahe zehn Quadratkilometer und ein Gewicht von etwa 600 Tonnen aufweist. Man hält diesen Pilz für das größte Lebewesen der Welt, und man schätzt, dass er weit mehr als 2000 Jahre alt ist.

3 Nenne Pilze, die man für die Lebensmittelherstellung nutzt!

Material A ► Mykorrhiza

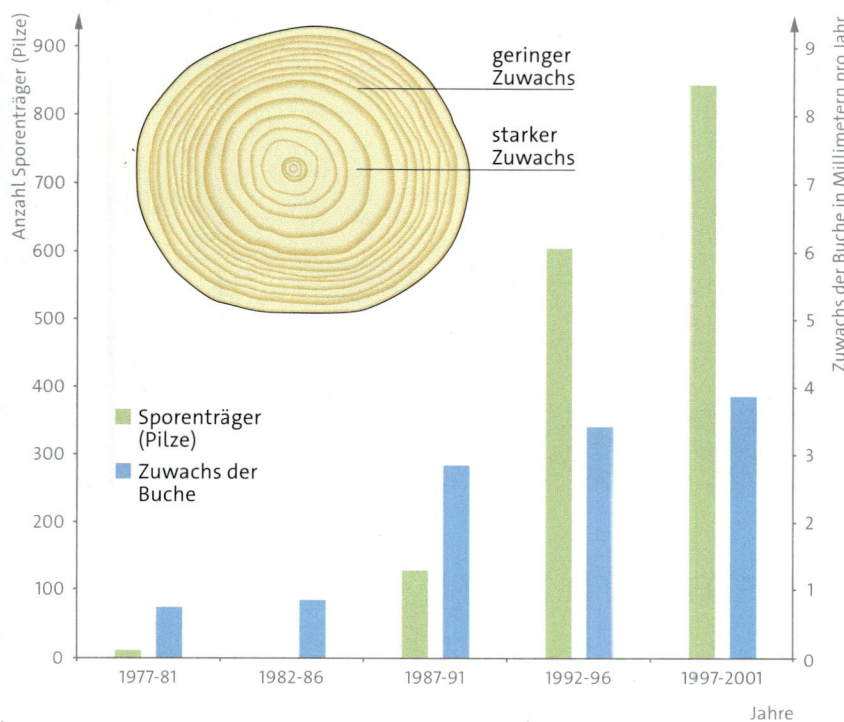

A1 Beschreibe die Messergebnisse!

A2 Begründe das stärkere Wachstum des Baumes nach der Auslichtung von 1987!

A3 Beschreibe die Auswirkungen der Auslichtung auf die Pilze!

A4 Fasse die Abhängigkeiten zwischen Forstmaßnahme, Baum- und Pilzwachstum zusammen!

A5 Bewerte die Maßnahme, die der Förster in dem Waldstück durchgeführt hat!

Jahr für Jahr wurden in einem Waldstück die Zahlen von Sporenträgern der Pilze erfasst. Ein großer Teil davon bildete eine Mykorrhiza mit Buchenwurzeln. Im Jahr 1987 wurde der Wald vom Förster ausgelichtet. 2001 fällte man eine Buche und ermittelte den jährlichen Zuwachs des Baumes im Zeitraum von 1977 bis 2001.

Material B ► Flechten

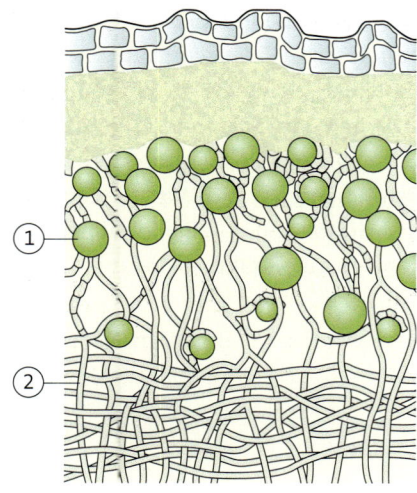

Flechten sind eine ähnliche Lebensgemeinschaft wie die Mykorrhiza. Es sind ebenfalls Pilze beteiligt, aber anstelle vielzelliger Pflanzen findet man einzellige Algen. Flechten gedeihen selbst an zeitweise sehr trockenen Plätzen, an denen keine Pflanzen wachsen: an Baumrinden und sogar auf Felsen und an Hausfassaden. Pilze speichern Wasser und Mineralstoffe. Auf einem mikroskopischen Bild erkennt man einzellige Algen, die Fotosynthese betreiben, und vielzellige Myzele von Pilzen.

B1 Benenne die Strukturen, die mit den Ziffern 1 und 2 bezeichnet sind!

B2 Vergleiche tabellarisch die Flechtensymbiose und die Mykorrhiza! Gehe auf die beteiligten Organismen, ihre Wuchsorte und die Funktionen innerhalb der Symbiose ein!

B3 Erläutere die Funktion der Pilze, wenn die Flechten an zeitweise sehr trockenen Standorten wachsen!

01 Zutaten zum Bierbrauen

Von der Gerste zum Bier

Nach dem Reinheitsgebot darf in Deutschland zum Bierbrauen nur Gerste, Hopfen, Wasser und Hefe verwendet werden. Wie entsteht aus diesen Zutaten ein alkoholisches Getränk?

BIOTECHNOLOGIE · Unter Biotechnologie versteht man die Nutzung von Zellen oder Organismen, um in technischen Prozessen Produkte wie Lebensmittel und Medikamente herzustellen. Wegen ihrer raschen Vermehrung kommen dabei vor allem Mikroorganismen zum Einsatz. Zu den ältesten biotechnischen Verfahren gehört die Herstellung von Brot, Wein und Bier mit Hilfe von *Hefepilzen*. Hefepilze, kurz *Hefen*, sind mikroskopisch kleine einzellige Pilze. Ihre Nutzung beruht auf einem Zufall. Schon vor über 5 000 Jahren stellten die Menschen fest, dass Brot nach dem Backen lockerer ist, wenn man den Teig zuvor „gehen lässt".

Zudem bemerkten sie, dass zuckerhaltige Traubensäfte sich bei längerer Lagerung veränderten. Dies stellten sie auch bei dem Getreidebrei fest, aus dem sie Gerstensaft gewannen. All das bewirkten Hefen, die zufällig eingetragen wurden. Dies war den Menschen damals noch nicht bewusst. Die biologischen Hintergründe verstanden Wissenschaftler erst im 19. Jahrhundert.

ALKOHOLISCHE GÄRUNG · Wie alle Lebewesen bauen Hefepilze zur Energiegewinnung Glukose ab. Steht genügend Sauerstoff zur Verfügung, betreiben sie *Zellatmung*. In einer Zuckerlösung bauen Hefepilze auch dann noch Glukose ab, wenn der Sauerstoff aufgebraucht ist. Der Abbau von Glukose unter Ausschluss von Sauerstoff heißt *Gärung*. Wird die Glukose zu Kohlenstoffdioxid und Alkohol abgebaut, spricht man von **alkoholischer Gärung.**

$C_6H_{12}O_6$ Glukose → 2 CO_2 Kohlenstoffdioxid + 2 C_2H_5OH Alkohol

Energie

02 Gleichung der alkoholischen Gärung

ENERGIEBILANZ · Bei der Zellatmung wird die Glukose vollständig zu den energiearmen Produkten Kohlenstoffdioxid und Wasser abgebaut. Bei der alkoholischen Gärung wird die Glukose dagegen nur unvollständig abgebaut und der Alkohol, der als Produkt entsteht, enthält noch relativ viel Energie. Deshalb ist der Energiegewinn bei der alkoholischen Gärung viel geringer als bei der Zellatmung. Aus diesem Grund stellen Hefepilze ihre Energiegewinnung nur auf die alkoholische Gärung um, wenn der Sauerstoff knapp wird. Die Gärung findet im Zellplasma der Hefen statt. Mikroorganismen können Gärung und Zellatmung betreiben. Pflanzen und Tiere führen vorwiegend Zellatmung durch.

GÄRUNGSTECHNOLOGIEN · Die alkoholische Gärung wird zur Herstellung von Backwaren und alkoholischen Getränken genutzt. In Backwaren vergären Hefepilze den Zucker im Teig, bei der Weinherstellung den Zucker des Traubensaftes. Beim Bierbrauen vergären die Hefen den Zucker aus der Gerste. Gerste ist ein Getreide, in dem Zucker als Stärke gespeichert wird. Der bei der Gärung gebildete Alkohol kann von den Hefepilzen nicht weiter verwertet werden und wird ausgeschieden. Der freigesetzte Alkohol bleibt im Bier und im Wein erhalten. Bei Backwaren verdampft er hingegen in der Backhitze. Dafür bewirkt das freigesetzte Kohlenstoffdioxid, dass der Teig locker wird. Für die Alkoholgewinnung nutzt man hauptsächlich Hefepilze. Daneben betreiben aber auch einige Bakterien alkoholischen Gärung. Diese werden zum Beispiel für die Herstellung alkoholhaltiger Reinigungsmittel genutzt. Zudem gibt es noch weitere Formen der Gärung. In der Lebensmittelherstellung spielt auch die *Milchsäuregärung* eine große Rolle. Dabei bauen Bakterien die Glukose nicht zu Alkohol, sondern zu Milchsäure ab. Dies wird zur Herstellung von Sauermilchprodukten wie Joghurt, Quark und Buttermilch genutzt, da Milchsäure die Entwicklung von Fäulnisbakterien hemmt und so die Haltbarkeit der Produkte verlängert.

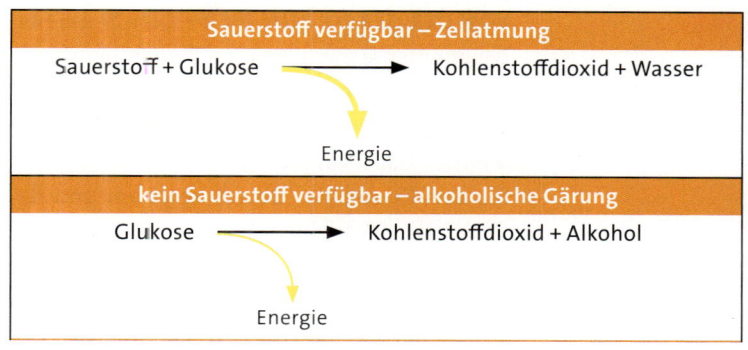

03 Energiegewinnung durch Zellatmung und Gärung

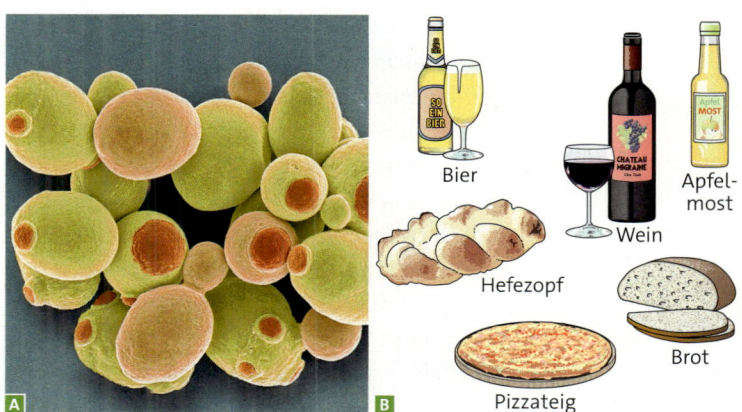

04 Alkoholische Gärung: **A** Hefepilze im Elektronenmikroskop, **B** einige Produkte biotechnischer Verfahren

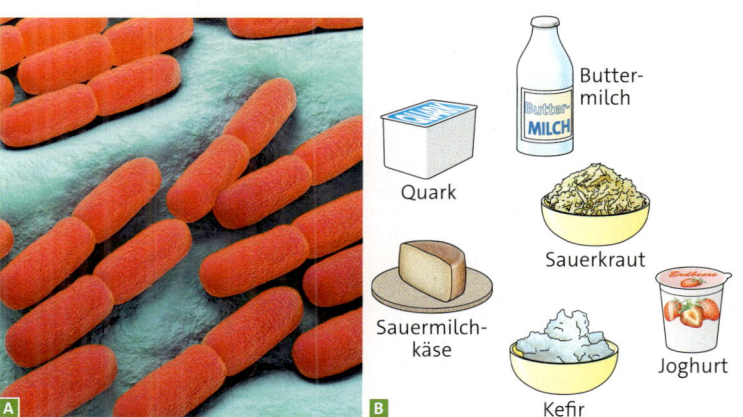

05 Milchsäuregärung: **A** Milchsäurebakterien im Elektronenmikroskop, **B** einige Produkte biotechnischer Verfahren

1 Vergleiche die Zellatmung mit der alkoholischer Gärung!

VON DER GERSTE ZUM BIER · Dem Reinheitsgebot entsprechend werden Biere hierzulande aus *Gerste, Hopfen, Wasser* und *Hefe* gebraut. Die Zutaten werden in mehreren Schritten verarbeitet. Dabei kommen Bierhefen zum Einsatz, die den Zucker der Gerste vergären und dadurch den Alkoholgehalt des Bieres erzeugen.

Der Prozess des Bierbrauens beginnt mit einem kontrollierten Keimvorgang, dem *Mälzen*. Der Zucker ist in der Gerste als Stärke gespeichert. Da die Bierhefe die Stärke nicht vergären kann, werden die Gerstenkörner zunächst in Wasser eingeweicht und zum Keimen gebracht. Dabei werden Enzyme aktiviert, die einen Teil der Stärke zu Malzzucker und Glukose abbauen. Nach einigen Tagen wird die Gerste in der *Darre* getrocknet und die Keimlinge werden aus den Getreidekörnern entfernt. Die entkeimte Gerste wird als *Gerstenmalz* bezeichnet.
Das Gerstenmalz wird zu *Malzschrot* geschrotet und mit Wasser versetzt. Das Gemisch aus Malzschrot und Wasser wird *Maische* genannt. Die Maische wird in der *Maischpfanne* für etwa zwei Stunden auf 70 °C erhitzt. Dabei wird die restliche Stärke in Zucker gespalten.

Im *Läuterbottich* wird das Malzschrot aus dem Wasser herausgefiltert. Die festen Bestandteile, der *Malztreber,* werden im Brauprozess nicht mehr benötigt. Übrig bleibt eine stark zuckerhaltige Flüssigkeit, die *Würze.* Ihr Zuckergehalt wird *Stammwürze* genannt. Diese bestimmt den Alkoholgehalt des Bieres nach der Gärung. In der *Würzepfanne* wird die Würze etwa zwei Stunden lang gekocht. Dabei wird der Hopfen zugesetzt. Aus diesem lösen sich Stoffe, die dem Bier Geschmack geben und es haltbar machen. Die festen Hopfenpartikel werden anschließend im *Whirlpool* aus der Würze herausgefiltert. Die Würze wird auf etwa 15 °C abgekühlt. Dann wird die Bierhefe hinzugegeben. Im *Gärtank* vergärt die Bierhefe den in der Würze gelösten Zucker zu Alkohol und Kohlenstoffdioxid. Das Kohlenstoffdioxid wird als Kohlensäure gebunden. Die Hauptgärung dauert etwa eine Woche. Danach muss das Bier noch einige Wochen lagern und nachgären. Zum Schluss wird es nochmal gefiltert und anschließend abgefüllt.

2) Fasse die Arbeitsschritte zusammen, die ein optimales Nährmedium für die Bierhefe schaffen!

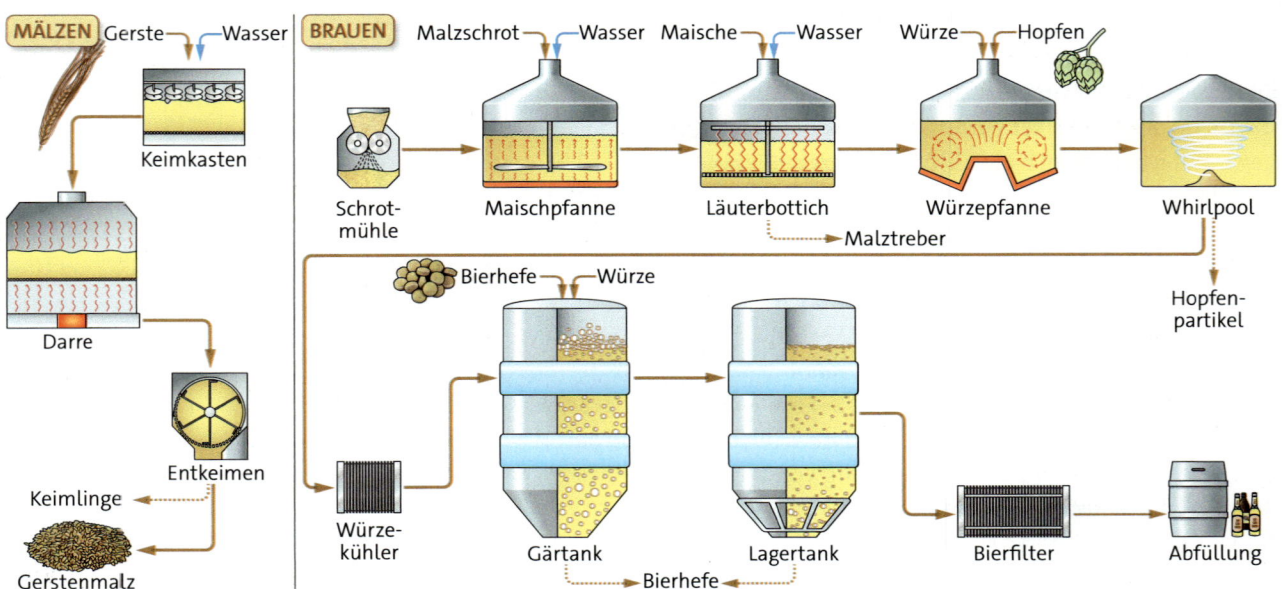

06 Arbeitsschritte der Bierherstellung

Wirkung von Alkohol im Körper

Der Genuss von Alkohol hat in unserer Kultur eine lange Tradition. Bei feierlichen Anlässen ist das Anstoßen ein festes Ritual. Unter Jugendlichen gilt Alkoholtrinken als cool. Da Alkohol aber besondere Wirkungen auf Gehirn und Nervensystem hat, die zu einer Abhängigkeit führen können, zählt er zu den Drogen.

ALKOHOL IM BLUT · Alkohol gelangt über die Mundschleimhaut, die Speiseröhre, die Magenschleimhaut und den Darm in die Blutbahn. So verteilt sich der Alkohol im gesamten Körper. Im Blut ist er als Blutalkoholkonzentration messbar. Ist der Magen mit Nahrung gefüllt, wird der Alkohol vom Magen langsamer in das Blut abgegeben. Die Blutalkoholkonzentration steigt dann langsamer. Wie schnell die Konzentration ansteigt, hängt auch von den Wasser- und Fettanteilen des Körpers ab. Alkohol löst sich besser im Wasser als in Fett. Frauen haben bei gleichem Körpergewicht in der Regel weniger Körperwasser als Männer. Daher steigt die Blutalkoholkonzentration bei gleicher Alkoholmenge bei Frauen meist schneller an.

ABBAU · Der Großteil des Alkohols wird in der Leber abgebaut. Ein kleiner Teil wird aber auch über Lungen, Niere und Haut ausgeschieden. Beim Abbau in der Leber entstehen Fettsäuren. Bei hohem Konsum lagern sich diese in den Leberzellen ein, wodurch das Organ geschädigt und langfristig sogar zerstört wird.

ALKOHOLWIRKUNG · Der konsumierte Alkohol gelangt über die Blutbahn zum Gehirn und beeinträchtigt dort verschiedene Hirnfunktionen: Wahrnehmung, Aufmerksamkeit, Konzentration, Reaktionsfähigkeit und Urteilsvermögen werden vermindert. Es kommt zu Sprach-, Gleichgewichts- und Bewegungsstörungen. Gefühle und Verhalten werden beeinflusst. Die Risikobereitschaft steigt. Die Sehleistung verringert sich. Sogar grundlegende Körperfunktionen wie die Regelung der Körpertemperatur, der Atmung und des Herzschlags werden gestört. Auf die Zellen des Körpers wirkt Alkohol als Zellgift. Ein langfristig zu hoher Konsum kann zu ernsthaften Organschäden führen. Zudem kann die Leistungsfähigkeit des Gehirns abnehmen, sodass Gedächtnislücken auftreten.

KONSUM UND VERANTWORTUNG · Alkohol aktiviert das Belohnungssystem des Gehirns und regt die Ausschüttung des „Glückshormons" Dopamin an. Daher geht Alkoholkonsum oft mit Glücksgefühlen einher. Wer Alkohol getrunken hat, mag sich ausgelassen und enthemmt fühlen. Doch Alkoholtrinken hat mit Verantwortung tun. Man muss sich der Risiken bewusst sein, seine eigenen Grenzen kennen und auf seine Gesundheit achten. Alkoholmissbrauch kann zu schweren körperlichen und psychischen Störungen führen. Zeichnet sich eine Sucht ab, kann man bei Beratungsstellen Hilfe suchen.

VERSUCH A ▸ Nachweis der alkoholischen Gärung

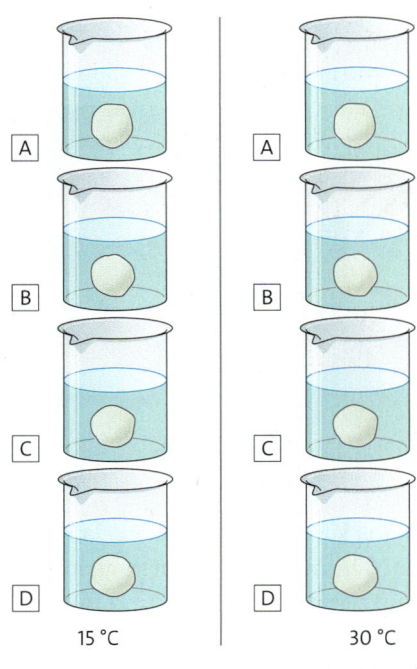

15 °C   30 °C

Bei der alkoholischen Gärung wird Kohlenstoffdixoid frei. Bildet sich das Gas in einer Teigkugel, steigt sie im Wasser auf.

Material:
8 Bechergläser, Stoppuhren, 10 ml Messpipette, Teelöffel, Schälchen, Wasser, Mehl, Glukoselösung, Hefelösung (2,5 g Hefe auf 100 ml warmes Wasser)

Durchführung:
Forme acht kleine Teigkugeln aus den Zutaten, die in der Tabelle angegeben sind. Du brauchst für jedes der Rezepte A bis D zwei Teigkugeln. Bereite acht Wasserbäder vor, vier mit einer Wasser-

temperatur von 15 Grad Celsius und vier mit 30 Grad Celsius.

A1 Formuliere Hypothesen zum Versuchsergebnis!

Lege in jedes Wasserbad eine Kugel. Achte darauf, dass du die Kugeln so verteilst, wie in der Tabelle gefordert. Jedes Rezept soll bei beiden Temperaturen überprüft werden. Beginne mit der Zeitmessung, sobald du die Kugeln in das Wasser gelegt hast und notieren für jede Kugel, wie viel Zeit vergeht, bis sie auftaucht.

A2 Beschreibe deine Beobachtungen!

A3 Überprüfe deine Hypothesen und erkläre das Ergebnis!

	„Rezepte" der Teigkugeln	Minuten bis zum Auftauchen der Teigkugel bei 30 Grad Celsius	Minuten bis zum Auftauchen der Teigkugel bei 15 Grad Celsius
A	1 gehäufter Teelöffel Mehl, 8 ml Wasser	?	?
B	1 gehäufter Teelöffel Mehl, 4 ml Wasser, 4 ml Hefelösung	?	?
C	1 gehäufter Teelöffel Mehl, 4 ml Glukoselösung, 4 ml Hefelösung	?	?
D	1 gehäufter Teelöffel Mehl, 2 ml Glukoselösung, 4 ml Hefelösung	?	?

Material B ▸ Energiegewinnung durch Zellatmung und Gärung

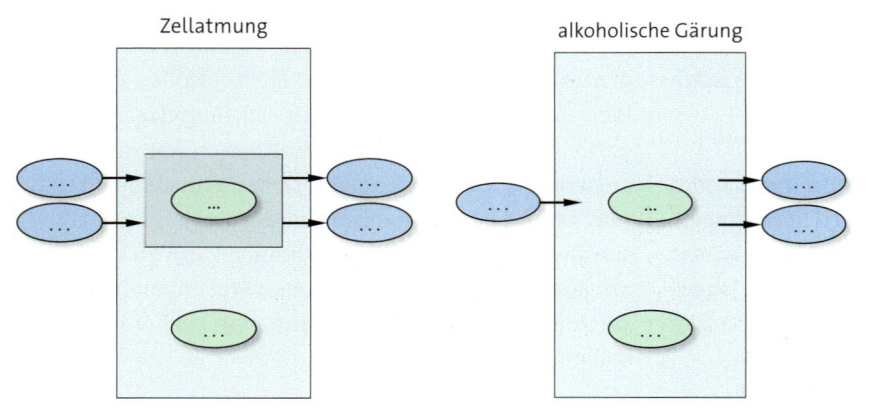

Zellatmung   alkoholische Gärung

B1 Übertrage die Schemata in dein Arbeitsheft! Trage die zutreffenden Zellbestandteile und Stoffe in die Platzhalter ein!

B2 Erläutere, unter welchen Umständen ein Hefepilz Zellatmung oder aber Gärung betreibt!

B3 Begründe die unterschiedlichen Energiebilanzen von Zellatmung und Gärung!

A ▸ Mikrokosmos Wiese

Rasen: Das Bild eines Rasens wird vor allem durch kurze grüne Grashalme bestimmt. Die verschiedenen Grasarten weisen unterschiedliche Wuchsformen auf. Die Wiesenrispe bildet zum Beispiel unterirdische Ausläufer. Das Weidelgras wächst in kleinen Büscheln, den Horsten.

Angepasstheiten der Gräser: Alle Grasarten vertragen es, wenn ihre Blätter beschnitten oder abgefressen werden. Sie können dann an Stellen weiterwachsen, die nah am Boden liegen. Auch liegt die Sprossspitze geschützt zwischen ihren Blättern. Sie wird nicht abgemäht. Die Graspflanzen sind trittresistent und eignen sich daher als Rasen.

Wiese: Im Gegensatz zum Rasen ändert sich die Wuchshöhe einer Wiese im Verlauf des Jahres stark. Bei einer nicht bewirtschafteten Wiese wachsen viele unterschiedliche Gräser und Kräuter. Eine Wiese ist artenreicher als ein Rasen.

Weide: Werden auf einer Wiese Weidetiere wie Rinder gehalten, spricht man von einer Weide. Da Weidetiere nicht alle Pflanzen fressen, entstehen auf einer Weide Bereiche mit unterschiedlichen Wuchshöhen.

Mikroklima: Klima der bodennahen Schichten. Für Pflanzen sind die abiotischen Umweltfaktoren Licht, Bodenfeuchte und Mineralstoffgehalt des Bodens entscheidend. Das Mikroklima eines Standorts bestimmt maßgeblich, welche Pflanzenarten dort wachsen.

B ▸ Vielfalt und Nutzen der Pilze

Pilze: Ein Pilz wächst in Boden und besteht aus einem Geflecht von Pilzfäden, dem Myzel. Die einzelnen Zellfäden heißen Hyphen. Bei den Hutpilzen bildet sich meist oberirdisch ein Stiel und Hut aus. Hier reifen Sporen heran, die der Fortpflanzung dienen.

Pilzzelle: Die Zellen der Pilze haben wie Pflanzenzellen Vakuolen und Zellwände, jedoch besitzen sie keine Chloroplasten. Sie speichern in ihren Zellen keine Stärke, sondern Glykogen wie Tiere. Sie sind daher eine eigenständige Organismengruppe.

saprophytische Pilze: Fäulnisbewohner, die sich von toter organischer Substanz ernähren.

parasitische Pilze: Sie leben an Pflanzen und Tieren. Der Buchenschwamm löst mit seinen Pilzfäden Verbindungen zwischen Holzzellen auf und ernährt sich „vom Holz".

symbiotische Pilze: Verbindet sich eine Pflanzenwurzel mit dem Myzel, erhält die Pflanze vom Pilz zusätzliches Wasser und Mineralstoffe, der Pilz organische Stoffe von der Pflanze. Beide haben einen Nutzen.

Hefepilze: Einzellige Pilze, mit deren Hilfe man alkoholische Getränke wie Bier herstellen kann.

Alkoholische Gärung: Steht den Hefepilzen kein Sauerstoff zur Verfügung betreiben sie zur Energiegewinnung keine Zellatmung, sondern Gärung. Dabei wird Zucker zu Kohlenstoffdioxid und Alkohol abgebaut.

////// **AUFGABEN RICHTIG VERSTEHEN – AUFGABEN LÖSEN** ////////////////////////////////

Aufgaben sind ein wichtiger Bestandteil des Biologieunterrichts und unterstützen auf vielfältige Weise das Lernen. Um Aufgaben lösen zu können, müssen sie richtig verstanden werden. Hierbei ist es wichtig, verschiedene Typen von Aufgaben unterscheiden zu können. Das Verb der Aufgabenstellung gibt dir die Anweisung, welche Form der Aufgabenbearbeitung gefordert ist. Im Folgenden findest du zu den Verben jeweils eine kurze Erklärung und eine Beispielaufgabe mit Lösung.

NENNEN · Hier sollen bestimmte Begriffe ohne Erläuterungen aufgezählt oder eine Abbildung beschriftet werden.

- **Beispielaufgabe:** Nenne Aufgaben von Membranen!

- **Lösung:**
    – Abgrenzung der Zelle nach außen
    – Bildung von Kompartimenten
    – Regelung des Wasserstroms

BESCHREIBEN · Hier sollen Strukturen, Sachverhalte oder Zusammenhänge mit eigenen Worten wiedergegeben werden.

- **Beispielaufgabe:** Beschreibe den Bau der Spaltöffnungen auf der Unterseite eines Laubblatts!

- **Lösung:** Eine Spaltöffnung besteht aus zwei Schließzellen. Diese sind lang gestreckt, liegen paarweise nebeneinander und sind nur an den Enden miteinander verbunden. Die einzelnen Schließzellen weisen zum Spalt hin verdickte Zellwände auf. Zwischen beiden bildet sich ein Spalt. Während die Schließzellen Chloroplasten beinhalten, sind die umgebenden Epidermiszellen chloroplastenfrei.

ERKLÄREN · Hier soll ein Sachverhalt auf Regeln und Gesetzmäßigkeiten zurückgeführt werden. Ein Sachverhalt soll so nachvollziehbar und verständlich gemacht werden.

- **Beispielaufgabe:** Erkläre, weshalb es vorteilhaft für die Buche ist, dass das Palisadengewebe im oberen Blattbereich liegt!

- **Lösung:** Das Palisadengewebe der Buche besteht aus Zellen, die viele Chloroplasten enthalten. In diesem Gewebe findet der Hauptanteil der Fotosynthese statt. Für die Fotosynthese ist Sonnenlicht notwendig. Damit die Palisadenzellen möglichst viel Licht für die Fotosynthese nutzen können, ist es vorteilhaft, wenn sie dem Sonnenlicht zugewandt sind. Auch die Zellen des Schwammgewebes enthalten Chloroplasten. Da die nutzbare Lichtstärke im Blatt von oben nach unten abnimmt, kann im Schwammgewebe nur wenig Fotosynthese stattfinden.

ERLÄUTERN · Hier soll ein Sachverhalt beschrieben und mit weiteren Informationen und verschiedenen Beispielen veranschaulicht und verständlich gemacht werden.

- **Beispielaufgabe:** Erläutere die Wechselwirkung zwischen der Kirschblüte und der Honigbiene!

- **Lösung:** Die Kirschblüte und ihre Bestäuber, meistens sind es Bienen, beeinflussen sich wechselseitig. Die Kirschblüte hat Einrichtungen, um die Bienen anzulocken. Das sind die auffälligen, großen weißen Kronblätter und der Duft. Die Bienen erhalten beim Blütenbesuch Nektar und Pollenkörner. Honigbienen sind so gebaut, dass sie den Pollen der Kirschblüte transportieren können. Ihr Körper ist dicht mit Haaren besetzt, in denen die Pollenkörner haften bleiben, wenn die Biene an den Staubgefäßen entlangstreift. Sie sitzen so locker im Pelz, dass sie sich leicht lösen, wenn die Biene an die klebrige Narbe der Kirschblüte gerät.

VERGLEICHEN · Hier sollen Gemeinsamkeiten und Unterschiede von Merkmalen, den Vergleichskriterien, festgestellt werden. Vergleiche kann man gut in einer Tabelle darstellen.

- **Beispielaufgabe**: Vergleiche die Blüten der Kirsche und des Wiesenschaumkrauts miteinander!

- **Lösung**:

	Anzahl der Kronblätter	Anzahl der Staubblätter	Gliederung der Blütenhülle
Kirsche	fünf	zahlreich	in Krone und Kelch gegliedert
Wiesenschaumkraut	vier	sechs (vier lange und zwei kurze)	in Krone und Kelch gegliedert

BEGRÜNDEN · Hier sollen Sachverhalte auf Regeln, Gesetzmäßigkeiten oder kausale Beziehungen von Ursache und Wirkung zurückgeführt werden.

- **Beispielaufgabe**: Pflanzen leben von Luft und Licht. Begründe, ob diese Aussage stimmt!

- **Lösung:** Die Aussage ist teilweise richtig, denn Pflanzen können mithilfe des Sonnenlichts und des Kohlenstoffdioxids aus der Luft Fotosynthese betreiben. Der durch Fotosynthese gebildete Traubenzucker bildet die Grundlage für verschiedene Lebensvorgänge. Zusätzlich zu „Luft und Licht" benötigen die Pflanzen jedoch noch Wasser, um Fotosynthese zu betreiben.

EINE VERMUTUNG ODER HYPOTHESE AUFSTELLEN · Hier soll zu einer bestimmten Frage eine begründete Vermutung als Antwort formuliert werden. Die Vermutung beruht auf bereits bekannten Sachinformationen. Eine Vermutung wird auch als Hypothese bezeichnet.

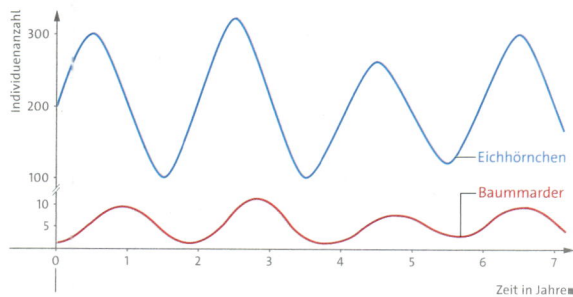

- **Beispielaufgabe**: In einem natürlichen Wald folgt die Entwicklung einer Eichhörnchen- und einer Baummarderpopulation nicht dem dargestellten Kurvenverlauf. Stelle dazu eine Vermutung auf!

- **Lösung**: In einem natürlichen Wald werden die Eichhörnchen nicht gefüttert. Wenn es viele Eichhörnchen gibt, erhöht sich nicht zwangsläufig die Anzahl der Baummarder, weil auch der Waldkauz sie frisst. Ebenso hat der Baummarder in einem natürlichen Wald mehrere Nahrungsquellen. Er frisst neben Eichhörnchen auch andere kleine Säugetiere und Vögel. Sinkt die Zahl der Eichhörnchen, kann der Baummarder auf andere Nahrungsquellen ausweichen.

ERMITTELN · Hier soll ein Ergebnis rechnerisch, grafisch oder experimentell bestimmt werden.

- **Beispielaufgabe**: Ermittle die Anzahl von Bäumen, die erforderlich ist, um in acht Stunden die Sauerstoffmenge zu bilden, die ein Flugzeug in der gleichen Zeit verbraucht!

- **Lösung**: Die Buche mit 400 000 Blättern stellt in der Stunde 1,2 kg Sauerstoff her.
1,2 kg · 8 Stunden = 9,6 kg Sauerstoff in 8 Stunden.
1 Baum produziert 9,6 kg Sauerstoff in 8 Stunden.
x Bäume produzieren 280 000 kg in 8 Stunden.

$$\frac{x}{280\,000\,kg} = \frac{1\,Baum}{9,6\,kg}$$

Daraus folgt:

$$x = \frac{1\,Baum \cdot 280\,000\,kg}{9,6\,kg}$$

x = 29 167 Bäume
29 167 Bäume sind erforderlich, um in acht Stunden die Sauerstoffmenge zu bilden, die ein Flugzeug in der gleichen Zeit verbraucht.

REGISTER

X

Z

BILDQUELLENVERZEICHNIS

136

Illustrationen:

Cornelsen/Angelika Kramer: 65/o.l.; 90/1; Cornelsen/Karin Mall: 51/2; 52; 53/o.; 60/2-4; 61; 89; 90/2+3B; 91; 93-97; 99-100; 101/M.l.+u.l.;114/u.l.;116/o.l.+M.+M.r.; 117; 123; Cornelsen/Karin Mall, bearbeitet von Tom Menzel: 85; Cornelsen/Tom Menzel: 9; 10/3; 11/l.; 13/6; 14/1+2 l.+3; 15/1-4; 16/M.l.-r.; 17; 18/2; 19-20; 20; 21/o.l.+u.l.; 22; 23/u.r.; 25-26; 28/M.l.; 29/M.; 31/2+3; 32; 33/u.l.; 35/2B; 36/4; 37/o.r.; 38-39; 40/2; 41/3+4B+5B; 42/6; 43; 44/o.l.; 45; 46/2; 47; 48/1; 49; 63/3; 64/4; 65/M.l.; 67/2B-4B; 68/5; 69/o.l.+u.M.; 71; 73/o.l.+u.l.; 75; 76/4; 77/7; 78; 79/o.M.+o.r.+u.l.; 83/o.l.; 86/o.l.+u.; 103/2; 104-105; 110/2+3; 111/5+6; 112/8; 113/u.l.; 115/4; 121; 124/2; 125/4B+5B; 126; 128; 131; Cornelsen/ Tom Menzel, bearbeitet von newVision!GmbH, Bernhard A. Peter, Pattensen: 13/5 r.; 44/u.l.;

Collagen: Cornelsen/Tom Menzel (Foto: Cornelsen/Volker Minkus): 13/4 r.;

Fotos:

Cover u. Buchrücken: Shutterstock.com/Ludmila Ivashchenko, Sofarobotnik;

2 PEFC Deutschland e.V.; 3/o.l. mauritius images Emilio Ereza Alamy; 3/o.r mauritius images/imagebroker/Marko König; 3/u.l. stock.adobe.com/AleksFil; 4/o.l. stock.adobe.com/Georg Kippes; 4/o.r. mauritius images/Pitopia; 4/u.l. stock.adobe.com/byrdyak; 4/u.r. mauritius images/Glasshouse; 5/o.l. mauritius images/Fritz Rauschenbach; 5/o.r. Shutterstock.com/Raphael Rivest; 5/u.l. stock.adobe.com/Frank Eccles; 5/u.r. Shutterstock.com/mountainpix;7 mauritius images Emilio Ereza Alamy; 8/A Shutterstock. com/Christine Hoi; 8/B Shutterstock.com/AShashkov; 8/C mauritius images/alamy stock photo/blickwinkel; 8/D stock.adobe.com/ Georg Kippes; 10/4 stock.adobe.com/breakingthewalls; 10/5 stock.adobe.com/byrdyak; 11/r. 1.v.o. stock.adobe.com/Cora Müller; 11/r. 2.v.o. mauritius images/blickwinkel; 11/r. 3.v.o. mauritius images/alamy stock photo/kristof lauwers; 11/r. 4.v.o. stock.adobe.com/Henri Koskinen; 11/r. 5.v.o. Shutterstock.com/ taviphoto; 12/2 stock.adobe.com/AVTG; 12/3 mauritius images/ Westend61; 12/A TopicMedia/Manfred Ruckszio; 12/B stock. adobe.com/photobars; 12/C blickwinkel/Frank Teigler/Hippocampus-Bildarchiv; 12/D blickwinkel/B. Rainer/Caroline Brinkmann; 13/5 l. Cornelsen/Volker Minkus; 14/M.r. mauritius images/ Pitopia; 15/o.l. Okapia/FLPA/Holt St./Nigel Cattlin; 15/o.r. stock. adobe.com/Christian Pedant; 15/u.l. mauritius images/Alamy; 15/u.r. stock.adobe.com/Tomasz; 16/B1 stock.adobe.com/Henri Koskinen; 16/B2 mauritius images/Science Source; 16/o. 1.v.l. Shutterstock.com/Anatoliy Berislavskiy; 16/o. 2.v.l. stock.adobe. com/suzette77; 16/o. 3.v.l. Shutterstock.com/Gherzak; 16/o. 4.v.l. mauritius images/alamy stock photo/blickwinkel; 16 stock.adobe. com/pisotckii; 18/1 mauritius images/Konrad Wothe; 21/u.r. mauritius images/Science Source; 23/o.r. Shutterstock.com/ Choksawatdikorn; 24/1 Mahler, H., Fotograf, Berlin; 27/6 Shutterstock.com/kamomeen; 27/7 stock.adobe.com/byrdyak; 28/o.l. Cornelsen/B. Mahler; 28/u.l. Cornelsen/Volker Minkus; 29/1A+1B mauritius images/alamy stock photo/Aldona Griskeviciene; 29/u.M. Shutterstock.com/Africa Studio; 30/A stock.adobe.com/ Robert Biedermann; 30/B mauritius images/Chromorange; 30/C mauritius images/Brigitte Protzel; 30/D Shutterstock.com/nnattalli; 33/A+B Imago Stock & People GmbH/blickwinkel/F.xFoxx; 34 Shutterstock.com/Olena Simko; 35/2A Science Photo Library PETER BOND, EM CENTRE, UNIVERSITY OF PLYMOUTH; 36/3 mauritius images/Science Source; 37/o.l. Cornelsen/Volker Minkus; 40/1 mauritius images/mindbodysoul; 41/4A sciencephotolibrary/ Biophoto Associates; 41/5A OKAPIA/Biophoto Associates/Science Source;42/Erdnüsse stock.adobe.com/dima_pics; 42/Kartoffeln stock.adobe.com/mates; 42/Sojabohnen stock.adobe.com/ nipaporn; 46/1 mauritius images/Pitopia; 48/2A Shutterstock. com/Martin Pelanek; 48/2B interfoto e.k./ARDEA/Andrey Zvoznikov; 48/2C stock.adobe.com/Ivan Kurmyshov; 48/2D Shutterstock. com/irin-k; 48/2E Shutterstock.com/Joey Chung; 48/2F stock.adobe.com/countrypixel; 50 Cornelsen/Volker Minkus; 51/3 Cornelsen/Volker Minkus; 53/u.l. stock.adobe.com/rgb/flucas; 54 mauritius images / blickwinkel / Alamy; 55 Cornelsen/Volker Minkus; 56 mauritius images/imagebroker/Marko König; 58 stock.adobe. com/Vita Meiere; 59/2 mauritius images/Mark Robertz; 59/3 stock.adobe.com/Marc Scharping; 61/1 mauritius images/Josef Kuchlbauer; 62/1 Shutterstock.com/dugdax; 63/2A stock.adobe. com/evbrbe; 63/2B mauritius images/Pitopia; 64/5 Picture Press/ Nill, Dietmar; 64/6 OKAPIA KG/Lighthoese/Francesco Tomasinelli; 66 Shutterstock.com/Cesar Gonzalez Palomo; 67/2A mauritius images/Pitopia; 67/3A stock.adobe.com/Ruckszio; 67/4A mauritius images/Garden World Images; 68/6 stock.adobe.com/bennytrapp; 68/7 mauritius images/alamy stock photo/Ann and Steve Toon; 69/u.l. stock.adobe.com/tqmnk924; 70 stock.adobe.com/ SeanPavonePhoto; 72/3 Shutterstock.com/COULANGES; 72/4 mauritius images/Ludwig Mallaun; 73/M.r. stock.adobe.com/ Dave; 73/u.r. stock.adobe.com/alpe52; 74 stock.adobe.com/Martina Berg; 76/5 mauritius images/Christian Hütter; 77/7 im Bild sciencephotolibrary/Eye Of Science; 77/8A mauritius images/Pitopia; 77/8B mauritius images/alamy stock photo/Nigel Cattlin; 77/8C sciencephotolibrary/Degginger, E.R.; 79/1.v.o.l. stock.adobe. com/Micha Trillhaase; 79/2.v.o.l. mauritius images/McPHOTO; 80 OKAPIA/Fritz Pölking; 81/2 F1online/F1online; 81/3 blickwinkel/ Held; 82/4 mauritius images/imagebroker/FLPA/Newman; 82/5 mauritius images/Möbus; 83/M. Imago Stock & People GmbH/ Ardea; 83/M.r. stock.adobe.com/Blair Costelloe; 83/o.r. OKAPIA/ Fritz Pölking; 83/u.M. Shutterstock.com/JeremyRichards; 84 Imago Stock & People/blickwinkel; 87/Seerose mauritius images/imageBROKER; 87/Wasserpest Picture-Alliance/NHPA/photoshot; 88 Shutterstock.com/kyogan; 90/3A stock.adobe.com/Robert Neumann; 92 Shutterstock.com/Suto Norbert Zsolt; 98 Shutterstock. com/Ferencz Teglas; 101/o.l. Picture-Alliance/ZB/euroluftbild.de; 103/1 Shutterstock.com/Kekyalyaynen; 106/M.r. Shutterstock. com/Cesar Gonzalez Palomo; 106/o.l. stock.adobe.com/Marc Scharping; 106/u.r. OKAPIA/Fritz Pölking; 107 Imago Stock & People/blickwinkel; 108 stock.adobe.com/AleksFil; 110/1 Martin Post; 111/1A Shutterstock.com/Bildagentur Zoonar GmbH; 111/1B stock.adobe.com/goldbany; 111/1D stock.adobe.com/ alinamd; 111/4C stock.adobe.com/doris oberfrank-list; 111/4E stock.adobe.com/Axel Gutjahr; 112/7A Shutterstock.com/Igor Sirbu; 112/7B imago images/blickwinkel; 112/7C Imago Stock & People GmbH/blickwinkel; 112/7D stock.adobe.com/Mark Herreid; 113/o.r. Lars Wilker; 113/u.M. Imago Stock & People GmbH/ CHROMORANGE; 113/u.r. Panther Media GmbH/Martina Berg; 114/1 Lars Wilker; 115/3 dpa Picture-Alliance/ZB/dpa-Zentralbild/ Matthias Bein; 116/u.l. stock.adobe.com/Henrik Larsson; 119/A mauritius images/alamy stock photo/Zoonar GmbH; 119/B Imago Stock & People GmbH/blickwinkel; 119/C mauritius images/ imageBroker/Erhard Nerger; 119/D mauritius images/alamy stock photo/Heiti Paves; 119/E F1online/Styron Age; 119/F ClipDealer GmbH/Lothar Hinz; 120/1 Shutterstock.com/godi photo; 120/2 dpa Picture-Alliance/P.Hartmann/WILDLIFE; 122/4A stock.adobe. com/pimonpim; 122/4B stock.adobe.com/HLPhoto; 122/4C Shutterstock.com/Bellozerova Daria; 122/4D F1online/Konrad Wothe RF imageBROKER; 122/5A stock.adobe.com/Quade; 122/5B mauritius images/Science Source; 122/6 stock.adobe.com/dina; 124/1 stock.adobe.com/Printemps; 125/4A mauritius images/ Science Photo Library; 125/5A mauritius images/Science Photo Library; 127/o.l. stock.adobe.com/mhp; 127/o.r. stock.adobe.com/ lassedesignen; 129/o.l. Martin Post; 129/o.M. Shutterstock.com/ godi photo